21 世纪全国高职高专财经管理类规划教材

管理学基础

李秀平　马瑞平　主　编

周英豪　吴娅雄　副主编

赵小芸　张　红

陈荣荣　艾云辉　参　编

内 容 简 介

本书是针对高职高专教学特点编写的经济管理类系列教材之一,主要内容包括管理的发展历史、管理的职能构成和管理人员应该如何利用管理原理指导实践活动等内容。本书以管理职能构成为主线,努力探索高职教育的特点,作者根据多年的教学经验将理论与实践相结合,独创性地编写了每一章的单独实训和课程整体实训,借助实训使学生对理论的理解更加深刻,从而能够掌握每章理论的应用。每一章的内容包括学习目标、案例导入、正文、本章小结、思考题以及案例应用。

本书适合于高职高专学生以及相当于此类层次的相关人士。

图书在版编目(CIP)数据

管理学基础/李秀平,马瑞平主编. —北京:北京大学出版社,2007.8
 (21 世纪全国高职高专财经管理类规划教材)
 ISBN 978-7-301-12620-2

I. 管… II. ①李… ②马… III. 管理学—高等学校:技术学校—教材 IV. C93

中国版本图书馆 CIP 数据核字(2006)第 126478 号

书　　　名:	管理学基础
著作责任者:	李秀平　马瑞平　主编
责 任 编 辑:	王登峰　杜世博
标 准 书 号:	ISBN 978-7-301-12620-2/F·1697
出 　版 　者:	北京大学出版社
地　　　址:	北京市海淀区成府路 205 号 100871
电　　　话:	邮购部 62752015　发行部 62750672　编辑部 62765126　出版部 62754962
网　　　址:	http://www.pup.cn
电 子 信 箱:	xxjs@pup.pku.edu.cn
印 　刷 　者:	北京飞达印刷有限责任公司
发 　行 　者:	北京大学出版社
经 　销 　者:	新华书店
	787 毫米×980 毫米　16 开本　14.25 印张　308 千字
	2007 年 8 月第 1 版　2011 年 8 月第 3 次印刷
定　　　价:	27.00 元

未经许可,不得以任何方式复制或抄袭本书之部分或全部内容。
版权所有,侵权必究
举报电话:010-62752024;电子信箱:fd@pup.pku.edu.cn

前　言

高等职业教育作为大众技能型教育越来越受到社会的接受和认可，但是高职教育的规律和方式方法仍然处于一个摸索、探求的初级阶段，很多课程还停留在原有的大学教育基础上，没有形成有别于精英教育的高职特色，本书作为一种尝试，从实习、实训等角度把理论与实践综合在一起呈现给读者，希望读者能从一个新的角度来审视管理学基础的学习和应用。

《管理学基础》这本书在编写结构上遵循这门学科的知识结构和高职高专技能训练的要求，分为12章，分别介绍了管理的起源、管理思想的发展、管理资源和管理环境、决策、计划、组织、组织文化、业务流程、领导、激励、控制和创新，本书在编写的过程中，力图文字简洁、活泼，并以合适的小案例来佐证理论，便于高职高专学生的理解。在每一章的开始还编写了本章导读，章节最后编写案例讨论，这两部分是对整章内容的补充，并提供一个有利于教师教授和学生学习的平台。

本书由石家庄职业技术学院李秀平、唐山职业技术学院马瑞平主编。参加编写的老师包括石家庄职业技术学院李秀平（第一章、第十章第二节以及案例分析和习题、第十一章）、唐山职业技术学院马瑞平（第九章）、衡水学院宋存米（第十章第一节）、浙江万向职业技术学院周英豪（第二章）、赵小芸（第七章）、石家庄学院吴娅雄（第六章、第八章）、北京工业大学通州分校张红（第五章）、石家庄职业技术学院陈荣荣（第四章）、内蒙古职业技术学院艾云辉（第六章第一节）。

本书在编写过程中参阅和引用了相关教材、论文、著作等，在此对所有的著作者表示衷心的感谢。所有的借鉴我们希望都能够体现出来，但仍然难免会有遗漏，在此也表示深深的歉意。高职教育在中国出现的时间还比较短，相关理论和规律还在探索之中，鉴于作者的水平，书中肯定存在不足之处，希望读者批评指正，提出建议，以便在再版时修订完善。

编　者
2007年7月

目 录

第一章 认识管理 1
  第一节 了解管理 1
    一、管理活动和管理体系 1
    二、管理的概念 2
    三、管理的特性 3
    四、管理的职能 5
  第二节 管理角色和管理技能 6
    一、管理角色 6
    二、管理技能概念 7
    三、管理技能内容 7
    四、管理技能之间的关系 8
  第三节 管理道德 8
    一、什么是管理道德 8
    二、管理道德与社会责任 9
    三、提高管理道德的途径 10
  本章小结 12

第二章 管理思想的发展 14
  第一节 西方传统管理思想 14
    一、西方早期的管理思想 14
    二、西方的古典管理理论 15
  第二节 20世纪中期的管理思想 21
    一、行为科学理论学派 22
    二、管理科学理论学派 24
    三、决策理论学派 25
  第三节 现代管理思想 26
    一、以人为本的管理思想 26
    二、系统管理思想 26
    三、不断创新的管理思想 27
  本章小结 29

第三章 管理资源与管理环境 34
第一节 管理目标与资源配置 35
一、管理目标特点 35
二、管理目标的体系 35
三、资源的种类与特点 36
四、组织资源的获取来源 38
第二节 外部环境分析 38
一、外部环境分析的意义 38
二、外部宏观环境分析 39
三、外部微观环境分析 41
五、其他微观环境因素 43
第三节 内部环境分析 43
一、内部环境分析的意义 43
二、内部环境分析的内容 44
三、SWOT 分析法 46
二、SWOT 分析的程序 46
三、从对内外环境分析的结果来做决策 47
本章小结 48

第四章 决策 52
第一节 决策的理解 53
一、决策的重要性 53
二、决策的概念 53
三、决策的类型 54
第二节 决策的过程 55
一、收集信息资料 55
二、确定决策目标 56
三、拟定、比较和选择方案 56
四、执行方案 57
五、检查处理 57
第三节 典型定量决策方法 57
一、确定型决策法 57
二、风险型决策 59
三、不确定型决策 61
第四节 定性决策方法 63
一、德尔菲法 64

二、头脑风暴法 64
　　三、名义群体法 64
　　四、征询法 65
　　五、电子会议法 65
　　六、哥顿法 65
本章小结 66

第五章　计划 71
第一节　计划 72
　　一、计划的概念 72
　　二、计划的意义 73
　　三、计划的分类 74
第二节　计划的制定 75
　　一、制定计划应遵循的原则 75
　　二、计划制定的流程 76
　　三、计划编制的方法 77
第三节　计划的实施 81
　　一、保障计划实施的关键因素 81
　　二、计划的调整与完善 82
本章小结 83

第六章　组织 86
第一节　组织概论 87
　　一、对组织的理解 87
　　二、组织的分类 87
　　三、组织存在的必要性 88
　　四、高效率组织的特征 88
第二节　企业组织结构设计 90
　　一、管理层次和管理幅度 90
　　二、部门化 91
　　三、职权的类型 92
　　四、典型的组织结构 93
　　五、影响组织设计的因素 98
第三节　人力资源管理 99
　　一、人员配备 99
　　二、人力资源管理 101
　　三、正式组织与非正式组织 103

本章小结 ... 103

第七章 组织文化 ... 106
第一节 组织文化 ... 106
一、组织文化概念及构成 ... 106
二、组织文化功能 ... 108
三、组织文化特点 ... 109
四、组织文化与组织制度 ... 109
第二节 组织文化构建 ... 110
一、组织文化塑造途径 ... 110
二、组织文化完善 ... 112
三、组织变革和组织文化发展 ... 113

本章小结 ... 114

第八章 业务流程 ... 118
第一节 流程概述 ... 119
一、什么是流程？ ... 119
二、企业流程 ... 120
第二节 业务流程管理 ... 121
一、现代企业基本业务流程的构成 ... 121
二、什么是优秀流程？ ... 122
三、流程设计 ... 122
四、流程管理模式的本质与特点 ... 123
五、流程管理模式下的组织结构 ... 123
第三节 流程再造 ... 125
一、业务流程再造的定义与本质 ... 125
二、业务流程再造的方式 ... 127
三、业务流程再造的原则 ... 129
四、业务流程再造的内容 ... 130
五、实施业务流程再造的过程 ... 131
六、再造后企业具有的新特点 ... 132

本章小结 ... 133

第九章 领导 ... 139
第一节 领导概论 ... 140
一、领导的概念 ... 140
二、领导影响力的来源 ... 142
三、领导的类型 ... 143

第二节　领导理论 144
　　　一、领导特质理论 144
　　　二、领导行为理论 145
　　　三、领导情境理论 148
　　第三节　领导者的修养与领导艺术 149
　　　一、领导者的修养 149
　　　二、领导艺术 150
　　第四节　沟通 152
　　　一、沟通的概念 152
　　　二、沟通的作用 154
　　　三、沟通的方式 155
　　　四、沟通的类型 156
　　　五、有效沟通的方法与艺术 157
　本章小结 160

第十章　激励 164
　　第一节　激励概述 165
　　　一、激励定义 165
　　　二、激励过程 165
　　　三、激励方法 167
　　　四、激励原则 168
　　第二节　激励理论 170
　　　一、需要层次理论 170
　　　二、双因素理论 171
　　　三、期望理论 173
　　　四、公平理论 174
　　　五、波特-劳勒的激励模式 175
　　第三节　目标管理 176
　　　一、目标的功效 176
　　　二、目标管理的概念 178
　　　三、目标管理方式以及评价 180
　本章小结 181

第十一章　控制 183
　　第一节　控制概论 183
　　　一、控制的概念和目的 183
　　　二、控制的目的和作用 184

  三、控制的类型 185
  四、有效控制的关键原则 186
  五、对控制活动本身和控制者的控制 187
 第二节 控制的过程 187
  一、确定标准 188
  二、衡量绩效 189
  三、纠正偏差 189
 第三节 控 制 方 法 190
  一、财务指标控制 190
  二、审计控制 194
  三、全面质量管理控制 195
 本章小结 196

第十二章 创新 198
 第一节 管理创新 199
  一、创新的含义 199
  二、创新的特征 199
  三、组织为什么进行创新 200
  四、管理创新的体现 201
  五、创新的过程 204
 第二节 组织创新 205
  一、组织应如何培养员工的创新意识 205
  二、阻碍组织创新的因素 206
  三、降低阻力的措施 207
  四、创新的方法 207
 本章小结 209

附录 《管理学基础》认识实习大纲 212
参考文献 216

第一章 认识管理

【学习目标】
- 了解管理活动和管理体系的历史背景和发展过程。
- 掌握管理概念和管理特性、管理角色、管理职能等内容。
- 掌握管理技能和提高管理道德的途径。

【案例导入】

古代管理活动的杰出代表作

被称为世界奇迹的埃及金字塔、巴比伦古城、中国的万里长城等，都是古代劳动人民勤劳和智慧的结晶，也是历史上伟大的管理实践。当时没有任何现代化的工具，它们历经几十年、几十万人的大规模协作才得以建成。直到现在人类仍然不是很清楚金字塔建造的过程，这些庞大建筑的存在就是有效管理的成果，体现出当时辉煌的管理思想。在中国历史上也有过辉煌的体现管理思想和水平的朝代，比如"贞观之治"、"乾隆盛世"等。

现代管理活动的杰出代表作

中国已经实现了载人航天技术的飞跃。在载人航天工程的七大系统中，每个系统都严格要求实现零缺陷的质量标准，以飞船系统来说，共有13个分系统，每个分系统又包含着很多子系统，涉及到结构、热控、通信、导航等几十个学科和领域。一艘飞船用的元器件有83000多个，电连接器接点80000个左右，计算机软件重要语句70多万个，要保证每一个焊点、每一条语句、每一根导线不出问题，需要系统内几十个单位、几千人的密切配合，而所有这些配合又离不开科学的管理。如果没有广大研制人员的密切合作，集智攻关，以及精益求精、严谨务实的工作态度，就根本无法保证载人航天的成功实施。

第一节 了解管理

一、管理活动和管理体系

自从人类社会形成以后，管理活动便诞生了，小到一个家庭，大到一个国家，都存在着管理活动。管理是人类走向文明的伴生物,管理实践的发展史和人类社会的历史一样悠久,大约已超过六千年。在人类生活的早期,由于生产力水平低下,单靠个人力量有时不仅捕获不到猎物,还有可能成为猎物的食物,因此人们必须联合起来,组成团体,选择最佳的攻击方式和时机将猎物捕获到手,然后还要有人将猎物进行分配。这时人们心中虽然没有管理的概念和理论,却存在着管理活动的实施。

现代经营管理理论虽然主要起始于19世纪末20世纪初,但是在那之前,很早就有了关于管理的理论探索。古代社会虽然没有完整的管理理论,但却有很多零星的闪光的管理思想和火花。如越国大夫范蠡提出的"货不停滞,币不息流"和"水则资车,旱则资舟";司马迁提出的"善者因之,其次顺之,其次利导之,其次整齐之,最下者与之争;"中国著名的《孙子兵法》中体现出的管理思想更多,如"知己知彼,百战不殆",这句话不仅作为军事竞争的制胜原则和法宝,并且通过事实证明在任何具有竞争对手的竞争活动中都是适用的。人类社会文明的积累、朝代的更迭无不体现着管理的成败教训。

由以上内容可知,管理活动自古有之,而管理理论体系的产生却是近二三百年的事情。人类对管理的系统认识是伴随着工业革命的产生和发展而出现的,管理作为一门科学,其体系是建立在法国人亨利·法约尔的管理职能学说基础上的,即管理是由计划、组织、指挥、协调、控制五个环节构成的活动过程。正是管理的职能学说奠定了管理科学的体系,后人才得以在此基础上进行更深层次的管理理论研究。

不同组织管理的具体对象不同、目标不同,但在其管理活动中存在着一些共性的成份,我们把不同性质组织中管理的共性成份抽出来,形成我们的管理学基础。

二、管理的概念

什么是管理呢?下面是一些有代表性的关于管理的定义:

1. 管理就是为在集体中工作的人员谋划和保持一个能使他们完成预定目标和任务的工作环境。
2. 法国实业家亨利·法约尔认为:"管理就是由计划、组织、指挥、协调和控制组成的活动过程。"
3. 诺贝尔经济学奖获得者赫伯特·西蒙认为:"管理就是决策"。
4. 管理就是通过其他人来完成工作。
5. 美国现代管理学家彼特·德鲁克认为:"管理是一种以绩效责任为基础的专业职能。"

这些说法都没有错,但为什么一个概念会出现如此多的解释呢?这是因为到目前为止,管理还是一门不精确的科学,人们对管理的认识还很不全面。不同学者从不同角度对管理进行研究,然后得出不同的管理概念,因而现实中出现了各式各样的有关管理的定义。这一点就像盲人摸象,每个盲人头脑中都没有关于大象样子的概念,并且每个盲人相对于大象所站立的角度不同，所以其摸到的大象的部位也不同，因此在其头脑中形成的大象的外形亦不同，有人觉得像绳子，有人觉得像堵墙等等。从理论上来讲，其中的任何一个结论都不是完整大象的形象，而只有把它们汇总到一起才能形成一个完整的大象体态。同样，人类对管理的认识也还不完善，而且随着社会形势的变化，管理的原理也是变化的，所以虽然今天有很多的管理概念和理论，但都不是最终的结论，因而在理论界尚未形成一种被公认为绝对"科学"的定义。

综合前人的研究，我们认为管理的概念可作如下表述：

管理是在一定的组织内外环境下，以人为中心对组织的资源进行计划、组织、领导和控制，实现组织目标的过程。对该概念可作如下理解：

1. 管理是一个过程，这个过程是由计划、组织、领导、控制构成的，并在组织中循环往复。

2. 管理以人为中心，在组织中人是起支配作用的，对物质资源的分配也是以人为载体，管理的本质就是通过协调人与人之间的关系来达到人与人、人与物的和谐，并通过对他人施加影响使每个人完成工作。

3. 管理发生在组织中，组织必须由两个或两个以上的人构成。当个人无法达到目的时，才会寻求合作形式，就会产生组织。组织需要对每个人的工作进行指导，以实现组织目标，这就是管理。

4. 管理的目的是为了实现预期目标。

三、管理的特性

（一）管理的二重性

管理的二重性指管理的自然属性和社会属性。管理活动伴随着人类历史的发展而发展，在人类历史上曾经出现过很多工种，随着生产水平的进步，有些工种消失了，有些工种延续了下来，管理就是一种被延续下来的特殊工种。它的特殊性就在于无论是政府性组织还是非政府性组织，也无论是营利性组织还是非营利性组织，无论这个组织属于哪个产业，管理都是其必需的一个工种。作为一个工种，管理就是生产力要素之一，体现的是管理的自然属性。管理和其他工种共性的地方在于管理也有其方法，比如同样一个企业，设备、员工、技术等条件不变，换了总裁就扭亏为盈，很显然是正确的管理方法产生了效益。由此也可以看出，管理是生产力，所以有些企业的口号之一就是："向管理要效益"。

案例 1-1　　　　　　　管理就是生产力

某高科技企业的总裁没有接受相关高技术教育及从事相关领域工作的背景，但在其他非高科技企业作过成功的高级管理工作。在高科技公司上任后，在不到三年的时间之内就迅速扭转了该公司多年亏损的局面，完成了当初董事会提出的盈利目标。

管理的社会属性是从生产关系角度来说的。管理虽然是由许多人在一起协作劳动共同产生的，但也是在一定生产关系条件下进行的，因此必然体现出生产资料占有者指挥劳动、监督劳动和对劳动果实进行分配的特征，因此它就具有和生产关系、社会制度相关联的社会属性。

随着社会的进步和生产力的发展，管理属性中的自然属性在社会经济中的体现越来越明显，而社会属性随着人权意识的增强越来越淡化，这是历史的进步，社会的进步。

(二) 管理的科学性与艺术性

人类几千年的文明史也是人类的管理成果史。人们不断地总结前人的经验和教训，积累了丰富的管理经验和管理知识，并且集大成地总结出了管理活动的过程以及这些过程之间的联系和规律，并把这些内容上升到一定的理论程度，这就构成了管理的科学性。后人利用这些理论来指导工作并验证理论的正确性，从而使这些理论和方法随着社会发展不断得以补充和完善。因此，说管理是一门科学，是指它具有反映管理客观活动的管理理论和方法，有一套发现问题、分析问题、解决问题的科学体系。

管理的艺术性体现在管理实践当中。世界上有多少个管理者，就有多少种管理方式和方法，有的管理者取得了成功，有的管理者则以惨败收场。这其中体现的就是管理的艺术性。并不是每一个系统学过管理学的人都能成为成功的管理者。管理的艺术性体现在管理者能够把管理理论和管理实践结合起来，灵活运用管理理论并在具体环境中使用最合适的管理方法以达到组织目标。在我们的现实生活当中，有时一个亏损的企业仅仅是更换了一个厂长，在新管理者的新管理方式下，企业便起死回生、扭亏为盈，这体现的就是管理的艺术性。管理的艺术性就是强调管理活动除了要掌握一定的理论和方法外，还要有灵活地运用这些知识和技能的技巧。

管理的科学性和艺术性是相互联系的。科学性是艺术性的前提，艺术性是科学性的实践和升华。

(三) 管理的动态性和创新性

管理作为生产力要素之一，是一个动态的过程，这个过程包括计划、组织、领导、控制，计划既是管理活动的起点，也约束了管理活动的后续，控制既是管理活动的终点，也是新的管理活动的起点。这是因为控制环节既要监督活动是否按照计划执行，同时又要发现计划进行中存在和出现的问题，有些问题有可能会影响原计划的如期进行或影响组织目标的实现，这时候就要重新制定计划或修改目标，此时就进入了一个新的发现问题、分析问题、解决问题的管理循环。管理是动态的，虽然可以把这个动态的过程划分为四个基本环节，但这些环节之间并非是可以截然分开的，其间是前行后续和相互交叉的关系。

管理的创新性指的是管理虽有一套相对固定的理论和方式方法，但每个管理者所面对的管理对象构成不同，不同时间段所遇到的问题也不完全一样，即便是同一个问题，不同管理者也会采用不同的方法来解决，这体现的就是管理的创新性。从另外一个角度来说，人类社会几千年的文明史，是一个逐步实现的过程，在这个过程当中，每一个新事物的出现无不是创新的成果，而管理者管理思想、管理方法的创新是其他创新的基础和前提，如果管理者没有创新意识,可能很多创新活动就得不到预期的结果。

随着时间的推移,人类对管理的认识越来越深入,但社会环境的变化,使得管理方式、方法也逐步变化,大有一种"魔高一尺,道高一丈"的情形。所以管理有其相对静止的一面,也有永远变化的一面,这是不以人的意志而转移的创新性的体现。

四、管理的职能

把不同层次、不同组织、不同岗位管理人员的管理活动的具体的差异性剔除掉,只选取其活动中共性的内容,就会发现所有的管理人员无非在从事以下活动:计划、组织、领导、控制。在某一时刻某个管理人员的工作可以归为这四项中的一项,或某一天的活动侧重于组织,另一天的活动侧重于控制,但都不会越出这四项。这四项活动构成了管理的职能,它们之间的关系见图 1-1 所示。

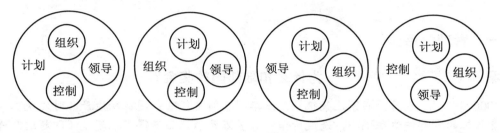

图 1-1　管理职能关系图

(一)计划。计划是开展其他工作的基础和前提。计划就是确定要达到的目标和实现目标的方法。计划活动通常包括搜集历史资料、分析目前环境、预测未来、确定组织活动的长期和短期目标,并制定实现目标的若干方案,择优而用。从另一个角度来说,计划也为今后组织活动开展过程中的衡量和控制提供了标准,没有计划,组织活动就是盲目的。

(二)组织。计划和目标制定以后,就需要合适的人选去实施。组织活动包括确立组织结构,确定组织人员需要量,明确岗位权力和责任,提拔或招聘人员并进行培训,对人员进行考评和激励等等。通过这些活动获取并分配完成组织目标所需的各种人员,协调人员之间的关系,并以此促进各种资源合理分配。

(三)领导。组织中每个成员的爱好、性格、教育、家庭背景等总有差异,进入组织的动机和个人目标亦不相同,在相互合作中难免会产生矛盾和冲突,因此,需要有人在组织成员中作沟通工作,对组织成员进行激励和指导,使组织成员的行为有利于组织目标的实现,这就是领导。领导工作是一门非常奥妙的艺术,世界上没有一种放之四海皆准的领导方法。

(四)控制。组织所处的环境是变化的,这种变化有时可预测到,有时预测不到,同时,环境的变化有时会影响计划的实施,目标的实现,另外权力和责任即便是对等的,当缺乏对权力的监督时,仍然会造成滥使权力。通过对每个人工作中成果的观察可以知道组织中的人员配备工作是否合适,而这些活动都是通过控制来完成,通常控制活动包括制定控制标准,衡量实际绩效,纠正组织中的偏差等具体内容。

以上四项活动,构成了管理过程。任何一个管理人员的活动,都可以划入这四项活动中。但这四项活动并不是截然分开的。它们之间相互交织,互相渗透。也就是说在某一时期某个管理人员的活动不能绝对归入四项活动中的一项,只是更倾向于四项活动中的某一方面。比如一项计划的产生,需要若干人组织在一起,并有人领导,通过对执行人员的控制,保证计划在某一时间完成。

第二节 管理角色和管理技能

一、管理角色

案例 1-2　　　　　　　　　为什么扣陆邦国的奖金?

2006 年 7 月 16 日,石家庄某机械厂三车间车间主任陆邦国在抽检产品时发现工人张力负责加工的零部件体积偏小,造成价值一百多万元的产品不得不报超差(即超过允许的偏差范围),进而影响产品价值。鉴于影响较大,厂长当即决定扣除直接责任人张力当月奖金,扣除间接责任人车间主任陆邦国当月奖金六百元,同时召开全厂大会,进行通报批评。

为什么陆邦国要承担责任呢?

这是因为陆邦国作为车间主任,具有监督的责任和义务,监督者是其作为管理者的角色之一。而厂长作出惩罚决策,是作为对付不利于组织发展因素的角色干扰因素对付者和领导者角色出现的。

通过上面的案例,我们可以看出,管理者在解决不同问题或同一问题时,有可能会同时扮演几种角色,不同的角色下管理者的管理方式和方法亦不相同。所谓"角色"就是管理者为了完成某项工作所需的行为或举动的预期设定。

根据亨利·明茨伯格(Henry Mintzberg)的研究,管理者在不同场合扮演着十种角色,这十种角色可以划分为三大类,分别是决策者角色(包括企业家、干扰因素对付者、资源分配者、谈判者)、信息角色(包括监督者、传播者、发言人)、人际关系角色(包括代言人、领导者、联络者)。这十种角色出现的前提是组织赋予这个人正式的权力和地位。

美国学者安德鲁·J·杜伯林(Andrew J. Dubrin)在亨利·明茨伯格的基础上把管理者角色进行了进一步细分化,并把管理者角色划分成以下十七种四大类:

（一）计划职能角色。包括策略规划者、运营规划者、计划执行者。策略规划者以高层管理者为主，运营规划者以中层管理者为主，计划执行者以基层管理者为主。

（二）组织职能角色。包括组织者、联络者、人事协调者、资源分配者、任务授权者。作为组织者管理人员通常需要参与团队成员的工作设计、明确团队成员的任务、阐述组织的政策、规则和程序等。管理人员联络者的角色在于发展并维护与工作相关的人际网络以把人们联系起来，比如发展与客户、供应商的关系等。人事协调则是管理人员最重要的任务，内容包括招聘、培训、评估员工业绩、奖惩等。资源分配是和管理人员的管理权限、部门目标等相关联的工作任务。任务授权者的职责是管理人员把任务指派给相关团队成员并明确绩效标准。

（三）领导职能角色。包括代言人、谈判者、指导者、团队建设者、团队作业者、技术问题解决者、企业家。管理人员所处层次不同，其可能担任的角色亦不相同。

（四）控制职能角色。包括监督者、骚乱控制者。

二、管理技能概念

在从事上述管理活动过程中，管理人员应该掌握基本的技能，就像车工掌握车床技术、会计掌握记账方法，管理人员从事管理工作时，也要有基本的技能，即管理技能。因此管理技能就是管理人员在从事管理工作过程中所需要掌握的技术、人际协调、整体谋划等技能。和其他工种的技能一样，管理技能也是在不断完善和丰富之中。

三、管理技能内容

根据罗伯特·卡茨（Robert L.Katz，1974）的研究，管理者要具备三种技能，这些技能主要包括：

（一）技术技能。技术技能是指完成涉及一定方法和具体任务流程的能力，比如会计专业的学生掌握记账的技能，医生掌握诊断病情的技能。对于管理人员来说应懂得生产技术，把握本行业的科研和技术发展方向，了解本企业产品的结构原理及加工制造过程，熟悉产品的性能和用途。这一点对于基层管理人员来说，有助于把握产品的生产；对于高层管理人才，有助于正确指引组织发展方向。管理人员所处的层次不同对技术技能要求也不同，越是处于基层的管理人员，对技术技能的要求也就越高。

（二）概念技能。概念技能指管理人员能站在组织高度，全面且长远地、全方位地思考整个组织的整体运作能力，能综合不同部门的人，并且具备处理错综复杂的组织事务的能力。概念技能要求管理者在变化的环境中，能够及时地发现问题，判断和分析问题，并决策问题解决方法的能力。概念技能对管理者素质要求最高，越是高层，越要具有概念技能。从企业角度来说，管理者要具备概念技能，就必须掌握市场经济的基本原理，懂得管理学、统计学、会计学、经济法、财政金融和外贸等方面的知识。还要懂得本行业的发展规律，在此基础上管理者才能拨开迷雾洞悉真相。不具备良好的沟通技能，就不能及时、准确地获取信息。同时不具备以上涉及的知识，管理者发现问题和机遇，判断分析和决策的能力相对就会受影响。

（三）人际技能。管理者的绝大多数时间都是在和人进行沟通，通过沟通了解外围环境的变化对组织产生的影响、目标完成的程度、组织发展的状况，这就是管理者应具备的人际技能，又称沟通技能。管理者必须具备人际技能，因为管理者的工作对象是人，工作内容包括对人布置任务，交待目标和时限，监督和指导激励下属人员工作，协调下属人员之间和上下级之间的关系，所有这些都离不开人际技能。对于成功的管理者来说，人际技能创造出的是一个令人愉快的工作环境。作为一个管理者，在技术技能和概念技能基础上，再掌握良好的人际技能，就能成为一个高素质的管理者。

四、管理技能之间的关系

上述三项技能是管理人员从事管理工作所必须具备的能力，但是处于不同管理层次的管理人员，其所应具备的技能的侧重点各不相同，其间关系如图1-2所示：

图1-2 管理层技能组合

人际技能对于每一个管理人员来说，都是必须具备的最基本的技能。因为管理者的工作对象是人，工作实质是协调人际关系，所以人际技能对于任何一个管理层次都同等重要。概念技能对于高层管理人员来说更重要，而基层管理人员则更应具备技术技能。

第三节 管理道德

一、什么是管理道德

道德是社会意识形态之一，道德是借助社会舆论、人们内在的信仰、习俗作为是非及善恶评价的方式来约束人与人之间以及人与自然之间的伦理关系的规范总和。不同的社会道德准则是不一致的，在某一个国家不为社会所接受的行为在另一个国家可能就是很自然的事情。管理道德是道德范畴之内的、作用于管理人员的道德准则。管理人员仅仅掌握管理技能是不够的，还必须具备良好的管理道德。只有具备了良好的管理道德，管理人员的管理技能才能更好地发挥正面作用。管理道德对一个社会的影响是巨大的。比如生产制造企业的管理人员如果具备良好的管理道德，那么他们就会抵制生产假冒伪劣产品，如果每一家企业的管理人员都具有这样的品行，那么整个社会的经济秩序自然就是良好的。相反正是由于某些管理人员利欲熏心，为了获得利润不惜采取很多非法手段，从而破坏了社会秩序，败坏了社会风气。

案例 1-3　　　　　　　　管理道德缺乏的案例

1998年的山西假酒案，造成222名群众中毒，20多人死亡。这场劫难以后，山西的酒不论优劣贵贱，一律滞销，压垮了不少的酒厂，几年之后依然没有复苏，使山西酒厂深受其害。安徽阜阳"假奶粉事件"造成十多个孩子死亡，近二百个孩子严重营养不良；几乎每隔一两天就有媒体报道全国各地大大小小的矿难事故；不断有年轻人因为过劳而死……这些都是大事故，而在我们的日常生活中还有很多无可奈何的事情，比如蔬菜农药严重超标，病死猪肉加工成的火腿，掺了敌敌畏的"金华火腿"等等，以至于媒体上经常有人慨叹现在世风日下，菜篮子里看不到放心菜了。

二、管理道德与社会责任

由此可见，管理道德是一个很重大的社会课题，管理道德与社会责任紧密相关，成为近年在中国企业界讨论比较多的话题。管理人员具备良好管理道德的前提是勇于承担相关社会责任。

社会责任的探讨起源于20世纪60年代，在此之前很少引起人们的关注。社会责任和社会义务是两个不同的概念。企业是社会的一个基本组织单元，如同人是构成社会的基本单元一样，企业要遵守法律，同时只有获利达到一定程度企业才能生存、扩张，这如同人要想生存就必须得到基本生活保障一样，因此，守法和追求经济利益是企业的基本权利和义务，但是同每一个社会成员都有义务维持和推进社会进步一样，企业也需要承担对社会进步有利的义务，这就是社会责任。所谓社会责任，主要是指企业在创造利润，对股东利益负责的同时，要对社会负责，承担相应的义务责任，其中包括环境保护、生产安全、职业卫生、保护劳动者合法权益、遵守商业道德、节约资源等，以及需要对顾客承担责任、对投资者承担责任、对竞争对手承担责任、对社会其他利益相关者承担责任等。企业承担这些责任如同公民需要对工作单位承担责任、对亲人承担责任、对社会承担责任一样。

案例 1-4　　　　　　　你同意任志强下面的言论吗？

中国地产界大鳄华远集团总裁任志强在2006年6月份发表评论说"我是一个商人，我不应该考虑穷人。如果考虑穷人，我作为一个企业的管理者就是错误的。因为投资者是让我拿这个钱去赚钱，而不是去救济穷人。"

早在 1997 年，全球第一个可用于第三方认证的社会责任国际标准 SA8000 就已经公布，SA8000 标准是根据国际劳工组织公约、世界人权宣言以及联合国儿童权利公约制订的，主要包括童工、强迫劳工、安全卫生、结社自由、集体谈判权、歧视、惩罚性措施、工作时间、工资报酬、管理体系等九个方面。SA8000 标准是一个通用的标准，适用于公共机构和各类工商企业，例如零售巨头沃尔玛公司不仅自身履行 SA8000 标准，而且在选择供应商时也同样选择遵守这个标准的企业。

我国已经加入了 WTO，这意味着国内市场的国际化，必须按照国际统一规则来执行，而企业社会责任标准就是其中一个很重要的规则。当前相当多的企业未能充分重视企业社会责任，特别是一些劳动密集型加工企业，存在着较为严重的社会责任问题，比如环境保护、职业卫生、作业条件、生产安全、社会保险等问题比较突出。现在有些企业通过规避社会责任来节约成本，这是不可持续的发展。通过调研，有些企业的成本构成是不完整的，当前有三块成本还未全部进入企业成本，一是保护环境，企业生产过程中的废弃物不经处理直接排放，二是安全生产，缺乏必要的安全保护投入，造成事故频发，三是社会保障，不给员工交三险，增加了员工的后顾之忧，因此这些企业的低成本是假象，是不完整的成本构成，其实这些成本即使企业不列支，社会仍需支付，不是职工买单，就是政府买单。企业自觉承担社会责任，有利于树立良好的社会形象，获得客户的认可，也相应增加了市场竞争力。

总之企业利润的创造要依托于所有的利益相关者，包括股东、员工、客户以及社会，因此在追求利润最大化的同时企业要对所有的利益相关者负责，特别要重视并承担相应的社会责任。

三、提高管理道德的途径

（一）挑选高道德素质的员工

每个人成长的环境不一样，因此每个人的道德观念不会完全相同，总有一部分人的道德观念与组织的要求更接近，这就需要组织在进行人员招聘时对其道德观念进行甄别和选择，但是这并不是一件很容易做到的事情，因为一个人的道德观需要很长时间才能被人识别，因此仅仅通过挑选这一程序有时很难把不符合组织道德观的人淘汰下去，在这种情况下，就需要建立组织的道德准则来对员工进行道德观的统一。

（二）建立组织的道德准则

"没有规矩，不成方圆。"为了使组织成员行为能够和组织要求一致，通常情况下组织有必要建立起一套完整的道德规范。道德规范应该详细而明确，以便组织成员理解和对比自己的言行是否和组织要求相一致，使员工明白自己应该以什么样的精神和态度来对待工作、从事工作，以什么样的态度来对待他人。

道德准则是表明组织的基本价值观和组织期望员工遵守的正式文件。

案例 1-5　　　　　　我国某企业道德准则的一部分

（一）敬业
1. 热爱工作，无私奉献。
2. 刻苦钻研，精益求精的进取精神。
3. 爱厂如家，踏实工作。

（二）高效
1. 要树立时间意识，效率意识，自觉形成时间就是效益的观念，工作要积极主动，雷厉风行，保质保量完成任务。
2. 要树立质量意识和质量就是效益，效益就是生命的观念。
3. 大力协同的精神。
4. 不断提高职工队伍整体素质，是实现高效的重要因素。
5. 严格科学的管理，是企业实现高效的关键。

（三）争先
1. 工厂的各项工作，各项指标都要以同行业先进水平为标准，争当先进。
2. 工厂要以先进的技术生产出先进的产品，创造一流的效益。
3. 除了物质文明，精神文明建设也要争先。

组织道德准则一旦订立，就要狠抓落实。毛泽东同志曾在论抓工作落实时指出：什么东西只要抓得很紧，毫不放松，才能抓住。抓而不紧，等于不抓。伸着巴掌，当然什么也抓不住，但是不握紧，样子像抓，还是抓不住东西。

（三）对员工进行道德教育

在改革开放将近三十年的时间里，中国在经济上的巨大飞跃伴随着整个社会价值观的多元化，许多人出现了信仰上的危机，精神空虚，面对这种情况，就非常有必要对员工进行道德教育。有些组织不定时地对员工进行职业道德、社会公德、家庭美德教育和世界观、价值观、人生观教育以及爱国主义教育、集体主义教育，通过这些教育，可以使员工的思想素质和认识水平得到提高和巩固，为提高员工整体素质创造了良好的条件。

（四）对员工进行道德教育

古话说"上梁不正下梁歪"。每一个组织都或多或少地制订了一些规范、守则，这些规范守则的约束性首先体现在管理人员对其遵守程度上，管理人员的遵守程度又会影响其他员工的遵守程度。在组织当中管理人员的以身作则胜过对员工千言万语的教育。

本 章 小 结

通过本章学习，你已经了解到管理活动以及管理体系的发展历史，知道管理概念的多元化原因。管理特性包括管理的二重性、科学性和艺术性、动态性和创新性。

管理的职能包括计划、组织、领导、控制。其间相互交织、相互渗透。

明茨伯格认为管理角色包括决策者角色（包括企业家、干扰因素对付者、资源分配者、谈判者）、信息角色（包括监督者、传播者、发言人）、人际关系角色（包括代言人、领导者、联络者）。安德鲁·J·杜伯林认为管理角色包括计划职能角色（包括策略规划者、运营规划者、计划执行者）、组织职能角色（包括组织者、联络者、认识协调者、资源分配者、任务授权者）、领导职能角色（包括代言人、谈判者、指导者、团队建设者、团队作业者、技术问题解决者、企业家）。控制职能角色（包括监督者、骚乱控制者）。

管理道德和管理责任紧密相关。提高管理道德的途径包括挑选高道德素质的员工、建立组织的道德准则、对员工进行道德教育、对员工进行道德教育。

【思考题】

1. 什么是管理？
2. 管理职能包括哪几项？其间是什么关系？
3. 管理人员应该具备哪些管理技能？除了这些技能之外，你认为还应该具备其他技能吗？
4. 管理道德对于社会重要吗？简述理由。
5. 如何理解管理人员角色？试举例说明。
6. 你认为企业应该承担社会责任吗？陈述理由。
7. "一个和尚挑水吃，两个和尚抬水吃，三个和尚没水吃。"说明了管理中的什么问题？

【实训】

一、实训目的

认识管理道德的重要性，理解其对整个社会的影响和意义。

二、实训组织

▶ 在教师指导下，每位同学选择一家比较熟悉的百货公司、快餐店、专卖店或者其他企业。

▶ 对选定的企业深入调查，描述其产品质量、对员工的责任、对社会的责任承担情况。

▶ 将资料进行整理，分析结果整理成书面报告，进行汇报交流。

三、实训要求

在实训前,了解该企业应该承担哪些社会责任,应该具备的管理道德。资料搜集要真实、可靠,资料分析应该有理有据。

【案例应用】

不知所措的李强

下面这段话发生在某个星期四上午,对话人是某机械集团分厂经理刘洋和财务主管李强。

刘洋:谢谢你提供这些数字,李强,这正是我们需要的。但你为什么没在总部所要求的星期一就准备好呢?

李强:六个月以前我这有两个人辞职,你不允许再招聘,说我们已经超编了。我们就按你说的办,而这意味着我不得不更加努力地工作。郭峰和刘丽作的初稿看上去很好,但用处不大,所以我不得不再做一遍。为了这些数字,我已经筋疲力尽了!这个星期我每天晚上的时间都花在这些数字上了。由于核对这些数字,今天凌晨两点我才上床睡觉。我们不得不放下每一件事情,全力以赴。你可以问这儿的任何一个人,我们绝对是在工作的时候连耳朵都忙着,找不出一个工作比我还努力的人了。

刘洋:我知道你工作努力。我也没认为你工作不够努力!但你知道总部要这些数字已经有两个多星期了,你说过在星期一准备好并为我送到总部去的。

李强:总部不是像在星期一要这些数字,他们没有为这些数字找过我们。

刘洋:话不能这么说,他们要求星期二把这些数字送到悉尼!你曾经说过在星期一上午准备好,接着又说星期三能准备好,而我实际是在星期三以后才拿到的。为什么你不能按时交来?

李强:(重复各种解释,诸如他不能在更加努力了等等。)

刘洋:李强,我不是要你更加努力的工作。你在这上面花的时间已经太多了!

李强:(火气十足地)那你为什么还这样批评我?我真不知道你想要我做什么!我试着最努力的人,我还能多做什么?

讨论题目:刘洋和李强之间冲突的根源是什么?应该怎样做才能防止这类冲突再发生?

第二章 管理思想的发展

【学习目标】
- 了解西方早期管理思想形成的历史背景和发展过程。
- 理解弗雷德里克·泰勒的"科学管理"思想、亨利·法约尔对管理学的贡献、马克斯·韦伯提出的理想的行政体系理论、梅奥在霍桑试验中得出的结论以及意义。
- 掌握现代管理理论的主要特点和未来管理的基本发展趋势。

【案例导入】

世界奇迹——金字塔

公元前五千年,孟菲斯人因霍特普受命给长老胡发修造坟墓,即举世皆知的大金字塔。它占地十三英亩(约七百五十六平方英尺),原高四百八十英尺,用二百三十万块重达两吨半的石块砌成。被尊为"世界工程师鼻祖"的因霍特普亲自设计图纸,组织千万奴隶夜以继日地施工,用了整整二十年才竣工。最令人感到不解的是:它的东西方向线和南北方向线仅偏离六分弧度,而底部只差七英寸就是一个正方形——工程的质量如此之高,若无严格管理加以控制,简直难以想象。

第一节 西方传统管理思想

一、西方早期的管理思想

上述例子表明,组织及其相应的管理活动在几千年以前就早已存在。然而,管理却是在几百年前尤其是近一个世纪前才得以被系统性地研究,并形成知识体系,并逐步发展成为正式学科。

(一)马基埃维利的领导原理

在 15 世纪的意大利,曾出现过一位著名的思想家和历史学家马基埃维利,他阐述了许多管理思想,其中影响最大的是他提出的四项领导原理:

1. 领导者必须要得到群众的拥护。
2. 领导者必须维护组织内部的内聚力。

3．领导者必须具备坚强的生存意志力。
4．领导者必须具有崇高的品德和非凡的能力。

马基雅维利的四项领导原理是对当时出色的领导人活动的概括和总结，与现代领导理论中的一些原则非常类似。

（二）亚当·斯密（Adam Smith）的劳动分工观点。

18世纪60年代以后，西方国家开始进行产业革命，生产力有了很大发展，管理思想也随之发生革命。所谓劳动分工（Division of Labor），即将工作分解成一些单一的和重复性的作业。他以生产大头针的工人为例，10个工人每人从事一项专门的工作，每天能生产4800根针，但是如果每个工人独立完成大头针的完整制作过程，10名工人最快也不过制作200根针。他认为劳动分工之所以能大大提高生产效率，主要有三个原因：

1．增加了每个工人的技术熟练程度。
2．节省了从一种工作转换为另一种工作所需要的时间。
3．发明了许多便于工作又节省劳动时间的机器。

18世纪的末期，随着工业革命到来，机械力的出现、商品的大量生产、迅速扩展的铁路系统所带来的运输成本的降低，以及几乎没有任何政府法令的限制，这一切都促进了大公司的发展。约翰·D·洛克菲勒（John D. Rockefeller）建立了垄断性的标准石油公司（Standard Oil），安德鲁·卡内基（Andrew Carnegie）控制了钢铁工业的2/3，类似的企业家们建立了其他大型企业。而这些大规模的企业的生存和发展都需要正规化的管理。于是，规范的管理理论的需求便应运而生。然而，直到20世纪初期，管理理论才真正由经验上升为科学。

二、西方的古典管理理论

古典管理理论产生于19世纪末20世纪初。资本主义经济的发展和科学技术的巨大进步，促进生产进一步社会化，分工和协作也日趋深入、复杂。这时，只凭个人经验管理企业，已不能适应大规模社会化生产的要求，迫切需要用科学的适应社会化生产的管理来代替传统的管理。古典管理理论基本上分为两大流派：一是泰勒的"科学管理理论"，二是法约尔的管理过程理论和韦伯的组织理论。前者以工作管理为重点，着重研究车间的生产活动；后者以组织管理为重点，着重研究企业的整体活动。

（一）泰勒的"科学管理"理论

科学管理理论的倡导者是美国人弗雷德里克·泰勒（Frederick Taylor），他于1911年出版的著作《科学管理原理》标志着系统的管理理论的诞生。这本书阐述了科学管理（Scientific Management）理论，它的内容很快被世界范围的管理者们普遍接受。泰勒的理论和研究活动，确立了他作为科学管理之父的地位。

弗雷德里克·温斯洛·泰勒（Frederick Winslow Taylor），出生于美国费城一个富有的律师家庭，中学毕业后考上哈佛大学法律系，但不幸因眼疾而被迫辍学。1875年，他进入一家小机械厂当徒工，1878年转入费城米德瓦尔钢铁厂（Midvale Steel Works）当机械工人，他在该厂一直干到1897年。在此期间，由于工作努力，表现突出，他很快先后被提升为车间管理员、小组长、工长、技师、制图主任和总工程师，并在业余学习的基础上获得了机械工程学士学位。在米德瓦尔钢铁厂的实践中，他感到当时的企业管理当局不懂得用科学方法来进行管理，不懂得工作程序、劳动节奏和疲劳因素对劳动生产率的影响。而工人则缺少训练，没有正确的操作方法和适用的工具。这都大大影响了劳动生产率的提高。为了改进管理，他在米德瓦尔钢铁厂进行各种了试验。

1898－1901年间，泰勒又受雇于伯利恒钢铁公司（Bethlehem Steel Company）继续从事管理方面的研究。后来，他取得了一种高速工具钢的专利。1901年后，他用大部分时间从事咨询、写作和演讲等工作，来宣传他的一套管理理论——"科学管理"，即通常所称的"泰勒制"，为科学管理理论在美国和国外的传播作出了贡献。

泰勒的研究工作，是在他担任米德瓦尔钢铁厂的工长时开始的。他的特殊经历，使他有可能在工厂的生产第一线系统地研究劳动组织与生产管理问题。在他亲自体验并发现生产效率不高是由于工人们"故意偷懒"的问题后，便决心着手解决它。从1881年开始，他进行了一项"金属切削试验"，由此研究出每个金属切削工人每个工作日的合适工作量。经过两年的初步试验之后，给工人制定了一套工作量标准。他自己认为，米德瓦尔的试验是工时研究的开端。

1898年，泰勒受雇于伯利恒钢铁公司期间，进行了著名的"搬运生铁块试验"和"铁锹试验"。搬运生铁块试验是在这家公司的五座高炉的产品搬运班组大约75名工人中进行的。通过这一研究，改进了操作方法，训练了工人，使生铁块的搬运量提高3倍。铁锹试验首先是系统地研究铲上的负载应为多大的问题；其次研究各种材料能够达到标准负载的锹的形状、规格等问题，与此同时还研究了各种原料装锹的最好方法的问题。此外，他还对每一套动作的精确时间作了研究，从而得出了一个"一流工人"每天应该完成的工作量。这一研究的结果是非常出色的，堆料场的劳动力从400~600人减少为140人，平均每人每天的操作量从16吨提高到59吨，每个工人的日工资从1.15美元提高到1.88美元。

泰勒在米德瓦尔开始进行的金属切削试验延续了26年之久，进行的各项试验达3万次以上，80万磅的钢铁被试验用的工具削成切屑，总共耗费约15万美元。试验结果发现了能大大提高金属切削机工产量的高速工具钢，并取得了各种机床适当的转速和进刀量以及切削用量标准等资料。

综上所述，这些试验集中于"动作"、"工时"的研究；工具、机器、材料和工作环境等标准化研究，并根据这些成果制定了比较科学的每日工作定额和为完成这些定额的标准化工具。

泰勒一生致力于"科学管理"理论，但他的做法和主张并非一开始就被人们所接受，而是日益引起社会上的种种议论。于是，美国国会于1912年举行对泰勒制和其他工场管理制的听证会，泰勒在听证会上作了精彩的证词，向公众宣传科学管理的原理及其具体的方法、技术，引起了极大的社会反响。

泰勒的科学管理理论的要点有以下八个方面：

1. 科学管理的中心问题是提高劳动生产率。泰勒在《科学管理原理》一书中充分强调提高劳动生产率的重要性和可能性。他通过科学观察、记录和分析，进行工时和动作研究，在实现工时的合理有效利用的基础上，制定合理的日工作量，这就是所谓的工作定额原理。

2. 为了提高劳动生产率，必须挑选和培训"第一流的工人"。所谓第一流的工人，是指那些在体力及智力上能够适应将要承担的工作，并愿意尽其最大努力工作的工人。泰勒认为只要工作合适，每个人都能成为第一流的工人。而培训工人成为"第一流的工人"是企业管理当局的责任。

3. 要使工人掌握标准化的操作方法，使用标准化的工具、机器和材料，并使作业环境标准化。泰勒认为通过标准化，可以消除各种不合理的因素，将各种最好的因素有效地结合起来，形成一种最好的方法，以便充分提高劳动生产率。这便是所谓的标准化原理。

4. 实行有差别的计件工资制。为了鼓励工人达到或超额完成定额，在制定和执行有科学依据的定额（或标准）的基础上，对达到定额者按正常工资率付酬，超过定额者按高工资率付酬，未达到定额者按低工资率付酬。借此来调动工人的积极性，从而促使工人提高劳动生产率。

5. 工人和雇主双方都必须进行一次"精神革命"。泰勒试图在工人和雇主间谋求一种和谐的人际关系，使双方都把注意力从盈利的分配转到增加盈利上来。只要他们用友好合作和互相帮助代替对抗和斗争，就能够得到比过去更多的盈利。从而使工人的工资大幅度增加，使企业主的利润也大量增长。这样，双方没必要再为盈利的分配争吵。

6. 把计划职能同执行职能分开，以科学工作法取代原来的经验工作法。泰勒主张应有意识地把原来由工人全部承担的工作，按其性质分成两部分，即分成计划职能和执行职能。由企业管理当局设立专门的计划部门承担计划职能，现场工人只依据计划从事执行职能。工人必须依据计划部门制定的操作方法和指令，使用规定的标准化工具进行工作，不得凭借经验而自行改变。

7. 实行"职能工长制"。泰勒主张，为使工长能够有效地履行职责，必须将管理工作进行细分，使每一工长只承担一种职能。这样就出现了一个工人同时接受多个工长领导的情况，容易引起混乱。故"职能工长制"未能得到推广，但这种思想为接下来的职能部门的确立和管理的专业化提供了参考。

8. 提出管理中的分权、授权与例外原则。组织的上层管理人员应把一般的日常管理问题授权给下级管理人员去处理，而自己只保留对例外事项的决策和监督权。

泰勒在《科学管理原理》中，认为科学管理思想应遵循四条重大的管理原则。

（1）对工人工作的每一个要素开发出科学方法，用以代替老的经验方法；

（2）科学地挑选工人，并对他们进行培训、教育和使之成长（而在过去，则是由工人自己挑选工作，并尽自己的可能进行自我培训）；

（3）与工人们衷心地合作，以保证一切工作都按已形成的科学原则去办；

（4）管理当局与工人在工作和职责的划分上几乎是相等的，管理当局把自己比工人更胜任的各种工作都承揽过来（而在过去，几乎所有的工作和大部分责任都推到了工人们头上）。

这一时期，还有其他一些人对科学管理做出了重要贡献，如美国的亨利·甘特，曾发明了一种生产计划进度表，又称甘特图或横条图；工程师吉尔布雷特夫妇进行的"时间和动作研究"；福特利用传送带，建立的世界上第一条汽车装配流水线，使每辆汽车的装配时间由 12 小时 20 分，压缩到 1 小时 30 分等等。

（二）法约尔的一般管理理论

在以泰勒为代表的一些人在美国倡导科学管理的时候，欧洲也涌现了一些古典的管理理论及其代表人物，其中影响最大的要属法约尔和他的一般管理理论。

法约尔（Henri Fayol），1841 年出生于法国一个小资产者家庭，19 岁毕业于一所国立矿业学院，并取得矿业工程师资格，后被一家煤矿公司任命为矿井工程师。他一生都在这个采煤和铸铁联营公司度过，25 岁被任命矿井经理，31 岁被任命为该公司的总经理，直到 1918 年 77 岁退休前，他仍然担任公司总经理。

法约尔和泰勒的经历不同，研究管理的着眼点也就不同。泰勒是以普通工人的身份进入工厂的，因此，他所研究的重点内容是企业内部生产现场管理和具体工作的作业效率；法约尔长期从事领导工作，所以他是把企业作为一个整体加以研究。他一生有很多著作，1916 年发表的代表作《工业管理和一般管理》，提出了一般管理理论，对西方管理理论的发展产生了重大影响，成为管理过程学派的理论基础。

他的理论概括起来大致包括以下内容：

1. 企业的基本活动与管理的五项职能

法约尔指出，任何企业都存在着六种基本的活动，而管理只是其中之一。这六种基本活动是：

（1）技术活动：指生产、制造、加工等活动。

（2）商业活动：指购买、销售、交换等活动。

（3）财务活动：指资金的筹措和运用活动。

（4）安全活动：指设备维护和职工安全等活动。

（5）会计活动：指货物盘存、成本统计、核算等活动。

（6）管理活动：其中又包括计划、组织、指挥、协调和控制五项职能活动。

在这六种基本活动中，管理活动处于核心地位，这是因为企业本身需要管理，同样的，其他五项属于企业的活动也需要管理。它们的关系如图 2-1 所示。

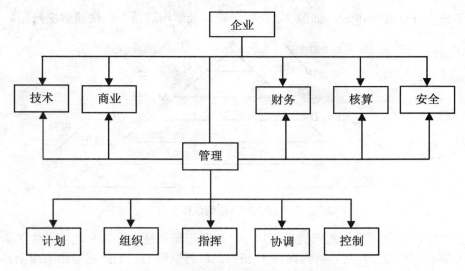

图 2-1　企业的经营活动与管理职能间的关系

2．法约尔的 14 条管理原则

法约尔根据自己的工作经验，归纳出 14 条简明的管理原则。

（1）分工。他认为这不仅是经济学家研究有效地使用劳动力的问题，而且也是在各种机构、团体、组织中进行管理活动所必不可少的工作。

（2）职权与职责。他认为职权是发号施令的权力和要求服从的威望。职权与职责是相互联系的，在行使职权的同时，必须承担相应的责任，有权无责或有责无权都是组织上的缺陷。

（3）纪律。纪律是管理所必须的，是对协定的尊重。这些协定以达到服从、专心、干劲，以及尊重人的仪表为目的。就是说组织内所有成员通过各方所达成的协议对自己在组织内的行为进行控制，它对企业的成功与否极为重要，要尽可能做到严明、公正。

（4）统一指挥。指组织内每一个人只能服从一个上级并接受他的命令。

（5）统一领导。指一个组织，对于目标相同的活动，只能有一个领导，一个计划。

（6）个人利益服从整体利益。即个人和小集体的利益不能超越组织的利益。当二者不一致时，主管人员必须想办法使他们一致起来。

（7）个人报酬。报酬与支付的方式要公平，给雇员和雇主以最大可能的满足。

（8）集中化。这主要指权力的集中或分散的程度问题。要根据各种情况，包括组织的性质、人员的能力等，来决定"产生全面的最大收益"的那种集中程度。

（9）等级链。指管理机构中，最高一级到最低一级应该建立关系明确的职权等级系列，这既是执行权力的线路，也是信息传递的渠道。一般情况下不要轻易地违反它。但在特殊情况下，为了克服由于统一指挥而产生的信息传递延误，法约尔设计出一种"跳板"，也叫

"法约尔桥"（Fayol bridge），如图 2-2 所示，以便及时沟通信息，快速解决问题。

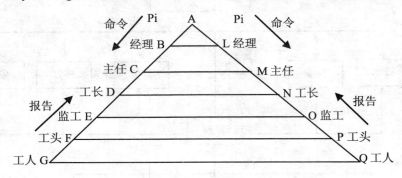

图 2-2 "法约尔桥"

图 2-2 中，A 代表这个组织的最高领导，按照组织系统，F 与 P 之间发生了必须两者协议才能解决的问题，F 必须将问题向 E 报告，E 再报告 D，如此层层由下而上，由上而下到达 P，然后 P 将研讨意见向 O 报告，层层上报到 A，再经过 B、C……最后回到 E。这样往返一趟，既费时又误事，所以法约尔提出做一"跳板"，使 F 与 P 之间可直接商议解决问题，再分头上报，这样可以节省时间和人力，提高效率。

（10）秩序。指组织中的每个成员应该规定各自的岗位："人皆有位，人称其职"。

（11）公正。主管人员对其下属仁慈、公平，就可能使其下属对上级表现出热心和忠诚。

（12）保持人员的稳定。如果人员不断变动，工作将得不到良好的效果。

（13）首创精神。这是提高组织内各级人员工作热情的主要源泉。

（14）团结精神。指必须注意保持和维护每一集体中团结、协作、融洽的关系，特别是人与人之间的相互关系。

法约尔强调指出，以上 14 条原则在管理工作中不是死板和绝对的东西，这里全部是尺度问题。在同样的条件下，几乎从不两次使用同一原则来处理事情，应当注意各种可变因素的影响。因此，这些原则是灵活的，是可以适应于一切需要的，但其真正的本质在于懂得如何运用它们。这是一门很难掌握的艺术，它要求智慧、经验、判断和注意尺度（即"分寸"）。

法约尔认为，人的管理能力可以也应该像技术能力一样，通过教育来获得，首先在学校里，然后在车间里得到。为此，他提出了一套比较全面的管理理论，首次指出管理理论具有普遍性，可以用于各个组织之中。他把管理视为一门科学，提出在学校设置这门课程，并在社会各个领域宣传、普及和传授管理知识。

综上所述，法约尔关于管理过程和管理组织理论的开创性研究，特别是关于管理职能的划分以及管理原则的描述，对后来的管理理论研究具有非常深远的影响。此外，他还是一位概括和阐述一般管理理论的先驱者,是伟大的管理教育家,后人称他为"管理过程之父"。

(三)韦伯的行政组织理论

行政组织理论是科学管理思想的一个重要组成部分,它强调组织的运转要以合理的方式进行,而不是依据管理者的判断。这一理论主要是基于德国社会学家韦伯的贡献。

马克斯·韦伯(Max Weber,1864-1920),德国著名的社会学家,1882年他进入海德堡大学攻读法律,后来相继就读于柏林大学和哥丁根大学,并于1889年撰写了关于中世纪商业公司的博士论文。韦伯曾先后三次参加军事训练,因而对军事生活和组织制度有相当的了解,这对以后他提出的组织理论有较大的影响。他一生担任过教授、政府顾问、编辑等职务,并发表过著作。他在其代表作《社会组织与经济组织》一书中提出了理想行政组织体系理论,被称为"组织理论之父"。

韦伯的行政组织理论的核心是组织活动要通过职务或职位实施管理,而不是通过个人或世袭地位来管理,当然也不能否定个人魅力对领导作用的重要性。韦伯的行政组织结构的详细特征概要地描述在表2-1中。

表2-1 韦伯的理想官僚行政组织

1. 劳动分工	工作应当分解成简单的、例行的和明确定义的任务。
2. 职权等级	公职和职位应当按等级来组织。每个下级应当接受上级的控制和监督。
3. 正式的选拔	所有的组织成员都是依据经过培训、教育,或正式考试取得的技术资格选拔的。
4. 正式的规则和制度	为了确保一贯性和全体雇员的活动,管理者必须倚重正式的组织规则。
5. 非人格性	规则和控制的实施具有一致性,避免搀杂个性和雇员的个人偏好。
6. 职业定向	管理者是职业化的官员而不是他所管理的单位的所有者,他们领取固定的工资并在组织中追求他们职业生涯的成就。

总之,韦伯认为:"在精确性、稳定性、严格的纪律性和可靠性等方面,理想的行政组织体系比其他形式都要优越,而且能够正式地应用于各种行政管理任务。"

第二节 20世纪中期的管理思想

古典管理理论多着重生产过程、组织控制方面的研究;较多的强调科学性、精密性、纪律性,而对人的因素注意较少,把工人当作是机器的附属品,这就激起了工人的强烈不满。古典管理理论从某种程度上讲,以机械的观点来看待组织和工作。虽然也承认个人的作用,但强调的是对个人行为的控制和规范。与此同时,另一些学者则从心理学、社会学等角度对工作中人的行为进行研究,由此形成行为科学理论。

一、行为科学理论学派

行为科学理论始于 20 世纪 20 年代,早期被称作人际关系学说,20 世纪 50 年代以后发展为行为科学,又称为组织行为理论。它为现代管理理论的发展奠定了基础。代表人物主要有梅奥和巴纳德等人。

(一)梅奥与霍桑试验

乔治·埃尔顿·梅奥(George Elton Mayo),原籍澳大利亚的美国行为科学家和管理学家。他曾经学过逻辑学、哲学和医学三个专业,这种背景为他后来的研究工作奠定了坚实的基础。1924—1932 年间,美国国家研究委员会和西方电气公司合作,由梅奥负责进行了著名的霍桑试验。

毋庸置疑,为行为科学理论做出最重要贡献的就是霍桑试验。该试验选定在西方电气公司所属的霍桑工厂进行,因为该厂具有完善的娱乐设施,有完善的医疗制度和养老金制度,但工人们仍然有强烈的不满情绪,生产效率很低。为了测定各种有关因素对生产效率的影响程度,霍桑试验分为四个阶段:照明试验、继电器装配室试验、大规模的访问与调查和接线板工作室试验。

第一阶段:工厂照明试验。试验时把工人分为两组,一组为"试验组",对工作过程中工厂照明度作出各种变化;另一组为"控制组",照明度保持不变。研究人员试图由此得出照明度变化所产生的影响。但试验结果是两组产量均大幅度增加,并且增加的数量几乎相等。究其根源,工厂照明只是影响员工产量的不太重要的因素之一,由于牵涉因素众多,既难以控制,也无法测量其对产量的影响。至于试验所引起的两组生产率的同样提高,是因为试验受到人们关注,使被试者产生了莫大兴趣引起的。

第二阶段:继电器装配室试验。为了有效地控制影响工作效率的因素,研究小组决定单独分出一组工人进行研究。他们选出 5 名女装配工与 1 名划线工,单独安置在一间工作室内,并专门指派了一位观察人员负责记录室内发生的一切。明确要求观察员必须与工人保持友好的气氛。试验过程中,分期改善工人的工作条件。比如,增加工间休息,免费提供午餐和茶点,缩短工作时间,实行每周五天工作制,实行集体计件工资制等等。结果发现产量仍然维持在高水平上。究其原因并经验证发现,由于监督和指导方法的改善,促使工人改变了工作态度,从而提高了产量。研究小组为了在这方面收集掌握更多的信息,决定进一步研究工人的工作态度及其他影响因素,于是决定通过一个访谈计划来进行调查。

第三阶段:大规模的访问与调查。在上述试验的基础上,梅奥等人又开展了为期两年的大规模访问调查。最初他们在全公司二万多名员工中进行"直接提问式"的调查,即按照事先拟定的题目,以问答的方式进行面谈,了解员工对待公司和对待监督、保险计划及薪酬等的态度,结果发现工人对此不感兴趣,因此难以反映其内心的真实意见。后来改为"非直接提问式"调查,也就是让工人自由地说出心里的意见和不满,结果得到了大量的有关工人态度的第一手资料。经研究认识到,人们的工作成绩,要受群体成员之间的关系及周围环境的影响。

第四阶段：接线板工作室试验。试验研究小组选择了14名女工组建接线板工作室开展试验。其中有9位接线工、3位焊接工和2名质检员。他们将接线工和焊接工分成三组，每小组包括3名接线工和1名焊工，两名质检员分担三组的检验工作。工人的工资报酬是以集体计件工资到刺激成员，以小组的总产量为基础付酬给每个工人，强调他们要发扬协作精神，以便共同提高产量和工资报酬。经过长达6个月的试验，结果发现：（1）大部分成员都有意自行限制产量；（2）工人对待他们不同层次的上级持不同态度；（3）成员中存在着一些小派系。

通过四个阶段历时近8年的试验，梅奥等人认识到，人们的生产效率不仅要受到物质方面、生理方面等因素的影响，更大程度上要受到社会环境、社会心理等方面的影响。这一结论对"科学管理"只重视物质条件，忽视人、忽视社会环境、忽视社会心理对工人的影响来说，是一个重大的修正，对管理理论的发展产生了深远的影响。

梅奥根据霍桑试验，于1933年出版了《工业文明中人的问题》一书，创立了人际关系学。归纳其与古典管理理论不同的新观点，主要有以下几个方面：

1．工人是"社会人"，而不是单纯追求金钱利益的"经济人"。古典管理理论把工人看作是"经济人"，认为金钱是刺激工人积极性的唯一动力。而霍桑试验则表明，工人工作的积极性还要受到社会和心理因素的影响。

2．企业中存在着"非正式组织"。古典管理理论只注意正式组织的问题，诸如组织结构、职权划分、规章制度等等。而霍桑试验表明，企业中除正式组织之外还存在着非正式的小团体，它们通过不成文的规范左右成员的感情倾向和行为。

3．新型的领导能力在于提高职工的满足度，以激发工人的"士气"，从而提高生产率。为此要通过对各级主管人员的培训，使其改变传统的管理方式，学会通过同工人交谈了解其感情的技巧，营造一种同事之间以及上下级之间坦诚交流的和谐的人际关系。

4．存在着霍桑效应。试验表明，对于新环境的好奇与兴趣有助于改善工作绩效，至少在最初阶段是如此。

（二）巴纳德的组织理论

切斯特·巴纳德（Chester·Barnard），是美国著名的行政和组织理论学家。他于1886年出生于美国马萨诸塞州莫尔登一个工人家庭，家境虽贫寒，但却很和睦。巴纳德1906年考入了哈佛大学，专攻经济学。在哈佛三年间靠勤工俭学收入来缴学费，1909年学完大部分课程，但因缺少实验学科课程学分而未能获得学士学位。这并没有使巴纳德灰心，在后来的艰辛的科学研究，特别是企业组织的组织理论研究上，他做出了杰出的贡献，先后获得七个博士学位。在长期的管理和组织实践中，巴纳德积累了丰富的企业组织和管理的经验，写出了许多重要著作，其主要贡献是1938年出版的《经理的职能》一书。

巴纳德认为组织是由具有千丝万缕社会关系的人组成，是一个协作的社会系统。在正式组织中建立这种协作关系需要三个条件：①共同的目标；②组织成员有协作意愿；③组织中有一个能彼此沟通的信息系统。因此，经理人员最重要的任务就是要：①制定组织目标；②获得必要的个人努力，使人们进行协作并为组织作贡献；③提供一个信息交流平台。

在巴纳德看来，组织的成功主要是依靠组织内部人员的协作，但也离不开与组织相关的外部人员和机构的密切友好关系。他认为分析一个组织不能脱离其投资者、供应者、顾客以及其他不被看作是公司本身的"成员"但对公司做出贡献的人。经理人员必须审视分析外部环境，然后通过调整组织内部因素而使二者处于一种协调平衡状态。无论一个组织的生产多么有效率，如果管理部门不能确保物料、资金等输入的持续进行，或未能为其输出开拓寻找到市场。那么，该组织的生存能力就会受到威胁。

二、管理科学理论学派

管理科学理论是指以现代自然科学和技术科学的最新成果为手段，运用数学模型对管理领域中的人、财、物、信息等资源进行系统的定量分析，并做出最优规划和决策的理论。该理论产生于第二次世界大战期间，从其历史渊源来看，它是泰勒科学管理的继续和发展。管理科学研究的主要目标也是探求最有效的工作方法或最优方案，以求以最短的时间，最少的支出，取得最大的效果。但它的研究范围已不是局限于泰勒时代的"操作方法"和"作业研究"，而是面向整个组织的所有活动，并且它所运用的现代科技手段也是泰勒时代所无法比拟的。管理科学理论的主要内容包括：

（一）运筹学

第二次世界大战期间，军事上出现了不少新的技术问题，如后勤装备和部队调动、潜水艇战术等等，它们有的已超出了指战员所掌握的技术范畴。为解决这些问题，军事当局组织了许多科学家与专家集体研究，为作战和决策提供依据。以杰出的物理学家布莱克特（P. M. S. Blackett）为首的一部分英国科学家为了解决雷达的如何合理布置，综合地运用数学分析和计算技术以寻求最优的方案。后来，数学分析和计算技术的应用又扩展到反潜艇战和其他组织管理领域，运筹学便应运而生。

所谓运筹学，简单地说就是运用科学方法去研究、解决可以数量化的管理问题的一套学问。运筹学权威人士丘奇曼（Churchman）则把运筹学定义为："把科学的方法、技术和工具应用到一个系统的各种管理问题上，为掌握系统的人们提供最佳的解决问题的办法。"目前，世界各国都在用运筹学来解决管理问题，主要是探讨事物的关联性，用数量加以表示，通过各种模型与变量（或模拟的办法）进行演算，从而对各种方案做出评价和比较，以取得所需的答案。

（二）系统分析

系统分析这一概念，是美国兰德公司于1949年首先提出的。它把系统的观念引入管理的方法之中，认为事物均是极其复杂的"系统"。运用科学和数学的方法对系统中的事件进行研究和分析，就是系统分析。系统分析一般分五个步骤进行：

1．问题形成。对需要研究的问题作合乎逻辑的系统的阐述，以便确定目标，说明问题的重点范围。

2．提出方案。拟订研究大纲，决定分析方法，搜集资料，提出解决问题的各种可行方案。

3．评价方案。建立数学模型、图表等，设计评价标准，比较各方案，分析其可能产生的后果以供选择。

4．优选。通过对各方案利弊得失和成本效益的权衡，结合考虑非定量因素的综合影响，选出最优方案。

5．检验核实。在可能的情况下，用试验或模拟方法对所选择的方案进行检验。如检验结果不尽人意，就应重复上述步骤，直到得出满意的建议以供决策者参考。

（三）决策科学化

所谓决策科学化，就是指决策时要以充足的事实为依据，采取严密的逻辑思考方法，对大量的资料和数据按照事物的内在联系进行系统分析和计算，遵循科学程序做出正确决策。上述"管理科学"理论的两项内容为决策科学提供了分析的思路和分析的技术，使决策科学化成为可能。

综上所述，"管理科学"理论的基本思想就是以系统的观点，运用数学、统计学的方法和电子计算机的技术，为现代管理的决策提供科学的依据，通过计划与控制解决各项生产与经营问题。该理论认为，管理就是应用各种数学模型和特征来表示计划、组织、控制、决策等合乎逻辑的程序，求出最优的解决方案，以达成企业的目标。

三、决策理论学派

决策理论学派的代表人物是美国卡内基—梅隆大学教授赫伯特西蒙（H.Simon），其代表作为《管理决策新科学》。西蒙因为在决策理论方面的贡献，曾荣获 1978 年的诺贝尔经济学奖。该理论主要包括以下内容：

（一）决策是一个复杂的过程。决策不是一瞬间就能完成的一种活动，它至少应该分成四个阶段：提出制定决策的理由；尽可能找出所有可能的行动方案；在诸行动方案中进行抉择，选出最满意的方案；对方案进行评价。

（二）程序化决策和非程序化决策。西蒙根据决策的性质把决策分为程序化决策和非程序化决策。程序化决策是指反复出现和例行的决策，非程序化决策是指那种从未出现过的，或者其确切的性质和结构还不很清楚或相当复杂的决策。

（三）满意的行为准则。西蒙认为，由于组织处于不断变动的外界环境影响之下，搜集到决策所要的全部资料是困难的，而要列举出所有可能的行动方案就更加困难，况且人的知识和能力都是有限的，所以在制定决策时，很难求得最佳方案。在实践中，即使能求出最佳方案，出于经济方面的考虑，人们也往往不去追求它，而是根据令人满意的准则进行决策。

（四）组织设计的任务就是建立一种制定决策的人—机系统。计算机的广泛应用对管理工作和组织结构产生了重大影响。由于组织本身就是一个由决策者个人组成的系统，现代组织又引入自动化技术，就变成了一个由人与计算机所共同组成的结合体。组织设计的任务就是要建立这种制订决策的人—机系统。

第三节　现代管理思想

进入20世纪80年代以后，整个世界就处在一种动荡的过程中，世界经济环境的发展变化，科学技术尤其是信息技术的突破性的进展和广泛应用，市场竞争的日趋激烈和国际化，使得管理学在管理思想、方法、手段和组织等诸多方面都有重大发展。

一、以人为本的管理思想

在传统的管理思想中，是把人作为和土地、资本一样重要的生产要素来看待的，认为它们都能创造价值；在泰勒的"科学管理"理论中，也只是把人当作"经济人"对待，片面强调金钱的刺激作用，运用严厉的控制手段来管理工人，以达到高的生产率。随着科学技术的发展，人类文明程度的提高，民主化的普及，企业家、专家学者对人在生产经营活动中的地位和作用有了新的认识。他们不再把企业职工仅仅看成是一种生产要素或"经济人"，而是看成"社会人"和"文化人"，把他们看成企业的主体。于是提出了"人本管理"的新思想。

"人本管理"是与"以物为中心"的管理相对应的概念，它要求理解人、尊重人、充分发挥人的主动性和积极性。一般认为，"人本管理"可分为五个层次：情感管理、民主管理、自主管理、人才管理和文化管理，具体包括这样一些主要内容：运用行为科学，重新塑造人际关系；增加人力资本，提高劳动力质量；改善劳动管理，充分利用劳动力资源；推行民主管理，提高劳动者的参与意识；建设企业文化，培育企业精神等等。

在国外的具体管理实践中，企业文化建设和股权激励最能够体现人本管理的思想，人本管理的思想极大地丰富了人力资源管理的理论和实践。

二、系统管理思想

系统管理理论把一般系统理论应用到组织管理之中，运用系统研究的方法，兼收并蓄各学派的优点，融为一体，建立通用的模式，以寻求普遍适用的模式和原则。系统理论把工商企业看成是一个达到一定目标（既有组织的目标，又有其成员的个人目标），由相互联系共同合作的各个要素（子系统）所组成的系统，并且是一个开放的系统，它同周围环境

（顾客、竞争者、工会、供应商、政府等）之间存在着物质、能量、信息的交换，并具有内部和外部的信息反馈网络，能够不断地自动调节，以适应环境和自身的需要。

三、不断创新的管理思想

进入 21 世纪，全球的政治、经济和 20 世纪相比发生了巨大的变化，世界格局进行了全新的整合，知识经济初现端倪，市场竞争更加激烈。面对这些新形势，管理理论研究也出现了一些新的观点、新的思想和新的体系。下面对这些新理论进行简单的综述。

（一）知识——最为重要的资源

世界经济从农业经济到工业经济再到知识经济的历史发展过程中，由于社会的发展使得知识已成为最为重要的资源。在信息的催化下，知识经济时代已经到来，企业如何具有独特的属于自己的知识已成为企业能否生存的重要标志。在企业管理中如何获得知识，如何使用知识，如何储存知识，如何使知识变为更多的知识，如何把知识直接转化为生产力，这些都是知识经济中管理理论所要解决的问题。这里需要考虑的问题有：

1. 知识经济构成的机制是什么？有什么规律？传统的经济学理论在知识经济中还有多少价值？
2. 知识经济中的企业应该是一个什么形态？其机制是什么？应遵从什么样的规律？
3. 知识经济中的企业终极目标是什么？
4. 知识经济的人性有什么样的改变？在这样的人性下面，应该采用什么样的管理方式最为合适？

这一系列问题都将引导管理理论的深入发展。

（二）创新——当前和今后管理的主旋律

知识经济时代的到来，使传统生产经营方式和思想观念发生了深刻的变革，也对企业的经营理念和管理模式提出了挑战。创新是知识经济的核心内容，是企业活力之源。技术创新、制度创新、管理创新、观念创新，以及各种创新的相互结合、相互推动，成为企业经济增长的引擎。海尔集团总裁张瑞敏说："一个人的经验很重要，可一旦全盘依赖经验也就完了，因为那不可能适应外界的发展变化。"当今市场竞争日益激烈，产品创新周期越来越短，开发时间便成为决定产品成功与否的关键因素，竞争越来越表现为一种时间的竞争，起决定作用的不再是企业的大小和成本，而是创造性和灵活性。现有的企业经营管理形式已无法适应知识经济的要求，这就需要新的企业模式和劳动形式。一个企业不可能储存足够的专家，不可能在所有新项目上都用自己的人才。明天的企业在很大程度上将是由少数固定员工组成的一个小核心。他们与供应商以及外部专家保持着联系，并且能够为共同生产某种产品将这些人组成一个网络，一个网络式的价值创造共同体——虚拟公司便应运而生。

（三）学习型组织的出现——未来企业模式

随着技术和知识急剧地增长，无论多么先进的东西都会随着时间的推移而逐渐被淘汰，因此一个企业要保持持续的发展，必须要不断地学习，不断地更新知识。学习型企业是美国麻省工学院彼得圣吉在《第五项修炼》一书中首先提出的，他不仅要求企业中的每个人都要终身不断学习，不断获取新知，不断超越自我，而且要求企业也要不断学习和不断超越。要达到学习型组织，需要有这几个方面的扎实的基础：

1．系统思维。这是五项修炼的核心，在企业处理问题时要扩大思考的空间，通过电脑模拟把事件的前因后果都考虑到，建立系统的处理模式。

2．自我超越。这是五项修炼的基础，在认清客观世界的基础上，创造出适合自己的最理想的环境，不是通过降低理想来适应环境，而是靠提升自己来达到理想，这需要创意、耐力和不断学习与不断的超越。

3．改善心智模式。强调每个人都要以开放求真的态度，将自己的胸怀开放出来，克服原有的习惯形成的障碍，不断改善它，最后还要突破它，从而以一个全新的心智模式出现。

4．建立共同目标前景。这是在共同的理想、共同的文化、共同的使命下，组织在一起为了一个共同的未来的目标才能完成的。

5．团队学习。团队学习是组织中沟通与思考的对话的工具，强调彼不在本位，不自我防卫，不预设立场，不敬畏的情况下共同学习，团队学习是适应环境骤变的最佳的方法，唯有大家一起学习、成长、超越和不断进步，才能让组织免于失败，创造出不断成长的绩效来。

（四）全球战略——企业决胜的关键

随着信息时代的到来，人与人之间的距离在缩短，国与国之间甚至是洲际之间的边界变得越来越模糊。企业的竞争已经不在单一的区域内进行，而是以全球作为竞争的舞台。竞争的全球化使每个企业都受到冲击，同时也带来新的机遇，全球化为企业施展才华提供了新空间。这里主要涉及到企业的竞争战略是否从全球化的角度来思考的，或者说企业是否把自己看成为地球村的一员。因为全球战略已成为企业决胜的关键。像日本的企业在成本领先优势逐渐丧失后，一批有远见的企业开始采用全球化的竞争战略。如佳能公司是一家生产照相机和办公设备的日本企业。早在1991年，佳能公司就提出，到21世纪初期，佳能集团要建成一个年销售达到10兆日元、在世界有重要影响力的全球化企业。当时，按照日元计算，年销售额超过10兆日元的企业，全世界也仅有4家。按照美国《财富》杂志的全球500家大公司的排序，IBM名列第5位，年销售额为690亿美元，按当时的美元与日元1：135的汇率计算，690亿美元相当于9兆3150亿日元，还没达到10兆日元。而当时佳能的年销售额刚超过1兆日元，可见其提出的目标是相当宏伟的。整个20世纪90年代，佳能公司奋力实现其全球化企业的目标。继在东南亚地区建立一批工厂之后，佳能公司又在欧美国家发展了一批企业，前者的策略是为了克服日本劳动力不足且工资高的困难，后者的策略是为了减少日本与欧美国家的贸易摩擦。佳能公司逐渐发展成了一个全球化的企业，其产业分布世界各地，市场开始以国际为主。

当代管理思想对管理加强了环境、社会和经济等各种因素结合的研究，使企业能更快速地反应，也为企业提供了如何提升潜力和预测未来发展趋势的新思路和新工具。但很多学说或思想并未形成完善的理论体系，这是其美中不足的地方。

本 章 小 结

通过本章学习，你已经了解到管理思想的发展可追溯到人类集体劳动产生的年代，但系统的管理理论的形成不过百余年的历史。亚当·斯密的劳动分工理论及工业革命促进了管理理论的形成和发展。

在 19 世纪末 20 世纪初，古典管理理论基本上分为两大流派：一是泰勒的"科学管理理论"，二是法约尔的管理过程理论和韦伯的组织理论。前者以工作管理为重点，着重研究车间的生产活动；后者以组织管理为重点，着重研究企业的整体活动。

古典管理理论从某种程度上讲，以机械的观点来看待组织和工作。但行为科学理论从心理学、社会学等角度对工作中人的行为进行研究，为现代管理理论的发展奠定了基础，代表人物主要有梅奥和巴纳德等人。在 20 世纪前末期的多样化时代中，许多管理学者基于不同角度提出了各种管理理论，如泰勒及其追随者亨利·法约尔的科学管理理论，马克斯·韦伯的一般行政管理理论，梅奥等为代表的行为科学理论以及管理科学理论等。这些理论都为管理学作出了重要的贡献，但难免又都具有一定的局限性。

进入 20 世纪 80 年代以后，管理学在管理思想、方法、手段和组织等诸多方面都有了重大发展。将人在生产经营活动中的地位和作用，看成是企业的主体，于是提出了"人本管理"的新思想。进入 21 世纪，管理理论研究出现了一些新的思想和新的体系。现代管理理论是近代所有管理理论的综合，是一个知识体系，是一个学科群。

【思考题】

1．阐述亚当·斯密的劳动分工。
2．法约尔的十四条管理原则是什么？
3．科学管理理论的主要内容是什么？科学管理理论在现代管理实践中的价值如何？
4．阐述霍桑实验。
5．"经济人"和"社会人"假设的差异有哪些？把工人假定为"经济人"在现实中是否正确？
6．你认为决策在管理知识体系中的地位如何？

【实训】

一、实训目的

将劳动分工、工作专业化理论和泰勒的科学管理原则应用到企业中去，看看理论和现实的管理实践是如何结合在一起的。

二、实训组织

▶ 在教师指导下,每位同学选择一家比较熟悉的百货公司、快餐店、专卖店或者其他企业。

▶ 对选定的企业进行深入调查,描述其生产产品或提供服务的流程是如何进行劳动分工和工作专业化的,存在哪些问题,并提出建议;将泰勒的科学管理原则应用到选择的企业中,提出企业改进其绩效的建议。

▶ 并将分析结果整理成书面报告,进行汇报交流。

三、实训要求

选择的企业规模不要太大,内部的流程和管理不要太复杂。

在实训前,必须将劳动分工理论和泰勒的科学管理原则进行整理、分析和理解。

【案例应用】

(一)贾厂长的无奈

江南某机械厂是一家拥有职工 2000 多人,年产值约 5000 万的中型企业。厂长贾明虽然年过 50 但办事仍事必躬亲。每天都要处理大大小小事情几十件,从厂里的高层决策、人事安排,到职工的生活起居,可以说无事不包,每天都骑着他那辆破旧的自行车穿梭于厂里厂外。因此在厂里的威信很高,大家有事都找他,他也有求必应。贾厂长的生活的确很累。有人劝他少管些职工的鸡毛蒜皮的事。他说:"我作为一厂之长,职工的事就是我自己的事,我怎能坐视不管呢!"为了把这个厂办好,提高厂里的经营效益,改善职工生活,贾厂长每天从两眼一睁忙到熄灯,没有节假日,妻子患病他没时间照顾,孩子的家长会他也没时间出席,把全部的时间和心血都花在了厂里。正因为贾厂长这种勤勤恳恳、兢兢业业的奉献精神,他多次被市委市政府评为市先进工作者。

在厂里,贾厂长事无俱细,大事小事都要过问,能亲自办的事决不交给他人办;可办可不办的事也一定是自己去办;交给下属的一些工作总担心办不好,常插手过问,有时弄得下面的领导不知如何是好,心里憋气。有一次,厂里小王夫妇闹别扭,闹到了贾厂长那里。当时贾厂长正忙着开会,让工会领导去处理一下,工会主席很快就解决了。可贾厂长开完会后又跑来重新了解,结果本平息了的风波又闹起来了。像这样的例子在厂里时有发生。

虽然贾厂长的事业心令人钦佩,可贾厂长的辛劳并没有得到上天的赏赐。随着市场环境的变化,厂里的生产经营状况每况愈下,成本急剧上升,效益不断下滑,急得贾厂长夜不能寐。不久决定推行成本管理,厉行节约。他自己以身作则,率先垂范。但职工并不认真执行,浪费依旧,考核成了一种毫无意义的形式。贾厂长感叹职工没有长远眼光,却总也拿不出有力的监督措施,就这样,厂里的日子一天天难过。最后在有关部门努力下,厂里决定与一家外国公司合作，由外方提供一流的先进设备，厂里负责生产。当时这种设备在国际上处于先进水平，如果合作成功，厂里不仅可以扭转困境，而且可能使厂里的生产、技术和效益都上一个新台阶，因此大家都对此充满着信心。经多方努力，合作的准备工作已基本就绪，就等双方举行签字仪式。

仪式举行的前一天，厂里一个单身职工生病住院，贾厂长亲自到医院陪他。第二天，几乎一夜未合眼的贾厂长又到工厂查看生产进度，秘书几次提醒他晚上有重要会议，劝他休息一下，但他执意不肯。下午，贾厂长在车间听取职工反映情况时病倒了。晚上，贾厂长带病出席签字仪式，厂里的其他许多领导也参加了，但贾厂长最终没能支撑下去，中途不得不送进医院。外方领导在了解事情的经过后，一方面为贾厂长的敬业精神所感动，也对贾厂长的能力表示怀疑，决定推迟合作事宜。

贾厂长出院后。职工们都对他另眼相看，他在厂里的威信也从此大幅下降。对此，贾厂长有满肚子的无奈。

讨论：

1. 贾厂长是一个好人，但你认为贾厂长是一名优秀的管理者吗？
2. 内陆银行总裁大卫·拜伦一直坚守这样一句格言：一是决不让自己超量工作，二是授权他人后立刻忘掉这回事。你认为这格言对贾厂长有何启示？
3. 你认为一名高层管理者的主要工作是什么？

（二）万向崛起

浙江万向从一间"草根"企业成长为国内汽车零部件行业翘楚，挤进了国际业界的一流游戏圈，这个在全球供应链上稳步攀升的标本企业，为国内诸多制造企业的结构升级指出了一个可资借鉴的方向。2003年7月9日，国家统计局发布了按新标准划分的1588家全国大型工业企业名单，万向集团公司以118亿元的销售收入和112亿元的资产总额，跻身50强，名列第45位。

2002年6月20日下午，在上海浦东中欧国际工商学院的讲台上，鲁冠球向数百位来宾展示了几张有关万向和美国舍勒公司合作历程的资料照片，一张是1984年舍勒代表给万向第一笔历史性订单时的留影，另一张是16年后万向收购舍勒公司交接仪式的镜头。市场命运的沧桑变幻，全都浓缩进了这几张胶片之中。

万向集团始创于1969年，三十多年持续、稳定的发展，用鲁冠球的一句话来概括，就是"奋斗十年添个零"。

70年代，企业日创利润1万元，员工的最高收入为1万元；80年代，企业日创利润10万元，员工的最高年收入为10万元；90年代，企业日创利润100万元，员工的最高收入，超过了100万元；2009年将实现日创利润1000万元。

20世纪70年代末80年代初，鲁冠球改变了过去多种产品的生产格局，主推万向节。1980年的某天发生了一件至今仍让万向的老员工津津乐道的事情。那一天，鲁冠球在全厂员工面前将符合标准的价值 43 万元万向节送往了废品收购站。这种对产品质量的执着使万向公司赢得了在美国零部件行业排名第三的舍勒公司的青睐。

1984 年 3 月的一天，鲁冠球意外的接到北京中汽总公司的电话。一位叫多伊尔的美国客商，要到万向来考察。多伊尔当时供职于美国舍勒公司亚洲经销处，一向以对产品苛刻著称。但第一次考察万向的当天下午，他就留下 3 万套万向节的订单。鲁冠球后来得知，其实在前几年的广交会上多伊尔就相中了万向的产品，每年必买些回去研究。在多伊尔来万向以前，舍勒早已认准了这个合作伙伴。

1984 年 8 月，万向的第一批 3 万套万向节，风风光光的向美国出发了。这是中国汽车零部件第一次销往美国。与舍勒的合作并不是一帆风顺的。1987 年，舍勒的老板专程赶到万向，提出产品独家代理权。鲁冠球深知此举会控制万向的产品市场，限制发展规模，没有同意。舍勒的老板一气之下与万向断交，把万向送向了一段艰苦的岁月。那时万向外销的主要渠道被舍勒掌握着，车间里、厂房里打着舍勒的标志，堆积着专门为他们生产的产品，大量资金积压。鲁冠球咬着牙自己开拓市场，整整一年，万向终于熬过了最困难的时期，这时舍勒的老板又回来了。他们在其他的国家找不到如此价廉物美的产品，只得与万向重新签订合同。舍勒公司还向鲁冠球赠送了一只鹰雕，以示敬意。

随后的局势发生了根本性变化，万向蒸蒸日上，舍勒则每况愈下。2000 年 4 月，万向终于谈成了对这家 1923 年成立的、世界上万向节专利最多的企业的收购。4 月 25 日那天，当年送鹰雕的人又来到万向做技术移交，当鲁冠球再一次和他握手的时候，他说的你是胜利者"；鲁冠球说："我们再次合作"。

面对全球化的冲击，万向采取了资源外部化的策略。在鲁冠球看来，企业的发展，很大程度上取决于对资源的合理利用水平和优化配置的程度。

1994 年，万向钱潮股票在深圳证交所上市，成为国内第一家异地上市的民营企业；同年，集团在美国独资组建了万向美国公司，万向以"股权换市场"，以"设备换市场"，以"让利换市场"，以"无形资产收购"方式等，先后在美国、英国、德国、加拿大等 7 个国家建立了 18 家公司。这些步骤，不但使万向在全球供应链上站稳了脚跟，更推动它步步攀升，一帆风顺地挤进了业界一流"玩家"的游戏圈。1997 年 8 月，美国通用汽车公司正式与万向签订了供货合同。2001 年 8 月 28 日，万向成功完成对美国纳斯达克上市公司 UAI 的收购，此举将其一举推向汽车零部件供应链的国际化前端。

万向目前的工作主要有两块，一是以万向美国公司为中心的海外基地；二是国内的各个产权公司。万向美国公司一直担负着万向跨国发展的先锋。2002 年新投资实施 DET 等 5 个项目，新增了洛克斯特等多家跨国公司配套供应资格。而在国内，万向新增海南马自达、奇瑞汽车、江西昌飞汽车等 8 家主机厂及零部件合作，成立的电动汽车开发中心，通过收购埃泰克电池工业公司组建了浙江万向动力电池开发公司，推动电池—电机—电控—电动车的一体化的供应链战略进程。

一切似乎都在暗示，万向将向汽车制造发展。身为汽车零部件的老大，鲁冠球并不急于实现自己的汽车梦。他认为,现在抓住国际产业结构的调整时机,在市场重新分割中找准自己的位置,有多大能力办多大事才是最重要的。"汽车零部件行业"马上想搞汽车,哪有这么容易?万向目前最主要的工作是先把自己现在的工作做好,一方面是将国内的生产基地扩大;另一方面是对自身资源的整合。

按照"奋斗十年添个零"的规划,万向从行业链上游走向下游的整平梦大约还有10多年的时间。在汽车产业链条上步步为营地从零走向整,同时扩大产业投资范围,谋求跨行业、跨国界的发展是万向的长久之途。

思考:
你认为万向集团崛起的关键因素有哪些?对中国其他企业有何借鉴意义?
建议教学方式:预习、分组讨论、教师点评、总结。

第三章 管理资源与管理环境

【学习目标】
▶ 了解管理目标的特点、体系，了解管理资源的种类和特点，以及管理资源的来源。
▶ 掌握管理外部环境的相关内容，如外部环境分析的意义，外部宏观环境分析和微观环境分析的内容。
▶ 理解内部环境分析的意义，掌握SWOT分析法，以及在对内外环境分析的基础上进行相关决策。

【案例导入】

张三的小饭馆

张三准备在某市的临街地段开一个小饭馆，经过精心策划，张三开始了创业。

首先，张三在开业之初，需要一定的创业资金。开饭馆需要场所，要么买一块土地自己建，要么购置别人的房屋，要么租赁属于别人所有的房屋，这些都需要资金。此外，还需要对房屋进行最起码的装修，购置桌椅碗筷和厨房必备物品。具备这些条件后，还需要购进开业所有的原材料和半成品。所有这些，都需要一定量的资金。同时这也是申办营业执照的条件之一。

因此，开业之前张三要做的第一件事，就是筹措资金。在没有足够资金的情况下，张三就必须另想办法借贷，或者从亲友、同事处借贷，或者从银行贷款，作为借贷的条件，张三必须按一定标准向债权人支付红利或利息，并且在规定期限内必须归还。

接下来，张三需要购进一些必备用品需要购进原材料和半成品，要与工具设备经营者和粮食、肉类、蔬菜、副食品经营者发生联系。这其中有些是临时的、一次性的，有些是长期的、反复发生的，张三要做出恰当的选择。

经营餐馆还需要一个重要条件，就是得到政府的许可。除了一定的注册资金、营业场所、从业人员和经营范围外，还要获得有关食品卫生管理部门的许可。作为餐饮业经营者，还必须严格执行国家的有关法律和制度，合法经营。

开饭馆，除了上述准备外，还必须有人手。根据经营的档次和风格，张三必须雇佣相应水平的厨师、管理和服务人员。张三必须向员工支付一定的工资和奖金，当然还要有相应的保险。同时张三还必须在这个过程中进行招聘和管理。

正式营业后，张三还必须对顾客信息进行收集和分析，还要应对周围同行竞争者的威胁，保证饭馆的正常经营和发展。

（资料来源：王利平. 管理学原理（京）. 2000.4 略有改动）

从案例中可以看出作为一个小型私营饭馆，也要管理各种资源，如财力、物力、人力还有信息和技术，同时也要与环境发生多种关系。本章从管理资源和管理环境层面对管理学进行介绍。

第一节 管理目标与资源配置

一、管理目标特点

管理就是在特定的环境下，对组织拥有的资源进行有效的计划、组织、领导和控制，以便完成既定的组织目标的过程。管理是为实现组织目标服务的，是一个有意识、有目的地进行的过程。管理对于任何组织都不可或缺，但绝不是独立存在的，管理要服务于组织目标的实现。因此，管理的目标是与组织的目标连结在一起的。概括地说，管理就是要促使组织有效地利用资源而达成组织的目标。

二、管理目标的体系

管理目标可以从三个角度全面衡量管理活动促进组织目标实现的情况：

（一）组织的产出目标

一个组织要开展活动，必须具有人、财、物和信息资源。组织所获得的这些人力资源、金融资源、物资资源和信息资源，就构成了组织的"投入"。对投入资源的运用，就可以产生组织的成果。成果是组织活动过程的最终结果，统称为组织的"产出"。其具体体现可以是学校里教育培养出来的人才的数量和质量；企业生产和制造的产品或者提供的技术和服务；医院治愈的病人等等。不同类型的组织，其结果的具体表现形式可能各不相同，但从一般的规范角度看，任何结果都可以从以下几个方面加以考察和衡量：

1. 产量与期限。产量是从生产多少产品或者提供多少服务项目的角度来反映产出水平的。可以是实物指标，也可以是货币指标。同时任何产出都必须在规定的时间里完成才有意义。对组织中的各个部门、各个人的工作也必须规定每天、每星期或者每年需要完成多少数量的任务。离开了时间的规定，任何的数量标准都将失去意义。

2. 品种与质量。无论是产品，还是服务项目，都必须按照顾客对其需求的类别和特性来提供。质量和品种是对产出的更内在、更本质的规定。对质量的测定，可以通过产品的次品率、退货率、服务中的差错率、顾客的投诉等指标来反映。

3. 成本费用。企业要将资源转化为成果，最理想的要求是使产出的产量和质量控制在既定的成本费用之内。

以上是从产出目标角度对组织资源转化为成果的活动过程水平的一种衡量。总的要求是，管理工作要确保组织在活动过程中能按质、按量、按期、低成本地提供适销对路的产品或服务。

（二）组织的效率与效果

组织的绩效目标是对组织所取得的成果与所运用的资源之间转化关系的一种更全面的衡量。组织的绩效高低，表现在效率和效果两个方面。

所谓效率，是指投入与产出的比值。例如，设备利用率、工时利用率、劳动生产率、资金周转率以及单位产品成本等，这些是对组织效率性的具体衡量。由于组织所拥有的资源通常是稀缺的、有价的，所以管理者必须关心这些资源的有效利用和合理配置。对于给定的资源投入，如果能够获得更多的成果产出，那么就有了较高的效率。

然而，管理者仅仅关心组织活动的效率还是不够的，管理工作的完整任务必须是使组织在高效率基础上实现正常的活动目标，这就是要达成组织活动的效果。效果的衡量指标有销售收入、利润额、销售利润率、产值利润率、资金利润率等。

效率和效果是两个有联系但并不相同的概念。效率涉及的只是活动方式，它与资源的利用有关，因而只有高低之分而无好坏之别。效果则涉及活动的目标和结果，不仅具有高低之分，而且可以在好和坏两个方向上表现出明显的差距。如果说高效率是追求"正确的做事"，好效果则是保证"做正确的事"。在效果较好的情况下，高效率无疑会使组织的有效性增大，但从本质上说，效率性和有效性之间并没有必然的联系。

一个企业的效率可能比较高，但如果生产的产品没有销路，或者说不能满足顾客的需要，这样效率越高反而会导致有效性越差，因为此时产品生产得越多，库存积压也就越多，从而导致企业赔钱也就越多。所以，一个有效的管理者，应该一方面既能使组织保持高的效率，另一方面又能保证组织取得好的效果，这样组织才具有最大的有效性。

（三）组织的终极目标

根据组织的性质不同，组织的终极目标可以有不同的表现形式。有一些组织以追求利润和资本保值增值为主要终极目标，这样的组织被称为营利性组织；另一些组织则以满足社会利益和履行社会责任为主要终极目标，被称为非营利性组织。与营利性组织终极目标的实现程度可以通过经市场检验的较为客观的绩效指标来衡量不同，对于非营利性组织来说，其终极目标的实现情况往往依赖一些定性的和相对主观的指标加以衡量，但不论组织要实现的终极目标有何差别，管理工作的使命任务基本上都是一样的，即都要使组织以尽量少的资源而尽可能多地完成预期的合乎要求的目标。只有这样，才能称得上是有效的管理。

三、资源的种类与特点

管理是对组织拥有的资源进行有效的计划、组织、领导和控制，以便完成既定的组织目标的过程，作为组织"投入"的资源是指为了物质财富的创造而投入生产过程的所有要素，包括土地、资金、技术、信息、人力等。整合和利用各种资源创造财富的主体是企业。企业管理过程中的资源主要有人力资源、物力资源、财力资源和信息资源。

（一）人力资源

"人力资源"这一概念最早于1919年和1921年由约翰·R·康芒斯在其《产业信誉》和《产业政府》中提出。现代意义上的"人力资源"概念是著名管理学者彼得·德鲁克提出的。他认为：与其他资源相比，人力资源是一种特殊的资源，它必须通过有效的激励机制才能开发利用，并为企业带来可观的经济价值。此后，很多学者对人力资源进行了不同的阐释。我们认为，人力资源是指一定时期内组织中的人所拥有的能够被企业所用，且对价值创造起贡献作用的知识、能力、技能、经验、体力等的总和。人力资源具有以下特点：

1. 能动性：在价值创造过程中处于主动地位。
2. 时代性：个人受到所处时代和当时社会的影响。
3. 时效性：人的生命周期中能够被开发利用和进行价值创造的阶段。
4. 增值性：人的体力、知识、经验和技能等会因不断使用而更有价值。
5. 作用的不确定性：外部因素的作用与内在心理状态的影响会使人力资源发挥作用的大小产生变化。
6. 主体性：个体具有自主去留的权利，既个体拥有人力资源的所有权。

（二）物力资源

物力资源就是指企业进行生产经营活动所需的土地、厂房、建筑物、构筑物、机器设备、仪表、工具、运输工具、能源、原材料等。企业的物力资源系统，是企业生产经营活动的物质技术基础。企业所需物力资源包括两大类：一类是作为劳动手段，它形成为企业的固定资产；一类是作为劳动对象，它形成为企业的流动资产。除厂房建筑物、构筑物等设施和机器设备装备外，在企业建成后已成为企业的物质技术基础，作为正常生产所需物力资源的供应，按其在生产中的作用来分类，主要有：主要原材料、辅助材料、燃料、动力、工具等。对于物力资源，应该遵循客观事物发展规律的要求，根据组织目标的完成的实际情况，对各种物力资源进行最有效配置和最佳地利用，开源节流，物尽其用。

（三）财力资源

企业的财力资源包括企业的流动资金、融资能力、资金周转能力、资金调动情况、资金使用情况和生产经营收益情况等。企业的财力资源的综合情况反映了企业生产经营情况，也从一个侧面反映了企业的整体管理情况。

（四）信息资源

信息资源通常包括信息收集或获取的渠道、信息筛选和分析的方法和能力、信息的储存和传递方法和能力、信息的利用能力和效果、信息的（内部和外部）交流和处置渠道和能力等。信息资源与物力资源相比，具有以下几个特点：

1. 能够重复使用，其价值在使用中得到体现。
2. 信息资源的利用具有很强的目标导向，不同的信息在不同的用户中体现不同的价值。
3. 具有整合性。人们对其检索和利用，不受时间、空间、语言、地域和行业的制约。

4. 它是社会财富,任何人无权全部或永久买下信息的使用权;它是商品,可以被销售、贸易和交换。

5. 具有流动性。

四、组织资源的获取来源

组织是环境中生存发展的生物有机体。组织资源来源于组织外部环境和内部环境。企业作为环境中生存和发展的经济组织,并不是简单的、被动地适应环境,而可以在一定范围内对环境因素做出选择。在市场经济条件下,企业与市场环境最基本的关系就是交换关系。企业经营所需的各种资源,都要通过交换才能获得。无论是资金、原材料、设备、劳动力,还是技术、经验、知识、信用等,都直接或者间接地来源于交换关系;与此同时,企业向环境提供各种产品和服务。在这种与环境的输入输出关系中,企业争取有所盈余,这是企业生存下去的基本条件。

第二节 外部环境分析

一、外部环境分析的意义

任何组织都不是独立存在、自我封闭的。组织的作业工作要依赖外部环境作为其投入的来源和产出的接受者,组织的管理工作也是在一个开放系统里展开的,管理者必须时刻明智地对周围环境的变化做出反应。

在开放的经济系统,企业的经营管理必然受客观环境的控制和影响,因此要把握住环境的现状及将来的变化趋势,利用有利于企业发展的机会,避开环境威胁的因素,这是企业谋求生存和发展的首要问题。因此分析企业外部环境对企业经营具有极其重要的意义。

(一)外部环境是组织生存和发展的基础

从宏观来讲,任何国家的政府总是为了解决本国社会政治、经济等方面的问题制定和推行一系列的路线、方针、政策,当国家政治、经济形势发生变化时,则其路线、方针、政策、法规也会相应发生变化。企业如果不能正确预测和估价这些变化,企业经营状况往往会处于十分被动的局面,甚至破产而被淘汰。因此外部环境是企业存在的前提,国家的路线、方针、政策对企业有着直接的推动、制约和干扰作用。从微观来讲,企业经营的一切要素都要从企业外部环境获取,如原材料、能源、资金、劳动力、信息等生产要素都是从外部环境中取得的,没有这些生产要素,企业不可能生存。企业生产出的产品要通过外部市场销售出去。企业的经济效益和社会效益也要通过外部环境才能加以实现。总之,企业经营离不开市场和竞争,因此,必须对外部环境认真加以分析。

（二）外部环境是组织管理的诱导因素

党和国家的方针政策，国民经济的发展计划，国家的产业政策，市场的变化等都会直接或间接地影响企业内部职工的思想及利益的分配。例如企业内部的分配管理，不仅决定于企业内部各部门或各成员之间在劳动数量及质量上的对比关系，而且也决定于企业外部环境，即取决于市场上所实现的用以分配的价值总量，这个总量的大小要看企业的个别劳动时间与社会平均必要劳动时间之间的对比关系，并受价值规律的调节。若企业劳动生产率较低，则企业利润较少，这当然要影响到该企业年内职工的分配。企业内部的政治关系，干部职工队伍思想状况联系着广阔的社会环境，只有研究透彻企业外部环境，才能把企业管理好。另外，随着社会、经济、科技的发展，企业外部环境变化速度加快，国际政治、军事、经济的变化，有可能使某些产品由畅销变为滞销，国内政治、经济体制改革使各项政策变化的速度也较快，企业也应适应这一变化。科技发展和进步使得新技术开发越来越快，产品寿命周期越来越短，企业必须及时进行产品结构调整，技术改造及设备更新，组织机构的调整等自我改革和自我完善措施，企业只有在预计环境变化之前完成经营结构的调整才能充分利用环境所提供的机会，才能避免环境给企业带来的危机，因此企业经营者不仅要了解环境变化的趋势，而且要预测估计出环境变化的速度，才能取得经营主动权。因此，外部环境是企业决策的依据，是计划、组织、指挥、协调、控制等一切企业内部管理活动的依据。

（三）外部环境造成了企业经营管理的特色

美国与日本由于其企业资金来源不同，因而两国在企业经营策略，工资制度和企业领导人的选拔上都大不相同，各有特色。美国企业的资金主要来自私人集资和股票市场，因此其资金来源不稳定，在企业经营中则表现为侧重于近期的利润及资金利润率的提高，在新产品销售中经常采用高价策略，以争取在短期内收回开发新产品的投资，在工资制度上，美国企业侧重于职工近期表现，在经理人员的选择上侧重于起用生财有道的财务人员。日本企业的资金主要来自银行贷款，由于其资金来源相对稳定，造成日本企业并不十分重视近期利益而比较侧重于较长远的利益。在新产品销售中经常采用低价策略，重视市场的渗透及市场占有率的提高，在工资制度上则侧重于职工长期表现，并采用年功序列工资制，在经理人员的选拔上侧重于有长远眼光的工程技术人员和其他业务人员。由以上比较看出，由于外部环境的差异造成了两国企业经营管理的特色不同，同时企业的经营观念，道德规范及企业文化也有相当大的差异。

二、外部宏观环境分析

虽然宏观环境对企业生存和发展所产生的影响是间接的，但它却是最不可控的环境因素。因此，企业宏观环境分析的任务主要有两个：一个是通过分析，考察预测与所在行业及所经营企业有重大关系的宏观环境因素将发生哪些变化；另一个是评价这些变化将会给所在行业及所经营的企业带来哪些影响，以便为企业的战略决策奠定基础并提供依据。

企业宏观环境分析的主要内容如下：

1. 政治环境。政治环境分析是指企业对某一地区、国家乃至世界的法律法规、政治行为、政治形势等政治环境因素的现状及其变动趋势的分析，以及对这一现状及其变动趋势将对企业及企业所在市场或行业产生何种影响的分析。主要包括政治制度、政党和政党制度、政治性团体、党和国家的方针政策、政治气氛等。

2. 经济环境分析。经济环境分析是指企业对某一地区、国家乃至世界的经济形势、经济发展水平、经济基础设施水平等经济环境因素的现状及其变动趋势的分析，以及对这一现状及其变动趋势将对企业及企业所在市场或行业产生何种影响的分析。

（1）经济形势。主要指处于经济周期的哪个阶段：萧条、停滞、复苏、高涨。

（2）经济发展水平。一般可以用购买力、经济增长率两个指标来综合反映。购买力反映了现实的消费能力；经济增长率反映了消费能力增长的潜力。

（3）经济基础设施水平。主要指交通设施、水电设施、能源供应设施、通讯设施和各种商业基础设施的可靠性及其效率的水平。

3. 社会文化环境。文化环境分析是指企业对某一地区、国家乃至世界的人们的价值观、社会习俗、宗教信仰、教育水平等文化环境因素的现状及其变动趋势的分析，以及对这一现状及其变动趋势将对企业及企业所在市场或行业产生何种影响的分析。主要包括

4. 人口环境分析。它是指企业对某一地区、国家乃至世界的人口数量、人口地理分布和密度、家庭、人口年龄结构等人口环境因素的现状及其变动趋势的分析，以及对这一现状及其变动趋势将对企业及企业所在市场或行业产生何种影响的分析。

（1）人口数量。人口数量决定了市场潜力。中国这个大市场的潜力无法估量。谁抓住了中国市场，谁就抓住了一个大金矿。你知道为什么NBA要做中文版的官方网站吗？曼联为什么也要这么做？这都是基于人口数量考虑的策略。

（2）地理分布密度。亚洲是人口分布密度最高的地区，而中国又是一个人口大国。随着城市化节奏的不断加快，消费结构和水平也在发生变化，从而导致市场消费结构甚至市场结构的巨变。例如你现在个人的消费结构与你父母亲相比，是否有所变化？

（3）家庭状况。这里主要是指家庭结构和特征。上海的家庭结构已经向发达国家靠拢，也出现了丁克族，而且家庭越来越小型化，单身贵族增多。与这些特征相匹配的市场就会得到较好的发展。

另外还有一个现代社会非常突出的问题，即人口老龄化。生活水平的提高使人们越来越长寿，出生率越来越低，造成社会人口结构的巨大悬殊。这种情况必须引起企业的注意，适时地开发出适合于老龄层次用的产品，取得市场占有率。

5. 自然环境分析。自然环境分析是指企业对某一地区、国家乃至世界的自然资源的种类、数量、可用性、能源成本、自然环境污染、政治组织对自然资源的干预的现状及其变动趋势的分析，以及对这一现状及其变动趋势将对企业及企业所在市场或行业产生何种影响的分析。

三、外部微观环境分析

所谓企业的微观环境又称行业环境、企业市场环境,是指对企业经营及生存发生直接的或明显的影响的企业外部经营环境因素构成的总和。这是决定企业生存和发展的基本环境。主要是指企业与顾客、竞争对手、同盟者以及与能源、资金、原材料、劳动力、技术等资源的供应者、运输部门、中间商与批发商、商业企业、业务主管部门、税务财政部门以及企业所在社区等有关机构之间的关系,其中最主要的是与顾客、供应者、竞争者及同盟者的关系。

(一)顾客分析

顾客是企业产品和劳务的购买者,包括企业产品或劳务的用户和中间经销商。企业与顾客间存在四种基本关系:

1. 服务与被服务的关系。顾客是企业服务的对象。
2. 购买与销售的关系。即商品货币关系,企业的商品或劳务通过买卖转归顾客所有。
3. 选择与被选择的关系。顾客对企业的商品或劳务,以及企业本身都要进行选择。
4. 争夺与被争夺的关系。顾客是企业与其竞争对手的争夺对象。由以上四种关系的分析可以看出,顾客分析对于制订战略来讲是至关重要的。企业为了制订战略,应充分了解顾客需求的内容,趋势及特点,顾客的规模结构,消费心理,习俗及层次等,同时也应用产品,价格,销售渠道及促销手段等营销组合去满足顾客的需要,达到企业经营的目的。当然,顾客是需要创造的,要根据生产力发展的需要,积极引导消费,激发消费者产生正当的、新的消费需求,为企业开拓市场,打开经营的新局面。了解顾客,还因为在顾客那里可以得到创新的源泉,产品创新思想主要来源于顾客,其次才是学者。据统计,重大的产品革新思想有76%来自顾客,有18%来自生产单位。对于产品的小改革,有58%来自用户,有38%来自生产单位。

(二)供应者分析

企业的供应者包括企业维持正常生产经营活动的各种要素(人、财、物、信息、技术等)的来源单位,它们的基本要求是与企业建立稳定合理的交易关系,并能取得一定的利润。企业与供应者关系的性质基本上和企业与顾客关系的性质相同,只不过双方的地位发生了交换,企业变成了供应者的顾客,因此,企业与供应者关系中同样存在着服务与被服务,购买与销售,选择与被选择,争夺与被争夺的关系。但从我国实际情况出发,我国资金短缺,原材料紧张,能源供应紧张,劳动力供应及技术供应也不理想。因此,从企业角度来说,企业为了获得必要的资源,必须积极主动地吸引资源所有者把资源投入本企业,因而他们之间又存在着吸引与被吸引的关系。

(三)竞争对手分析

所谓竞争者是指与本企业争夺销售市场和资源的对手。从争夺市场来看,竞争者是那些生产相同或相似功能产品的企业(包括生产代用品的企业);从争夺资源来看,竞争者除了生产相同或相似功能产品的企业外,还包括其他使用相同资源的需用者;从企业经营的角度来看，竞争对手可分为直接竞争对手和间接竞争对手，现实的竞争对手和潜在的竞争对手。但不管竞争对手的性质如何，企业与竞争者都存在着以下两种关系：

1. 相互争夺的关系。即双方都为了自己的生存和发展设法在市场和顾客、在全部资源中力争占有更大的份额，不仅要争夺对方占有的市场，还要积极争夺潜在市场；不仅争夺现有的资源来源，还要积极争夺新的资源来源。谁占有了市场，占有了资源来源，谁就有了长远发展的良好条件。

2. 相互削弱经营能力的关系。这是一种使对方丧失经营独立性和对方努力维护其经营独立性的斗争。在竞争中要设法削弱对手与自己争夺市场及资源的能力，进而扩大自己的争夺能力，因而产生控制对手的动机和行为，而对手也必然采取反控制的手段。因此，企业应了解和研究竞争对手的长处和短处，了解其经营思想、经营战略、经营计划、经营特点及作风等，要了解产业内主要竞争者，他们的经营战略和策略，竞争者与同盟者发展变化的趋势和转化的可能，了解主要竞争者有哪些相对优势，本企业在竞争中的地位，本企业有哪些相对优势和发展机会，从而为本企业战略的制订提供环境依据。

案例 3-1　　　　　　　　曹玮智退蕃军

宋代沈括所著《梦溪笔谈·权智》中，讲了这样一个故事：北宋名将曹玮有一次率军与吐蕃军队作战，初战告胜，敌军溃逃。曹玮故意命令士兵驱赶着缴获的一大群牛羊往回走。牛羊走得很慢，落在了大部队后面。有人向曹玮建议，"牛羊用处不大，又会影响行军速度，不如将它们扔下，我们能安全、迅速赶回营地。"曹玮不接受这一建议，也不作任何解释，只是不断派人去侦察吐蕃军队的动静。吐蕃军队狼狈逃窜了几十里，听探子报告说，曹玮舍不得扔下牛羊，致使部队乱哄哄地不成队形，便掉头赶回来，准备袭击曹玮的部队。

曹玮得到这一情报，便让队伍走得更慢，到达一个有利地形时，便整顿人马，列阵迎敌。当吐蕃军队赶到时，曹玮派人传话给对方统帅："你们远道赶来，一定很累吧。我们不想趁别人劳累时占便宜，请你让兵马好好休息，过一会儿再决战。"吐蕃将士正苦于跑得太累，很乐意地接受了曹玮的建议。等吐蕃军队歇了一会儿，曹玮又派人对其统帅说，"现在你们休息得差不多了吧？可以上阵打一仗啦！"于是双方列队开战，只一个回合，就把吐蕃军队打得大败。

这时曹玮才告诉部下："我扔下牛羊，吐蕃军队就不会杀回马枪而消耗体力，这一去一来的，毕竟有百里之遥啊！我如下令与远道杀来的吐蕃军队立刻交战，他们会挟奔袭而来的一股锐气拼死一战，双方胜负难定；只有让他们在长途行军疲劳后稍微休息，腿脚麻痹、锐气尽失后再开战，才能一举将其消灭。"

一个优秀的领导人一定有一套好办法去判定市场上的优劣形势。如果自己处于优势，采用各种方法都能将对手挤出竞争领域当然是最好不过的了，关键是很多时候是胜负难料的，你对击败竞争对手根本没有什么把握，市场也看不出来对自己的公司多么有利，怎么办？

最重要的一件工作就是收集竞争对手的商业情报，这对你做出明确的判断非常重要。

为了保持自己在世界贸易中的优势,美国政府甚至不惜代价派出 FBI 到各国收集商业情报。当所需资料都收集好了,市场却没有出现自己期望的发展态势怎么办?那就要做出假相来迷惑敌人,让他朝着自己希望的方向去行动。

会把握市场的领导者是优秀的领导者,但能够创造市场机会的领导者是更杰出的人才!

敌强时,不急于攻取,须以恭维的言辞和丰厚之礼以示弱,使其骄傲,待暴露缺点,有机可乘时再击破它。

(四) 同盟者分析

在企业经营中,对同盟者的分析是十分重要的。从企业经营角度来看,可将同盟者分为基本同盟者(全面合作)与临时同盟者(某时、某事、某方面的合作);直接与间接同盟者;现实的与潜在的同盟者;长期的与短期的同盟者等。同盟者与本企业应具有利害共同性或优劣势及利益的互补性。同时也应注意,随着内外环境的变化,企业与同盟者的关系具有可变性及复杂性,即同盟者有可能变成竞争对手,而竞争对手也有可能变为同盟者,本企业的合作者也可能同时又是竞争对手的合作者。因此,企业对于各种类型同盟者的状况,发展趋势及特点均应进行分析。

五、其他微观环境因素

企业还应对运输部门、外贸部门、业务主管部门、财政税务等部门的联系进行认真分析,对企业所在社区机构,如派出所、公安局、学校、托儿所、卫生部门、计划生育等部门的关系也应处理好,否则这些部门都会给企业正常生产经营活动带来直接不利的影响。

第三节 内部环境分析

一、内部环境分析的意义

内部战略环境是企业内部与战略有重要关联的因素,是企业经营的基础,是制定战略的出发点、依据和条件。在《孙子兵法·谋攻篇》中,孙子曰:"故曰:知己知彼,百战不殆;不知彼而知己,一胜一负;不知彼不知己,每战必殆"。因此,企业战略目标的制定及战略选择既要知彼又要知己,其中"知己"便是要分析企业的内部环境或条件,认清企业内部的优势和劣势。

企业内部环境或条件分析的目的在于掌握企业历史和目前的状况,明确企业所具有的优势和劣势。它有助于企业制定有针对性的战略,有效地利用自身资源,发挥企业的优势;同时避免企业的劣势,或采取积极的态度改进企业劣势。

案例 3-2　　　　　　　　可选择余地越大越好吗？

有选择好，选择愈多愈好，这几乎成了人们生活中的常识。但是最近由美国哥伦比亚大学、斯坦福大学共同进行的研究表明：选项愈多反而可能造成负面结果。科学家们曾经做了一系列实验，其中有一个让一组被测试者在 6 种巧克力中选择自己想买的，另外一组被测试者在 30 种巧克力中选择。结果，后一组中有更多人感到所选的巧克力不大好吃，对自己的选择有点后悔。

另一个实验是在加州斯坦福大学附近的一个以食品种类繁多闻名的超市进行的。工作人员在超市里设置了两个吃摊，一个有 6 种口味，另一个有 24 种口味。结果显示有 24 种口味的摊位吸引的顾客较多：242 位经过的客人中，60%会停下试吃；而 260 个经过 6 种口味的摊位的客人中，停下试吃的只有 40%。不过最终的结果却是出乎意料：在有 6 种口味的摊位前停下的顾客 30%都至少买了一瓶果酱，而在有 24 种口味摊们前的试吃者中只有 3%的人购买东西。

太多的东西容易让人游移不定，拿不准主意，同理，对于管理者，太多的意见也会混淆视听。不要以为越多的人给出越多的意见就是好事，其实往往适得其反，由于每个人看问题的角度不同，给出意见的动机也不尽相同，所以太注重听取别人的意见很容易让自己拿不定主意。在征求意见之前，我们必须要有一个属于自己的坚定的信念，要明确最终的目的是什么，这样才能在众多的声音中保持清醒的头脑，找出最适合企业发展的金玉良言。

"伤人十指，不如断人一指"，把资源集中于适应市场机会的企业的核心竞争力上，将产生更大的效益。相反，盲目地平均使用资源，盲目地多样化，犹如狗熊掰棒子，终将一无所得。

二、内部环境分析的内容

企业内部环境分析的内容包括很多方面，如组织结构、企业文化、资源条件、价值链、核心能力分析等；按照企业的成长过程，企业内部环境分析又分为企业成长阶段分析、企业历史分析和企业现状分析等。在这里从人、财、物、技术、信息角度进行企业内部环境分析。

（一）人力资源分析

人力资源是最宝贵的资源，人力资源管理的结果和最终目的是要提高员工和企业的工作效率和效益，人力资源分析的内容主要有：

1. 对企业高层领导者的分析。主要对企业高层领导者的年龄、文化程度、来源、工资状况进行分析，对高层领导者的经营管理能力与素质、威信、思想状态、人际关系等方面进行分析。

2. 对企业管理人员的分析。主要对企业管理人员数量占全体职工的比例，管理人员的年龄、来源、文化程度、工资状况进行分析，对管理人员的工作能力、工作效率与素质、健康状况、思想状态进行分析。

3．对企业技术人员的分析。主要对技术人员的数量占全体职工的比例，技术人员的年龄、专业结构、文化程度及工资状况进行分析，及技术人员中从事研究与开发工作的技术人员比例，近年来技术工作的绩效及奖罚、进修工作情况等。

4．对企业员工的分析。主要对企业员工的数量、男女比例、年龄、来源、文化程度及工资状况进行分析，对员工的思想状态、素质、健康状况、劳动效率、工资福利、奖罚、培训等方面进行分析。

针对以上四方面分析，进而提出改进措施和建议，找出企业在人力资源开发与管理上存在的问题及薄弱环节。

（二）财力资源分析

为了制定企业战略，通常财力资源分析的重点是中期和长期的财务优势和劣势，而不是短期的财务形势，因此要把更多的注意力放在长期的企业净收入趋势及总资产利用上。同时要计算出企业在计划期内为保持战略所要求的增长率而必须进行再投资的数量，从而判断出企业能否单独依靠自己内部的财力资源来支持预期的增长，根据这个计算结果，企业可以了解到如果能够用自己的财力支持增长的话，企业还可以有多少剩余资金去支持企业内其他经营单位的发展；同样，如果不能依靠自己内部的财力支持增长的话，企业需要多少外部资源；应当用什么筹资方式来解决企业生存和发展需要的外部资金。因此分析人员应对企业资金来源，资金使用结构状况，企业获利能力及经济效益的状况，企业利润分配，成本费用结构等状况进行分析，从而找出企业财力资源存在的弱点，以便采取措施加以改进。

（三）企业物质资源分析

企业的厂房、设备是固定资产中的主要部分，它是物化了的科学技术，衡量一个企业的特征，不仅要看他生产什么东西，还要看是用什么生产工具来进行生产的。物质资源主要分析内容如下：

1．企业生产设备分析。主要分析人均固定资产，设备平均役龄，设备的新度结构，设备的专业工艺特性等。人均固定资产随行业特性而有所不同，在同一行业中企业人均固定资产值越高说明企业资金技术构成越高，其生产力水平也越高。设备平均役龄及设备新度结构说明企业设备更新的速度及生产力的潜力，设备的专业工艺特性反映了企业设备机械化、自动化的程度，反映了企业生产力发展的水平。同时还要分析企业的设备加工能力平衡，均衡生产问题，设备闲置及利用状况，生产设备与劳动力之间在数量上和质量上的适应程度，设备的维修和保养状况等。

2．原材料及零部件供应的分析。主要分析原材料及零部件供应的可靠性、及时性的问题，原材料及零部件供应的技术特性及质量保证问题，企业对原材料及零部件的消耗定额及其他管理问题，企业对外协作的关系问题等。

3．企业能源供应的分析。主要分析企业所用电力、水、煤、气、油等能源供应的可靠性、及时性问题，能源供应的技术特性及质量保证问题，企业对能源的消耗问题。

（四）技术资源分析

技术资源通过三种形态表现出来，即正在应用的技术，已经开发但尚未得到应用的储备技术，尚未被人们认识但在不久的将来也将成为储备技术或技术的潜在技术。但技术资源的开发如同企业中的财力、人力、物力一样都有赖于管理，管理在一定程度上决定了技术创新的程度及技术发展的速度，管理决定了技术的生存能力和技术成果的转化率。

三、SWOT 分析法

SWOT 分析最早由美国旧金山大学韦里克（H.Weihrich）教授于 20 世纪 80 年代初提出。所谓 SWOT 分析法，是一种综合考虑企业内部条件和外部环境的各种因素，进行系统评价，从而选择最佳经营战略的方法。这里，S 是指企业内部的优势（Strengths），W 是指企业内部的劣势（Weaknesses），O 是指企业外部环境的机会（Opportunities），T 是指企业外部环境的威胁（Threats）。

企业内部的优势和劣势是相对于竞争对手而言的，一般反映在企业的资金、技术设备、职工素质、产品、市场、管理技能等方面。判断企业内部的优势和劣势一般有两项标准：一是单项的优势和劣势。例如：企业资金雄厚，则在资金上占优势；市场占有率低，则在市场上占劣势。二是综合的优势和劣势。为了评估企业的综合优势和劣势，应选定一些重要因素加以评价打分，然后根据其重要程度通过加权确定。

企业外部环境的机会是指环境中对企业有利的因素，如政府支持、高新技术的应用、良好的购买者和供应者的关系等。企业外部的威胁是指环境中对企业不利的因素，如竞争对手的出现、市场增长率缓慢、购买者和供应者讨价还价的能力增强、技术老化等。这是影响企业当前竞争地位或未来竞争地位的主要障碍。

SWOT 分析的指导思想就是在全面把握企业内部优劣势与外部环境的机会和威胁的基础上，制定符合企业未来发展的战略，发挥优势、克服不足、利用机会、化解威胁。

SWOT 分析是企业竞争情报分析的重要手段。企业高层管理人员根据企业的使命和目标，通过 SWOT 分析法分析企业经营的外部环境，确定存在的机会和威胁；评估自身的内部条件，认清企业的优势和劣势。在此基础上，企业要制定用以完成使命、达到目标的战略，即进行战略选择，实施战略计划。

二、SWOT 分析的程序

1. 明确目标。这一步骤是要发现问题、提出问题、形成课题和选择课题。
2. 确定分析对象。SWOT 分析的对象就是构成企业内部条件的因素（主要有管理、营销、财务、生产、技术等，它们的组合构成了企业内部的优劣势状况）和外部环境的因素（含政治法律环境、科技经济环境、自然环境以及行业竞争状况、市场需求状况等）。分析企业外部环境要综合考虑国内外因素及过去、现在、未来的状态。

3. 信息搜集与整理。信息搜集的主要任务是确定信息源和选择搜集的方法。信息源包括两层含义：一是指信息及其发生源，如市场营销部门、电视台等；二是指信息以及赖以传播的各种物质载体或传输通道，如图书展销会等。信息收集方法很多，某一竞争情报分析所需的信息源和信息搜集方法可能是上述信息源和某种搜集方法，也可能是几种信息源及其搜集方法的组合，要根据信息分析的目标加以确定。

信息整理是对所搜集的信息进行初步加工，使之可以利用，如剔除重复的或不符合要求的信息。

4. 进行 SWOT 分析。将调查得出的各种因素根据轻重缓急或影响程度等排序方式，构造 SWOT 矩阵。在此过程中，将那些对公司发展有直接的、重要的、久远的影响的因素优先排列出来，而将那些间接的、次要的、少许的、不急的、短暂的影响因素排列在后面。

根据以上 SWOT 因素的排列组合，可大致判断出企业内部的优劣势所在以及外部环境中所存在的机会和威胁，从而为企业制订行动方案、进行战略选择打下基础。然而，矩阵分析存在着不够精确的弱点。定量评估方法，能够很好地弥补矩阵分析的不足。定量评估分析即对所列出的因素按照其重要程度，分别确定一个加权系数，然后对其进行逐项打分，并加权求和，以判断其中的内部优劣势以及外部环境的机会和威胁。

三、从对内外环境分析的结果来做决策

企业在 SWOT 分析基础上，进行决策，选择所要从事的战略，其结果如图 3-1：

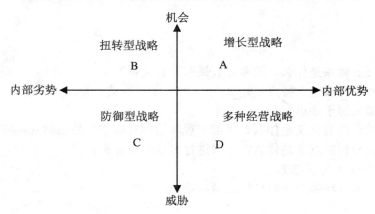

图 3-1 SWOT 分析决策图

A 类企业，具有很好的内部优势以及众多的外部机会，应当采取增长型战略，如开发市场、增加产量等。B 类企业，面临众多的外部机会，却受到内部劣势的限制，应采用扭

转型战略,充分利用环境带来的机会。C类企业,内部存在劣势,外部面临强大威胁,应采用防御型战略,进行业务调整,设法避开威胁和消除劣势。D类企业,具有一定的内部优势,但外部面临强大威胁,应采用多种经营战略,利用自己的优势,在多样化经营上寻找长期发展的机会。

本 章 小 结

通过本章的学习,已经知道管理就是在特定的环境下,对组织拥有的资源进行有效的计划、组织、领导和控制,以便完成既定的组织目标的过程。管理是为实现组织目标服务的,是一个有意识、有目的地进行的过程。

在企业投入—产出的运转过程中,作为组织"投入"的所有要素,包括土地、资金、技术、信息、人力等。企业管理过程中的资源主要有人力资源、物力资源、财力资源和信息资源。

任何组织都不是独立存在、自我封闭的,都与外部环境有着密切的联系。管理者必须时刻明智地对周围环境的变化做出反应。企业的外部环境又包括宏观和微观两个层次。

内部环境是企业经营的基础。企业内部环境分析目的在于掌握企业历史和目前的状况,利用SWOT分析法明确企业所具有的优势和劣势。它有助于企业制定有针对性的战略,有效地利用自身资源,发挥企业的优势;同时避免企业的劣势,或采取积极的态度改进企业劣势。

【思考题】

1. 管理目标的体系是什么?效率和效果有什么关系?
2. 资源的种类有哪些?特点是什么?
3. 组织资源来源于哪里?
4. 外部环境分析的意义是什么?外部宏观环境都有哪些?外部微观环境都有哪些?
5. 内部环境分析的意义是什么?如何进行内部环境分析?
6. 什么是SWOT分析法?
7. 如何运用内外环境分析的结果来做决策?

【实训】

一、实训目的

应用企业外部环境和企业内部环境的分析方法,并了解某一行业的发展现状、竞争状况、国家政策等相关内容,让同学们找到分析企业内外部环境的思路。

二、实训组织

▶ 每一位同学结合上一章选择的企业,或者可以从新选择一个感兴趣的行业中的某一个企业。

▶ 对选定的企业深入调查,利用网络等各种方式收集资料,了解该企业发展的内外现状。

▶ 并将资料进行分析、汇总,写成书面材料。

三、实训要求

充分利用现有的教学资源,比如图书馆、电子阅览室等,搜集相关的资料和信息。

【案例应用】

中国联通的外部环境分析

联通公司成立于1994年7月19日,经营的电信业务包括移动电话(GSM和CDMA)、长途电话、本地电话、数据通讯(因特网业务和IP电话)、电信增值以及与主营业务有关的其他业务。

从全球来看,无线通信市场的迅速发展,为联通公司的发展提供了很好的机遇。据国际电信联盟统计数据,2000年全球共增加了2.34亿移动用户,占过去4年移动用户的新增数量的一半之多,eMarketer则预测到2001年底移动用户总数将有接近11亿之多。从中国移动通信市场来看,截止到2000年10月底,GSM交换机总容量达到976.853万户,成为全球第一大网。

(一)政治环境分析

联通公司自成立之初,国家就给予了许多扶持政策:

1. 联通产品的定价可以比电信和移动便宜20%,增强了产品的竞争力;
2. 将CDMA的建设与经营统一交由中国联通负责,以提高其技术优势;
3. 批准联通开展国际电信业务,拓展了发展空间;
4. 在融资方式上给予了直接支持,使其于2000年6月在纽约和香港两地挂牌上市。

(二)经济环境分析

近年来,我国经济一直处于高速发展时期,电信业务更以高于当今任何行业的速度在发展,但随着中国加入世贸组织及全球经济一体化进程的推进,中国电信业将向外资开放,竞争将进一步加剧,中国电信企业将面临着巨大的压力。

(三)技术环境分析

目前我国大部分移动电话使用的是第二代移动通信标准的GSM网络。目前从使用的新技术来看,竞争主要体现在移动的GPRS和联通的CDMA上,联通处于有利于地位,主要体现在以下两个方面:联通推出CDMA,媒体对其进行了全过程追踪报道,在舆论声势上占据优势;CDMA具备多种技术优势,预示着未来移动通信的发展潮流。

（四）竞争情况分析

联通目前面临的主要竞争对手来自中国移动通信。

中国移动于1999年开始从中国电信剥离，2000年4月成立中国移动通信集团公司，具有中国最完善的移动通信网络，有优秀的人员配备，是世界第一大GSM运营商。1999年开始，中国联通与中国移动之间开始大规模的价格战，双方在有些地方开展GSM移动电话租号业务，对用户不收租金，只收取少量抵押金，并可随时退网；在有的地方推出"打接一分钟，各赠一分钟"的收费方法；在山东市场上出现了移动的"齐鲁亲情卡"对"联通亲情卡"；甚至在某些城市，双方还推出了减免入网费、月租费、通话费等竞争活动。

中国铁通于2001年获得有关部门的批准正式成立，独立经营，进入电信市场，总资产136亿元。在全国4个直辖市和25个省会城市设有分公司，具有完整的技术装备和成熟的通信管理、生产、维护体系，有员工6.5万人。专门从事固定电话、互联网、数据通信、IP电话等业务。铁通公司拥有覆盖全国6.5万千米铁路沿线的通信网络和12万千米的长途IP电话网，还将覆盖范围扩大到100个城市；开通运营覆盖36个城市的互联网以及覆盖700个城市的无线寻呼网，采用最新技术的电视电话会议网，覆盖全国70个大、中城市。是中国联通的有力竞争对手。

吉通是一家高新科技企业，致力于提供先进的网络通信及综合的数据通信服务，目前已在集团用户及个人用户中树立了自身强有力的品牌，也是联通不可忽视的一个竞争对手。

近几年来，中国电信推出的"小灵通"也对移动通信业务形成了巨大威胁，"小灵通"的用户在享受移动方便的同时，又享受固定电话的实惠，一经问世就受到广大用户的普遍欢迎。此外，互联网也在争夺话务量，消费者可以通过发邮件、上网聊天等方式进行交流。

（五）分析评价

由于中国正处于一个转型期，市场环境也表现一定的特殊性、复杂多变性。不同行业、不同地区、不同企业的营销水平差别很大；企业在营销过程中有很多非经济因素起到了关键性作用；政府对企业的经济活动的影响远远大于人们的预料，如地方保护主义、行业垄断之风肆虐横行；市场特别是消费者存在着诸多不成熟的方面；关系、权力、感觉在中国营销活动中有着举足轻重的作用。在对中国市场环境进行分析的时候，既要注意其特殊的一面，更要考虑其共同之外。

1. 宏观环境分析是前奏

联通公司对自身的宏观环境进行的分析把握得十分准确。特别是对政府政策的分析，联通在整个发展过程中始终得到了政府的大力支持，不仅在其产品价格（通话费用）方面得到优惠，最近还获得了CDMA的独家开发权。当然，中国电信市场的迅猛发展也给联通带来了巨大的商机。

2. 竞争对手的分析是关键

分析竞争对手的首要步骤就是找出潜在的竞争对手。中国联通意识到面临的替代品的竞争十分重要，并且在全国范围开通"联通在线"等业务，提供网上服务，主要有在线网上电话服务、联通优秀网站推荐、165 注册帐号信箱入口、165 如意邮箱入口、联通手机网上短信中心、联通手机网上查话费、165 拨号用户服务、165 卡用户服务、宽带网小区用户服务、数据中心用户服务、企业信箱用户等多项在线服务。这是联通公司在对竞争环境中的过人之处。

讨论问题：

1. 请用 SWOT 分析法分析联通公司面临的环境。
2. 在目前这种竞争局面下，你认为联通应该采取什么对策，才能在通信市场发挥更大作为？

第四章 决 策

【学习目标】
- 掌握决策的定义、决策的重要性、决策的分类和决策的过程。
- 了解盈亏平衡分析法的基本思想和方法。
- 掌握决策树法的基本思想和方法。
- 了解不确定型决策方法的主要内容。

【案例导入】

开发新产品与改进现有产品之争

袁之隆先生是南机公司的总裁。这是一家生产和销售农业机械的企业。2002年产品销售额为3000万元,2003年达到3400万元,2004年预计销售可达3700万元。每当坐在办公桌前翻看那些数字、报表时,袁先生都会感到踌躇满志。

这天下午又是业务会议时间,袁先生召集了公司在各地的经销负责人,分析目前和今后的销售形势。在会议上,有些经销负责人指出,农业机械产品虽有市场潜力,但消费者的需求趋向已有所改变,公司应针对新的需求,增加新的产品种类,来适应这些消费者的新需求。

身为机械工程师的袁先生,对新产品研制、开发工作非常内行。因此,他听完了各经销负责人的意见之后,心里便很快算了一下,新产品的开发首先要增加研究与开发投资,然后需要花钱改造公司现有的自动化生产线,这两项工作约耗时3~6个月。增加生产品种同时意味着必须储备更多的备用零件,并根据需要对工人进行新技术的培训,投资又进一步增加。

袁先生认为,从事经销工作的人总是喜欢以自己业务方便来考虑,不断提出各种新产品的要求,却全然不顾品种更新所必须投入的成本情况。而事实上公司目前的这几种产品,经营效果还很不错。结果,他决定仍不考虑新品种的建议,目前的策略仍是改进现有的品种,以进一步降低成本和销售价格。他相信,改进产品成本、提高产品质量并开出具有吸引力的价格,将是提高公司产品竞争力最有效的法宝。因为,客户们实际考虑的还是产品的价值。

尽管他已做出了决策,但任何的决策都是有风险的,到底他的决定是对还是错呢?一切要等到最终结果产生,才能给予答复。如果决策错误,将会给企业带来很大的经济损失。

在企业经营管理的过程中，时时刻刻都存在这样或那样的决策问题，可以说决策环节贯穿于组织的全部活动过程中，决定着组织的兴衰成败。那么，如何提高决策的质量，降低带来的风险？这就需要掌握和学习科学的决策理论和方法。本章对此将进行详细介绍。

第一节 决策的理解

一、决策的重要性

美国著名的管理学家、获得过诺贝尔经济学奖金的赫伯特·A·西蒙曾说："决策贯彻于管理的全过程，管理就是决策。"这句话包含了两层含义。

1. 决策是决定组织管理工作成败的关键。一个组织管理工作成效的大小，首先取决于决策的正确与否。决策正确，可以提高组织的管理效率和经济效益，使组织兴旺发达；决策失误，则一切工作都会徒劳无功，甚至给组织带来灾难性的损失。

2. 决策是实施各项管理职能的保证。决策贯穿于组织各个管理职能之中，在组织管理过程中，每个管理职能作用的发挥都离不开决策。没有正确的决策，管理的计划、组织、领导、控制等职能都难以充分发挥作用。

二、决策的概念

关于决策的定义，众说纷纭，争论很多。在此，我们从狭义和广义上分别对决策进行阐述。狭义的决策是指为了实现组织的特定目标，从所拟订的若干个备选方案中选出较为满意的方案并加以实施的活动过程，即决策就是选择，就是领导"拍板"、作决定。而广义的决策不仅包括制定决策的过程，还包括调查搜集资料、实施并加以反馈的过程。

从决策的定义中我们可以看出决策具有以下几个方面的主要特征：

目标性。决策是与其所期望达到的目标紧密相联的，目标是决策需要解决的问题，又是决策行动的预期结果，没有目标就谈不到决策。没有目标，人们就难以拟订未来的行动方案，评价和选择方案也就没有了标准。

可行性。决策方案的拟订和选择，既要考虑方案本身应具备的各个条件是否可行，又要考虑方案是否能够实现组织既定目标。

过程性。决策是一个包括准备工作和计划执行等在内的行为过程，它是一系列决策的综合，这一系列决策本身就是一个过程，包括了许多人的工作。

可选择性。在做决策的过程中，必须要有两个或两个以上可以相互替代的备选方案，以供决策者从中选择优化方案。从本质上说，决策目标与决策方案两者都是经由"选择"

而确定的。

案例 4-1　　　　　　　　　盐场的建立

《梦溪笔谈》记载：海州知府孙冕很有经济头脑，他听说发运司准备在海州设置三个盐场，便坚决反对，并提出了许多理由。后来发运使亲自来海州谈盐场设置之事，还是被孙冕顶了回去。当地百姓拦住孙冕的轿子，向他诉说设置盐场的好处，孙冕解释道："你们不懂得作长远打算。官家买盐虽然能获得眼前的利益，但如果盐太多卖不出去，三十年后就会自食恶果了。"然而，孙冕的警告并没有引起人们的重视。

他离任后，海州很快就建起了三个盐场，几十年后，当地刑事案件上升，流寇盗贼、徭役赋税等都比过去大大增多。由于运输、销售不通畅，囤积的盐日益增加，盐场亏损负债很多，许多人都破了产。这时，百姓才开始明白，在这里建盐场确实是个祸患。

一时的利益显而易见，人们往往趋利而不考虑后果。这种现象，古今皆然。看到什么行当赚钱，就一窝蜂而上，结果捷足先登者也许能获利，步人后尘者往往自食恶果。这样的例子可以说是数不胜数。

作为一个企业的经营者，在制定一个经营决策的时候，一定要综合考虑各方面的因素，而不能被一时的利益蒙蔽了眼睛。

一个团队的领导一定要学会发挥集体的力量，特别是做事关企业命运的决策的时候。万万不可因头脑一时发热，拍拍脑袋就制定个错误决策而毁掉自己经营一生的成果呀。

决策时拍脑袋，指挥时拍胸脯，失误时拍大腿，追查时拍屁股。这种"四拍"型领导需要反思了。

三、决策的类型

按照不同的标准，决策可以有以下几种不同的类型：

1. 按照决策的可靠程度可分为：

（1）确定型决策。这种决策一般是具有确切的依据的，每一种备选方案也只有一种确定的结果，决策者根据已有的信息，只要比较各方案的结果即可选择出优化方案。

（2）风险型决策。是指各种可行性方案的条件大部分是已知的，但每个方案都有多个结果，每种结果出现的概率大小已知的决策类型。这种类型的决策结果只有按概率来确定，存在一定的风险，比如购买彩票的决策。

（3）不确定型决策。与风险决策类似，每个方案都有多个结果，但这种决策各种结果出现的概率是不知道的，只能凭决策者主观概率来确定。

2. 按决策的重要程度可分为：

（1）战略决策。是指事关组织长期发展等重大问题的决策。战略决策多是长远的、全局的、复杂的、不确定的决策，常常依赖于决策者的直觉、经验和判断力。例如 2002 年惠普公司与康柏公司进行实质性合并的决策就属于战略决策。

（2）战术决策。是指有关实现战略目标的方式、途径、措施的决策。战术决策调整在既定方向和内容下的活动方式；它解决的是组织的某个或某些具体部门在未来各个较短时间段内的行动方案；其实施是对已形成的组织活动能力的应用，实施效果主要影响组织的效率与生存。比如招聘策略、促销策略和广告设计等都属于战术决策。

3．按决策的重复程度可分为：

（1）程序性决策。又称常规决策。是按预先规定的程序、处理方法和标准来解决管理中经常重复出现的问题。它通常有章可循，有法可依，按照固定的规定执行即可，如签订购销合同决策等。

（2）非程序性决策。也叫非常规决策。是为解决不经常出现的、非例行的新问题所进行的决策。这种决策会受许多不可控的因素影响，而且没有固定的程序可供利用，比如公司改造决策等。

4．按照决策的时间长短可分为：

（1）短期决策。一般指一年以内的决策。这种决策一般不涉及大量资金的投入，且见效快，主要包括生产决策、成本决策和定价决策等内容。

（2）中长期决策。一般指3～5年，甚至更长时间的决策。这种决策一般需要投入大量资金，且见效慢。

第二节　决策的过程

决策是一项非常复杂、非常重要的管理工作，它的核心是在分析、评价和比较的基础上，对决策方案进行选择。而要做出正确的决策，除了要掌握决策原则外，还要遵循正确的决策流程。一般来说，决策的过程和步骤应该包括以下几个方面：

一、收集信息资料

决策是为了解决一定的问题而制定的。解决问题或者说是决策的第一步就是收集有关该问题的所有信息。在所收集的信息资料中，有的可能不准确，有的可能对解决问题不会发生任何作用。所以，必须对信息进行整理。

企业决策的目的是为了实现内部活动及其目标与外部环境的动态平衡。因此，企业决策首先要分析不平衡是否存在，是何种性质的不平衡，它对企业的不利影响是否已经产生了改变企业活动的必要。一般来讲，研究组织活动中存在的不平衡，应着重思考如下问题：

1．组织在何时何地已经或将要发生何种不平衡？这种不平衡会对组织产生何种影响？

2．不平衡的原因是什么？其主要根源是什么？

3．针对不平衡的性质，组织是否有必要改变或调整其活动的方向与内容？

二、确定决策目标

决策目标是决策者对未来一段时期内所要达到的目的和结果的判断。决策目标是否明确，直接影响到决策方案的设计及决策效果的评价。因此，决策目标必须具备以下条件：

1．提出目标。包括明确企业改变经营管理活动的内容和方向应该达到的最低要求以及希望实现的理想目标。

2．明确多元目标间的关系。任何企业在任何时候都不可能只有一种目标，而需要实现多重目标。但是，在不同时期，随着工作重点的转移，这些目标的相对重要性也不一样。在特定时期，决策只能选择其中一项为主要目标。然而，多元目标之间的关系是既相互联系，又相互排斥的。所以在选择了主要目标以后，还要明确它与非主要目标的关系，以避免在决策的实施中将企业的主要资源和精力投放到非主要目标上去。

3．保持目标的可操作性。即决策目标必须符合三个特征：可以计量或衡量；有明确的时间期限；可确定责任者。

三、拟定、比较和选择方案

决策方案描述的是企业为实现目标拟采取的各种对策的具体措施和主要步骤。任何目标的实现，都可以通过多种不同的活动来实现，因此，人们可以拟定出不同的行动方案。可供选择的方案数量越多，被选方案的相对满意程度就越高，决策就越有可能完善。因此，在方案制定阶段，要充分听取企业内部员工和外部专家的意见。

在实际工作中，决策方案的拟定、比较和选择往往是交织在一起的，因为方案的拟定不是一次性完成的，需要不断地完善。这种完善往往需要在与其他方案的比较中，受到其他方案的启发。要进行选择，首先要了解各种方案的优势和劣势，为此，需要对不同方案加以评价和比较。评价和比较方案的内容主要有以下几点：

1．方案实施所需要的条件是否具备，建立和利用这些条件需要组织付出何种成本。

2．方案实施能给组织带来何种长期和短期的利益。

3．方案实施中可能遇到的风险及活动失败的可能性。

在方案比较和选择过程中，决策者以及决策的组织者要做到统筹兼顾，积极听取反对意见，也要有做决断的魄力，防止过分的民主引发的低效率。

四、执行方案

决策不可能一次完成，它应该包括形成决策后的一系列实施过程。决策方案执行过程应做好如下工作：

1. 制定相应的具体措施，保证方案的正确执行。
2. 确保有关决策方案的各项内容为参与实施的人所充分接受和彻底了解。
3. 运用目标管理方法把决策目标层层分解，落实到每一个执行单位和个人。
4. 建立重要工件报告制度，以便随时了解方案进展情况，及时调整行动。

五、检查处理

决策者跟踪决策实施情况，取得各种反馈信息，当偏差产生时，或及时地采取措施纠正行动与既定目标的偏离，以保证既定目标的实现；或对客观条件发生重大变化而导致原决策目标确实难以实现的，进一步寻找问题，确定新的决策目标，重新制定可行的决策方案并进行评估和选择。

第三节 典型定量决策方法

决策的方法主要有定量分析决策和定性分析决策两种。本节主要介绍以定量分析为基本手段的决策方法。定量决策方法由于具有精确化、模型化以及易于和计算机技术相结合等特点，因此广泛应用于管理决策中。

一、确定型决策法

确定型决策常用的方法有线性规划、动态规划、确定型存贮模型以及盈亏平衡分析法等等。这里我们仅介绍盈亏平衡分析法。

盈亏平衡分析法也叫量本利分析法，是通过分析产品成本、销售量（生产量）和销售利润这三个变量之间的关系，掌握盈亏变化的临界点（即保本点），从而选择出产生最大利润的经营方案的方法。这个保本点即不盈不亏的平衡点，也就是盈亏平衡点。当销售量低于平衡点的销量时，则会发生亏损，超过这个销售量时，则获得盈利。

盈亏平衡分析法的具体方法是：把企业总成本分为固定成本和变动成本，观察销售额与总成本的差额，如果前者大于后者，便会赢利；当销售额等于总成本时，恰好盈亏平衡；当销售额小于总成本时，则会亏损。

在这里，固定成本是指在一定时期和一定销售量范围内不随销售量的变化而变化的那部分成本，如固定资产折旧费、房地产租金、企业管理费、职工基本工资等。变动成本是指那些与销售量直接相关并成正比例的成本，比如直接和商品流通相关的订货费用、运输费用、仓储费用、职工计件工资等。变动成本的总额随着销售量而变动，但单位销售量的变动成本是不变的。

盈亏平衡分析法的关键是确定盈亏平衡点，也就是说在盈亏平衡点上的利润为零，这时销售收入等于总成本，则盈亏平衡模型为：

$$销售收入＝总成本$$

在此基础上，如果组织期望获得利润，那么，销售收入一定要大于总成本，也就是说销售收入减总成本等于利润，则盈利模型为：

$$销售收入－总成本＝利润$$

由于总成本包括固定成本和变动成本，则盈利模型变为：

$$销售收入－（固定成本＋变动成本）＝利润$$

也就是：

$$销售收入＝固定成本＋变动成本＋利润$$

如果用销售量乘以单价来代替销售收入；用销售量乘以单位变动成本来代替变动成本，则盈利模型变为：

$$销售量×单价＝固定成本＋销售量×单位变动成本＋利润$$

为了使用简便，该模型可以用代数式表示：

$$QP=C+QV+B$$

式中：Q——销售量

P——单位产品价格

C——固定成本

V——单位变动成本

B——利润

综上所述，可将盈亏平衡分析法归纳如下：

- 盈亏平衡点（保本）的销售量模型：

$$QP=C+QV$$
$$Q=C/(P-V)$$

- 有期望利润的销售量模型：

$$QP=C+QV+B$$
$$Q=(C+B)/(P-V)$$

上述过程也可在图 4-1 中表示出来。图中 E 点为盈亏平衡点，对应的销售量为 Q_0。当 $Q>Q_0$ 时，则有盈利，$Q<Q_0$ 时，则有亏损。盈亏额大小由图中阴影部分表示。

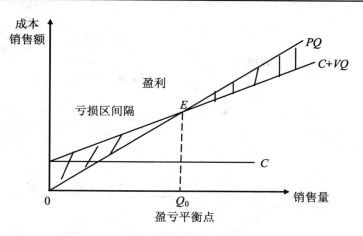

图 4-1 盈亏平衡分析示意图

例 4-2： 某产品市场销售价格为 10 元/件，其固定成本为 10000 元，单位变动成本为 5 元/件，试求其盈亏平衡点的销售量。又假定企业要实现利润 15000 元时，其销售量应该是多少？

解：

① 假设盈亏平衡点销量为 Q

$$销售收入 = 总成本$$
$$Q = C/(P-V)$$
$$Q = 10000/(10-5)$$
$$Q = 2000 \text{ 件}$$

即当销售量为 2000 件时，处于盈亏平衡点。

② 当企业利润为 15000 元时

$$销售收入 = 固定成本 + 变动成本 + 利润$$
$$Q = (C+B)/(P-V)$$
$$Q = (10000+15000)/(10-5)$$
$$Q = 5000$$

即当销售量为 5000 件时，企业可获利 15000 元。

二、风险型决策

风险型决策常用的方法是决策树分析法，这是一种借助树形分析图，根据各种自然状态出现的概率及方案预期损益值，计算与比较各方案的期望值，从而选择最优方案的方法。决策树的基本形状如图 4-2 所示。

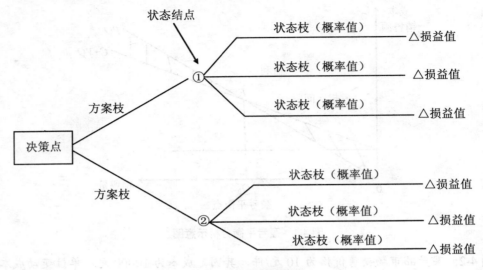

图 4-2 决策树结构图

决策树分析法的具体步骤如下:

1. 绘出决策树图形。在图中,以方框表示决策点,由决策点引出的若干条一级树枝叫做方案枝,它表示该项决策中可供选择的各种备选方案;然后,每条方案枝到达一个方案结点,分别以带有编号的圆形结点来表示;由各圆形结点进一步向右边引出的枝条称为方案的状态枝,每一状态出现的概率可标在每条直线的上方,直线的右端标出该状态下方案执行所带来的损益值,用三角表示。

2. 计算各个方案的期望收益值。计算方案各状态枝的期望值,即用方案在各种自然状态下的损益值去分别乘以各自然状态出现的概率,然后将各状态枝的期望收益值累加,求出每个方案的期望收益值,将该数值标记在相应方案的圆形结点上方。

3. 选择最佳方案。将每个方案的期望收益值进行比较后选出经济效果最佳的方案。

4. 进行剪枝。将所选最佳方案的期望值填在决策点上方,剪去未入选的方案枝。

例 4-3:某地区拟建一座工厂,现有两个方案,甲方案是建大厂,乙方案是建小厂,两方案的服务期限相同,各方案的获利能力如表,试作优化决策。

表 4-1 各方案损益值表   单位:万元

状 态	概 率	备选方案	
		甲	乙
销路好	0.7	100	40
销路差	0.3	−20	10

解： 根据题意绘制决策树，如图 4-3 所示。

甲方案的期望值：$E_甲 = 100 \times 0.7 + (-20) \times 0.2 = 66$（万元）

乙方案的期望值：$E_乙 = 40 \times 0.7 + 10 \times 0.3 = 31$（万元）

因为 $E_甲 > E_乙$，所以选择 $E_甲$ 为最佳方案。

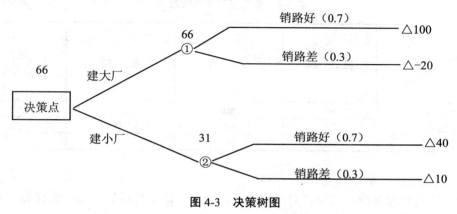

图 4-3 决策树图

三、不确定型决策

不确定型决策由于无法确定各自然状态出现的概率，所以不能用期望值法或基于期望值标准的其他方法进行决策。

下面介绍几种不确定型决策的方法：

1. 乐观决策法（大中取大）

这种方法的思想基础是决策者对未来持乐观态度，即认为极有可能出现最好的自然状态，于是争取好中取好。

例 4-4： 某企业计划开发新产品，有三种设计方案可供选择。不同的设计方案制造成本、产品性能各不相同，在不同的市场状态下的损益值也不同。请用乐观决策法选择最佳方案。有关资料如下：

表 4-2 各方案损益值表　　　　　　　　　　　　　　　　单位：万元

状态　损益值　方案	畅销	一般	滞销
方案 A	60	40	20
方案 B	70	30	10
方案 C	90	20	0

解：（1）求每个方案在各种自然状态下的最大收益值，即方案 A 60 万元，方案 B 70 万元，方案 C 90 万元。

（2）求各最大收益值的最大值，即 90 万元对应的方案 C 为最佳方案。如表 4-3 所示。

表 4-3 最大收益值比较表　　　　　　　　　　　　　　　　单位：万元

状态 损益值 方案	畅销	一般	滞销	最大收益值
方案 A	60	40	20	60
方案 B	70	30	10	70
方案 C	90	20	0	90*

2．悲观决策法（小中取大）

这种方法的思想基础是决策者对未来持悲观态度，即从最坏的结果中选择最好的。

仍以上例说明，见表 4-4：

表 4-4 最小收益值比较表　　　　　　　　　　　　　　　　单位：万元

状态 损益值 方案	畅销	一般	滞销	最小收益值
方案 A	60	40	20	20*
方案 B	70	30	10	10
方案 C	90	20	0	0

解题步骤如下：

（1）求每个方案在各种自然状态下的最小收益值，即方案 A 20 万元，方案 B 10 万元，方案 C 0 万元。

（2）求各最小收益值的最大值，即 20 万元对应的方案 A 为最佳方案。

3．等概率决策法

这种方法是将未来不明的自然状态出现的可能完全等同地加以看待，因此，设各自然状态出现的概率都相同，从而将其转化为风险型决策。

4．后悔值决策法

这种方法的思路是如何使选定决策方案后可能出现的后悔值达到最小，即蒙受的损失最小。当一种自然状态出现后，就会明确哪个方案是最优的。如果决策者未选择最优方案而选择了其他方案，就会感到遗憾或后悔，最优方案收益值（理想值）与所选用方案收益值之差，就叫后悔值。

仍以前例说明，见表 4-5。

表 4-5　最大后悔值比较表　　　　　　　　　　　　　　　　单位：万元

损益值＼状态＼方案	畅　销	一　般	滞　销	最大后悔值
方案 A	30 （90-60）	0 （40-40）	0 （20-20）	30
方案 B	20 （90-70）	10 （40-30）	10 （20-10）	20*
方案 C	0 （90-90）	20 （40-20）	20 （20-0）	20*

解题步骤如下：

（1）求各自然状态的最大收益值。

（2）用各个方案的收益值去减最大收益值，求得各个方案的后悔值。

（3）求每个方案的最大后悔值，比如方案 A 的最大后悔值为 30 万元，方案 B 的最大后悔值为 20 万元，方案 C 的最大后悔值为 20 万元。

（4）求最大后悔值中的最小值。因为方案 B 和方案 C 的最大后悔值最小（20 万元），所以选择方案 B 和方案 C。

通过以上分析，我们发现对于不确定型决策，采用不同的决策方法或标准，其结果并非完全一致，而且也无法判断哪一种方法好，哪一种方法差。选择哪一种方法，取决于决策者的经验、智慧和风格。事实上，最好的解决办法还是增加信息的收集，进行科学预测，把不确定型决策转化为风险型或确定型决策来解决。

第四节　定性决策方法

定性决策方法又叫决策的"软"方法，是指对那些难以量化或难以作精确数量分析的决策，充分发挥专家集体的智慧、思想、能力和经验，在系统调查研究分析的基础上，根据掌握的情况与资料，进行决策的方法。常见的定性决策的方法有以下几种：

一、德尔菲法

德尔菲法是美国兰德公司研究并运用于预测和决策的方法。德尔菲是古希腊传说中的神谕之地，城中有座阿波罗神殿可以预卜未来，故借用其名。这种方法是依据系统的程序，采用匿名发表意见的方式，调查者将调查表寄发给专家，专家提出反馈意见，调查者对意见进行汇总整理后再将调查结果反馈给各个专家，让他们重新思考后再次提出自己的看法，经过几轮反复征询、归纳、整理、修改，最后由调查者汇总成专家基本一致的看法。

德尔菲法同常见的传统专家调查法即通过集体讨论而得出一致预测意见的专家会议法既有区别又有联系。德尔菲法能充分发挥各位专家的作用，集思广益，准确性较高；同时这种方法与传统的专家调查法不同，它采取的是背对背的调查方式，避免了专家直接接触、互相讨论而导致的相互影响；德尔菲法另外一个与其他预测方法不同的地方在于它不是非要以唯一的答案作为最后结果。其目的只是尽量使多数专家的意见趋向集中，但不对回答问题的专家施加任何压力。这种方法允许有合理的分歧意见。但是，这种方法几经反复，会花费大量的时间。

二、头脑风暴法

头脑风暴法又称畅谈会法，是针对组织内某一个问题或某一个议题，请专家、内行开动脑筋，畅所欲言发表个人意见，产生创造性方案的一种相对简单的方法。它利用一种思想产生过程，鼓励提出任何种类的方案设计思想，同时禁止对各方案的任何批评。

在典型的头脑风暴会议中，一般由5～12人围桌而坐，群体领导者以一种明确的方式向所有参与者阐明问题，然后成员在1个小时左右的时间内"自由"提出尽可能多的方案，不允许任何批评，并且所有方案都当场记录下来，留待稍后再讨论和分析。

头脑风暴法仅是一个产生思想的过程，但它可以排除折衷方案，对所讨论问题通过客观、连续的分析，找到一组切实可行的方案，因而头脑风暴法在军事决策和民用决策中得到了较广泛的应用。例如在美国国防部制定长远科技规划中，曾邀请50名专家采取头脑风暴法，开了两周会议。参加者的任务是对事先提出的长远规划提出异议。通过讨论，得到一个使原规划文件变为协调一致的报告，在原规划文件中，只有25%～30%的意见得到保留。由此可以看到头脑风暴法的价值。当然，头脑风暴法实施的成本是很高的，它会耗费大量的时间和费用，另外，头脑风暴法要求参与者具有较好的素质。

三、名义群体法

名义群体法在决策制定过程中限制讨论，所以称为名义群体法。与其他传统的会议方法一样，群体成员必须出席会议，实行面对面的方式，但他们是独立思考的。它遵循以下几个步骤：第一，成员集合成一个群体，但在进行任何讨论之前，每个成员独立地写下他对问题的看法。第二，每个成员将自己的想法提交给群体，每个人都要向大家说明自己的想法，直到每个人的想法都表达完并记录下来为止。所有的想法都记录下来之前不进行讨论。第三，群体开始讨论，以便把每个想法搞清楚，并做出评价。第四，每一个群体成员独立地把各种想法排出次序，最后的决策是综合排序最高的想法。

名义群体法的主要优点在于，不限制群体成员每个人的独立思考，而传统的会议方式往往做不到这一点。

四、征询法

征询法是指要求被征询意见的人，事先不接触、事后接触的一种决策方法。这种方法与德尔菲法相似，各参与者事先以背对背的形式提建议，彼此之间不接触、不发生横向联系。组织者将决策问题寄给每个参与者，让他们分别用书面方式提出问题建议，或回答所提问题；然后，由组织者将每个人的书面材料整理成汇编材料再发给每个参与者，公布时只有汇编结果，没有具体人名；然后各参与者按事先分好的小组见面讨论，发表各种意见，并修订自己的意见；如此反复，最后将大家趋于一致的成熟意见集中起来，做出决策。

五、电子会议法

电子会议法是最新的集体决策方法。它是在德尔菲法和头脑风暴法基础之上，结合运用当今先进的计算机技术进行决策的方法。在会议室里，决策参与者面前都有一台计算机终端机，决策者将决策问题显示给决策参与者，要求他们将自己的回答立即显示在计算机屏幕上，每个参与者的评论和票数统计都投影在会议室内的大屏幕上。

电子会议法的主要优点是匿名、真实和快速。决策参与者不能透露自己的姓名，快速打出自己所要的任何信息，只要一敲键盘即显示在屏幕上，使所有与会者都能看到，大大缩短了会议的时间，提高了决策速度。电子会议的缺点是决策过程缺乏面对面的沟通所能传递的丰富信息。

六、哥顿法

哥顿法又称提喻法，是由美国人哥顿于1964年提出的决策方法。这种方法主要针对研究决定一些较为敏感的问题，或为了不限制与会者的思路，在会议上不讨论决策问题本身，而是由会议主持人把将要讨论的决策问题分解成几个具体的局部小问题或提出与将要进行决策的问题相类似的问题，由会议成员海阔天空地讨论解决方案。最后，会议主持人将好的见解集中起来用于决策。

本 章 小 结

决策是一门科学，也是一门艺术，决策环节贯穿于组织的全部活动过程中，决定着组织的兴衰成败。也可以说整个组织的管理活动都是围绕如何制定和实施决策内容而开展的。美国著名的管理学家、获得过诺贝尔经济学奖金的赫伯特·A·西蒙曾说："决策贯彻于管理的全过程，管理就是决策。"

狭义的决策是指为了实现组织的特定目标，从所拟订的若干个备选方案中选出较为满意的方案并加以实施的活动过程，即决策就是选择，就是领导"拍板"、作决定。广义的决策不仅包括制定决策的过程，还包括调查搜集资料、实施并加以反馈的过程。

决策是一项非常复杂、非常重要的管理工作，它的核心是在分析、评价和比较的基础上，利用决策方法，对决策方案进行选择。典型的定量决策方法有：确定性决策（线性规划、动态规划、确定型存贮模型以及盈亏平衡分析法）、非确定性决策（决策树分析法）和风险决策（乐观法、悲观法、后悔值法等）。定性决策方法有：德尔菲法、头脑风暴法、电子会议法、哥顿法等。

【思考题】

1. 如何理解决策的定义？
2. 决策的类型？
3. 确定性决策的方法有哪些？有哪些具体应用？
4. 确定性决策的方法有哪些？
5. 德尔菲法的优点和缺点有哪些？
1. 计算题：

（1）某厂生产一种产品，总固定成本是20000元，单位变动成本是5元，若产品的价格是25元，请问，该厂在售出多少产品时能够收回成本？若要实现10000元盈利，销售量应为多少？

（2）某公司计划生产某种产品，需要确定产品批量。根据预测，这种产品的市场状况的概率是畅销为0.5，一般为0.3，滞销为0.2 具体情况见表4-6。现提出大、中、小三种批量的生产方式，请问最大经济效益的方案是哪种？

表4-6　各方案损益值表　　　　　　　　　　单位：万元

损益值　　状态　方案	畅 销 0.5	一 般 0.3	滞 销 0.2
大批量	40	30	-10
中批量	30	20	8
小批量	20	18	14

（3）某企业计划开发新产品，有三种设计方案可供选择，不同的方案在不同的市场状态下的损益值如表 4-7 所示：

表 4-7 各方案损益值表　　　　　　　　　　　　　　　　　　　　单位：万元

状态 损益值 方案	畅　销	一　般	滞　销
大批量	300	200	100
中批量	350	160	50
小批量	450	100	0

试用乐观法准则、悲观法准则和后悔值法选出最佳方案。

【实训】

一、实训目的

此次采取课堂游戏训练的方式，学习和应用决策的理论和方法，学会在决策的过程中要将个人决策和集体决策相结合，倾听他人意见，集思广益，提高决策的质量。

二、实训组织

- 给每一位同学一份《寒带冬季野外生存决策》资料。
- 让同学仔细阅读。
- 个人决策：全班每人各自独立考虑，不得互相讨论和交头接耳，请考虑下述 12 件物品对处于案例所述条件下生存的重要性，并按重要性递减方向列出它们的顺序来。此项任务需在 10~15 分钟内完成。要能在需要时说出所列顺序的理由。
- 小组决策：在由 3~5 人组成的小组中进行讨论，就上述 12 件物品重要性递减所列的合理顺序，尽量争取达成共识。要充分说理，不轻易妥协，但又要客观冷静，在放弃己见时，要记下在哪一点上，为什么这样做。不要去打听别组的结果，也别指望教师这时会告诉你正确排列。每组要指派专人记下小组讨论出的最后顺序。只有在不得已时才采用表决法。这项活动要在 40~45 分钟内完成。
- 集体答案：各组都求得顺序后，由教师牵头充分民主协商讨论，确定最后顺序。

三、实训补充资料

寒带冬季野外生存决策

一架地方航线的双引擎轻型民航飞机，载着 12 名旅客，于元月 16 日中午 8 点，从省城机场起飞，目的地是位于北方中俄边境的一座城市。机组由正、副驾驶员组成。飞行 34 分钟后，发现航线前方有浓云、大雪及强烈变风，必须绕行躲避。又续飞 27 分钟后，通讯设备发生故障与地面基地失去联络。此时气候仍不见好转，能见度很差。驾驶员发现已经迷航，但已无法返航，只好继续北飞，并降低高度。11 点 14 分，机组宣布燃料将尽，只好迫降，并指导大家正确掌握应急着陆时的动作要求，鼓励大家镇静。临窗下望，是莽莽草原，正驾驶宣布已选择下前方一个带状小湖做迫降点，他说估计附近最近的居民点在着陆点西北方 35 公里处。11 点 32 分，飞机在小湖水面上硬着陆，湖面冰层撞裂，正、副驾驶员当场不幸身亡，飞机在 63 秒后沉入湖底。所幸 12 名旅客无一伤亡，并及时安全跨上湖岸，衣着都未被打湿，基本保持干燥。

惊魂未定的 12 位幸存者们发现所在之处是一片丘陵，散布有丛丛灌木，很少见乔木。地面全覆盖着白雪，高处雪及踝部，低洼处雪深齐膝，且多长条小湖或小河，水面冻结成冰。当时有薄云遮日，有时转阴。有人早上从广播听了天气预报说这一带今日气温最高为 -25℃，晚间有北风五级左右，最低气温 -40℃。他们穿的全是北方城市的一般防寒服，没料到要到野外过夜。

这 12 名旅客在离开飞机时，都各自顺手从飞机中带下来一件物品，它们是：
（1）一团粗毛线；
（2）一只打火机，但已经没油了；
（3）一支装满子弹的手枪；
（4）一摞报纸；
（5）半张已破裂的航行地图；
（6）一个装有衬衫、内衣裤的箱子；
（7）一柄手斧；
（8）一块 6×6（平方米）的厚帆布；
（9）一大盒巧克力糖；
（10）一个磁罗盘；
（11）一大桶猪油罐头；
（12）一瓶 60 度烧酒。

【案例应用】

伯克斯顿运输公司

伯克斯顿运输公司的管理者现在需要在一个全新的环境中制定决策。在过去的 10 年中，公司取得了引人瞩目的发展。从一辆卡车开始起家，安迪·伯克斯顿将公司建设成为食品和饮料行业中最大的独立运输集团之一。但是 3 个月前，形势却发生了剧烈的变化，经济开始衰退并且公司最主要的客户之一宣告破产，这些因素使得伯克斯顿运输公司的营业额下降了 20%。

最近的几个月，公司一直在忙于应付需求的下降。许多司机已经赋闲，一些运输车辆也被卖出，其他没有使用的车辆则存入了仓库。经营公司的小管理团体聚在一起，共同商讨下一步该采取什么行动。公司的业务经理最近几周一直在寻找新的商业机会，并在今天向会议进行汇报。

首先，安迪·伯克斯顿简要地介绍了公司的财务情况：我们在过去两个月实行的紧缩计划已经取得了预期的效果。我们已经将成本减少到了预期的水平，甚至收入略大于支出。这很大程度上是由于银行对我们非常同情，并鼓励我们投资于那些可以使我们再次成长的新领域。根据我们现在的资产状况和运营预测，我猜我们可以为新项目筹到50万英镑。

接下来，业务经理汇报说：现在的业务机会非常少，但是由于我们在行业中享有很高的声望，所以在我与一些潜在客户讨论几种可能性时，其中有3种特别引起他们的兴趣，我将这些提案称为A、B和C，你们面前正摆放着每个提案非常简洁的内容提要。

提案A

这是3个提案中最大的一个。一个大型的连锁超市关闭了它自己的分销网络并且想要将它所有的运输业务承包出去。我相信如果我们投标，我们几乎肯定能取得这笔生意，而且它也与我们现有的系统和经验最丰富的领域相适合。另外，这项业务在多年内基本上是有保障的。这里的主要问题是这项计划的规模——它将至少需要45万英镑的投资。同时，运费在至少两年内可能会被压低，我怀疑我们从这笔交易中取得的总营业利润是否会超过每年7万英镑，并且这与当前的银行利率相比较并不居于很大的吸引力。但是它确实是一笔大交易——如果我们决定争取的话，它将会成为我们所取得的最大的一桩单项生意，并使我们的业务量比去年同期增长30%。

提案B

这个提案是将我们与某个特殊客户的现有业务加以扩展。我们现在的工作是将客户的商品从工厂运输到其在各个地区的仓库，然后再由另一家公司将商品从仓库配送到零售商手中。现在客户对这家公司提供的服务越来越不满，并愿意让我们接管分销链中的最后环节。这意味着我们需要购买一个小型的运输车队，但是我们却可以起用那些刚刚通知离开的司机，让他们继续工作。尽管短途货运对于已经习惯跑长途的司机来说并不十分吸引人，但是这至少为他们提供了一份工作。我估计这个方案需要15万英镑的投资，并且每年的运营利润大约有3万英镑，这项业务的合同每年都要重新审定，但是这家公司不大可能在两年后就更改合同，毕竟，他们是在得到好几年很差的服务之后才决定抛弃以前的合作者的。

提案C

这是一个最不同寻常的提案。它涉及到了进口、运输以及最为重要的冷冻肉类食品的包装工作。这项提案与我们一直从事的业务有着很大的不同，主要有两点：首先，我们需要投资于冷冻运输装置；其次，我们要开展包装业务，虽然相对来讲它并不复杂。投资额大约是35万英镑（我们可以很容易地租借到包装设备），但是对这样一个依靠产品市场规模的风险事业能够取得多大的营业利润，这确实很难进行准确的估算。按照生产者的市场预测，我们在第一年的运货量要达到收支相抵，在第二年要取得7万英镑的收入，在第三年及以后的年份，每年的营业利润在要达到 17 万英镑。

讨论题：
1. 公司必须要从中进行选择的决策方案是什么？
2. 列出你认为在开始向公司提出建议前所需要的最重要的 4 条或 5 条额外信息。

第五章 计　　划

【学习目标】

- 了解计划的概念、计划类型。
- 理解计划编制的过程。
- 掌握简单计划的编制方法及其在实践中的应用。

【案例导入】

杰拉尔德·班瑟发动了一场可乐之战

可口可乐和百事可乐是享誉世界的著名品牌。1995年，两个品牌的产品占据了美国市场75%的软饮料市场份额。它们的成功，可以部分归功于两家公司所采取的产品生产和产品促销整体战略。两家公司都决定生产能够赋予可乐特殊口味的软饮料浓缩液，然后将浓缩液以糖浆的形式销售给全世界的装瓶商，并对装瓶商收取一个较高的价格；同时，它们投资广告以建立、保持良好的品牌意识，装瓶商则负责生产、分销实际的可乐，他们在浓缩糖浆的基础上加入碳酸水，进行包装，最后把这些可乐分销到自动售货机、超市、饭店以及其他销售终端。

装瓶商把所有的广告都交给可口可乐公司或百事可乐公司，并且，他们必须签署一份保证不经销其他品牌可乐的排他性协议也就是说，可口可乐或百事可乐的装瓶商不得分销其他任何品牌的可乐。对于可口可乐和百事可乐而言，这种战略具有两个主要的优点。第一，它迫使装瓶商受排他性协议的制约，从而为本行业建立了一个较高的进入壁垒。任何一个希望生产销售一个新品牌可乐的潜在竞争者必须重新建立自己的分销网络，而不能够利用已有的销售网络。第二，旨在建立全球品牌的大量广告投入（1990年可口可乐花费1.9亿美元；百事可乐花费1.7亿美元），实现了其产品的差异化。这样，消费者更希望购买可口可乐或百事可乐，而一般不会去选择一个不知名的新品牌。并且，品牌忠诚使得两家公司能够凭借实际上是带颜色的水和调味剂，而收取一个较高的溢价或富有竞争力的价格。这一差异化战略使得可口可乐和百事可乐成为了世界上利润最为丰厚的两家公司。

但是，在20世纪90年代，一位加拿大企业家杰拉尔德·班瑟却开发出了一套新的可乐市场发展计划，引发出一种新的吸引消费者的战略：即生产一种低价位的可乐，生产和装瓶都由他自己的公司——柯特公司完成，产品作为一种"家庭品牌"直接销售给大的分销机构（如连锁超市等）。这样，就绕开了装瓶商。他最初在加拿大实施这一计划，接着迅速扩展到美国。分销商之所以看中柯特可乐，重要原因之一他们可以获得比经销可口可乐或百事可乐高15%的利润。

为了实施他的战略，班瑟计划不做任何广告（这样他就能够降低产品的售价），并且利用像沃尔玛这样的零售商近几年建立起来的高效率的全国分销系统。这一低成本战略使柯特可乐突破了可口可乐、百事可乐与其瓶装商所签订的排他性协议所形成的进入壁垒。柯特公司把其产品运送到沃尔玛的地区分销中心，接着由沃尔玛负责下面的分销和广告工作。

班瑟并没有就此停步。他同时向一个全球性的瓶装商网络供应可乐浓缩液，不过价格只有可口可乐价格的六分之一。例如，1994年4月，柯特公司为英国最大的食品零售商森斯佰瑞公司发动了一次可乐营销活动。产品被冠名为"森斯佰瑞的经典可乐"，价格比可口可乐和百事可乐低30%。在四周内，柯特可乐的销售量已经占到了森斯佰瑞公司可乐销售总量的60%，占全英国整个家用可乐销售量的四分之一。在其家乡加拿大的安大略省，柯特可乐的销售量也是遥遥领先，占到了整个可乐市场份额的31%。在上述成功的基础上，截至1994年中期，柯特公司已经在全世界与英国、法国、西班牙、日本、美国等90家零售连锁公司签订了供货协议。

上述案例表明，在一个行业中可以有不同的竞争方式。为了找到一种可行的进入某一市场的方式，管理人员必须研究其他企业的竞争战略。杰拉尔德·班瑟正是通过对可口可乐和百事可乐所采取的战略进行了研究，才开发出一种能够使他进入可乐行业，并从可乐巨人可口可乐和百事可乐手中夺得市场份额的战略。到目前为止，他已经获得了巨大的成功。可见，在一个充满不确定的环境里，管理者必须进行全面细致的计划，未雨绸缪。

第一节 计　　划

一、计划的概念

计划（Planning）是对未来行动方案的说明，是一种预测未来、设定目标、决定政策、选择方案的连续程序化的工作，或者指管理人员为组织确定、选择适当的目标和行动的过程。通常用6W来表示计划的内容，既目标是什么（What）、讨论为什么（Why）、确定何时做（When）、何地做（Where）、何人做（Who），以及如何做（How）。从动态的角度，计划工作指制订计划、执行计划、检查执行情况三个阶段的工作过程。计划既是一个目标设定过程，也是一个战略制定的过程。在一般情况下，计划是一个由三个步骤组成的行动过程（如图5-1）：

第一步：确定组织的使命与目标，既确定组织存在的意义及在未来所要达到的状态；

第二步：制订战略，在这一步骤，管理者在对组织当前环境进行分析的基础上，制订出能够实现组织使命和目标的战略；

第三步：实施战略，管理者对实施战略所涉及的资源与责任在个人和群体之间进行分配。

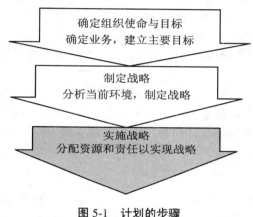

图 5-1　计划的步骤

案例 5-1　　　　　诸葛亮的"隆中策"

诸葛亮的"隆中策"是我国最早、最大的成功的计划案例之一。

隆中策的第一步是确定组织目标：兴汉室，图中原，统一天下。

隆中策的第二步是制定分步实施方案，即确定分步计划的阶段目标：第一，先取荆州为家，形成"三分天下之势"，第二，再取西川建立基业，壮大实力，以成鼎足之状；第三，"待天下有变，命一上将将荆州之兵以向宛、洛，将军身率益州之众以出秦川"，这样，"大业可成，汉室可兴矣"。

隆中策的第三步是确定实现目标的指导方针："北让曹操占天时，南让孙权占地利，将军可占人和"。"内修政理，外结孙权，西和诸戎，南抚彝、越，等待良机"。

隆中策又进一步对敌、我、友、天、地、人做了极为细致透彻的分析，论证了为什么应当有这样的指导方针。

二、计划的意义

计划对组织的经营管理活动具有直接的指导意义。一个好的计划可以起到事半功倍的作用，可以准确地确定公司当前的状况，决定公司未来的发展方向，以及如何发展。管理人员在进行计划的时候，必须对未来进行预测，使用组织资源以应对未来的机会和威胁。面对外部环境的复杂性和不确定性，管理人员必须在信息不充分条件下进行计划工作。计划工作的重要性主要表现在以下几个方面：

1. 计划是使管理人员参与制定公司目标和战略决策的一种有效方式。有效的计划能够为所有管理提供人员参与决策的机会。例如：在通用公司，作为高层管理人员年度计划常规性的一部分，低层管理人员都被要求对公司目标和战略定位提出自己的建议或意见。

2. 计划能够使公司具有方向性和使命感。一项计划表明了公司希望实现的目标，以及为实现这些目标将采取的战略。通过确定哪些公司目标和战略是重要的，计划能够使管理人员有序地工作，高效率地使用所能控制的一切资源。

3. 计划能够协调公司不同职能单位和部门的管理人员，以确保他们向着同一个方向共同努力。

4. 计划是公司控制管理人员的一种工具。一项良好的计划不仅确定公司所要追求的目标和所采取的战略，并且还明确了将来由谁来负责实施这一战略以实现目标。当管理人员知道他们对于实现目标负有特定责任的时候，他们就会尽最大的努力来确保相关目标的实现。

三、计划的分类

（一）按制定计划的层次不同分为战略计划、策略计划和执行计划

1. **战略计划**：是应用于整体组织，为组织设立总体目标，寻求组织在环境中的地位的计划。一般由企业高层领导人制定，时间跨度较大，内容也比较抽象概括，其目的在于使本企业资源的使用与外界环境的机会和风险相适应。战略计划具有长远性、全局性、指导性等特征，它决定了在相当长的时间内组织资源运动的方向，涉及组织的各个方面，并在较长时间内发挥指导作用。

2. **策略计划**：是在战略计划所规定的方向、方针、政策框架内，确保战略目标的实现和落实、确保资源的取得和有效利用的具体计划，它主要描述如何实现组织的整体目标，是战略计划的具体化。一般由中级管理层制定，时间跨度较短，内容也较具体，是实施总战略计划的步骤和方法。战略计划与策略计划的关系是全局与局部、长远利益与当前利益的辩证统一关系。策略计划是战略计划的一部分，应服从于战略计划，为实现战略目标服务；策略计划是为了实现战略计划而采取的手段，比战略计划更具有灵活性。

3. **行动计划**：是由基层管理者负责制定，为了帮助企业逐步且系统地实施战略计划和策略计划而编制的短期的、具体的计划，包括确定工作流程、确定人选、分派任务和资源、确定权利与责任等，甚至涉及到每一天的工作活动安排。

（二）按计划所涉及时间的跨度不同可分为长期计划、中期计划和短期计划

1. **长期计划**：五年以上的计划称为长期计划。长期计划描绘了组织在一段较长时期的发展蓝图，它规定在这段较长时间内组织以及组织的各部分活动应该达到怎样的状态和目的。长期计划的制定与战略计划极为相似，但长期计划是长期战略计划的一个组成部分，它从属于组织战略，通常与职能战略计划紧密地联系在一起，由于长期计划历时较长，不确定因素与状况很多，因此需要在计划实施过程中不断地进行调整与变动，以更好地实现长期计划。

2. **中期计划**：一至五年的计划称为中期计划。中期计划介于长期、短期计划之间，中

期计划必须与长、短期计划衔接。中期计划可以恰当地指引企业在短期内应完成的任务从而为总目标的实现奠定坚实的基础。中期计划常常是长期计划的一个组成部分，但比后者更为稳定，在实施的过程中变动较小。

3. 短期计划：通常指一年以内的计划，短期计划具体规定了组织总体和各部分在目前到未来的各个时间间隔相对较短的时段中所应该从事的各种活动及从事该种活动所应达到的水平。与长期计划和中期计划相比，短期计划是最具体、最细致的计划，它的实施是组织实现整体目标和战略计划的基础。

（三）按计划的内容可分为专项计划和综合计划

1. 专项计划又称为专题计划，是指为了完成某一特定任务而拟定的计划，例如基本建设计划、新产品试制计划等。

2. 综合计划是指对组织活动所做出的整体安排。综合计划与专题计划之间的关系是整体与局部的关系。专项计划是综合计划中某些项目的特殊安排，专项计划必须以综合计划作为指导，避免同综合计划相脱节。

（四）按企业的职能不同可分为业务计划、财务计划和人事计划

1. 业务计划是组织的主要计划，包括生产计划和营销计划等。

2. 财务计划是研究如何从资金的提供和使用上促进业务活动的有效进行。

3. 人事计划分析如何为组织的业务规模的维持与发展提供必要的人力资源保证。

（五）按是否具有明确的目标可分为具体计划和指导性计划

1. 具体计划是具有明确规定的目标、因而不容易引起误解的具体计划。例如：某公司利润增长的具体计划可表示为，在未来的一年里，成本要降低10%，销售额要增长15%，这说明具体计划规定了为实现目标而进行的各种活动及活动的进度安排。

2. 指导性计划只规定一般的方针，指出重点，但不为管理者限制具体的目标或特定的行动方案。例如：某公司利润增长的指导性计划可表示为，在未来的一年里，利润增长5%~10%，这表明指导性计划据具有内在的灵活性。

第二节　计划的制定

一、制定计划应遵循的原则

计划工作是一项指导性、科学性、预见性很强的管理活动，但同时又是一项复杂而困难的任务，为了将计划工作有序地进行，必须注意遵循以下几个基本原则：

1. 限定因素原则。限定性因素，是指妨碍目标得以实现的因素。在其他因素不变的情况下，抓住这些因素就能实现期望目标。这一原则的意义在于：它告诉计划编制人员，必

须全力找出影响计划目标实现的主要限定因素,并有针对性地采取有效措施。

2. 许诺原理。由于计划工作和作为计划工作基础的预测工作既费时、费力,又费资金,所以如果在经济上不合算的话,就不应当把计划期做得太长。当然短期计划也有风险,那么如何合理地确定计划期限呢?关于合理确定计划期限的问题就体现在"许诺原则"上。所谓许诺原则,就是指任何一项计划都是对完成某项工作所做出的许诺,许诺越大,所需的时间越长,因而实现目标的可能性就越小,所以要特别注意把握三点:一是完成计划必须明确严格的期限要求;二是必须合理确定计划的期限;三是单向计划的许诺不能太多。

3. 灵活性原则。所谓灵活性原则,是指计划工作中体现的灵活性越大,由于未来的意外事件引起的损失的危险性就越小。计划工作必须具有灵活性,既当出现意外情况时,有能力改变方向而不必花太大的开支,所以灵活性就是指在制定计划时要留有余地。例如:某建筑公司的施工进度计划应该具有灵活性,应该即按照工程的进度进行而又要考虑到可能出现的雨季施工问题,既对完成任务时间的估计要留有余地。

4. 改变航道原则。所谓改变航道原则,是指计划工作为将来承诺得越多,主管人员定期地检查现状、预期前景以及为实现所要达到的目标而重新制定计划的活动就越重要,也就是说计划使人们坚持走某一条通向既定目标的道路,为此必须定期对所发生的事件和所期望发生的事件进行对比,以调整偏差并使之朝着正确的方向发展。改变航道原则与灵活性原则的不同在于,灵活性原则是使计划本身具有适应性,而改变航道原则是使计划执行过程具有应变能力,为此计划人员就应当经常检查计划,重新修正计划,以达到预期的目标。

二、计划制定的流程

具体而言,计划制定可以分为八个步骤,如图 5-2 所示。

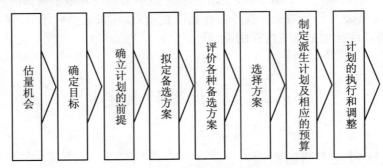

图 5-2　计划制定的流程

(一)估量机会。这是计划工作的起点,其主要内容包括:广泛收集信息资料,在调查研究和对社会需要分析的基础上,对组织将要面临的机会与威胁、获得成功的内外条件、成功的可能性大小进行分析和估计,比较本组织的有利条件和不利条件,弄清楚目前所处的地位及面临的不确定因素，并对未来可能取得的成果进行展望。

（二）确定目标。对形势和机会进行正确地估量之后，就要具体确定组织未来行动的目标，包括总体目标的设定、目标的分解、目标结构和重点的分析、具体目标值的确定等，以指明将要做的工作及其重点，告诉员工要完成的工作任务是什么。可见，在计划管理过程中，一方面要将目标转化为手段；另一方面还要同时把广泛的目标细分为更加具体而细致的目标，可以说确定目标始终贯穿于整个计划之中。

（三）确定计划的前提。计划工作的前提就是计划工作所适用的假定条件，同时也是执行计划时所要考虑的预期环境。预期的环境分析是依靠预测得到的，但由于计划的未来情况非常复杂，所以计划前提的预测比基本预测的内容要复杂和广泛，所以要对每个细节都提出假设是不现实的，因此，计划前提的确定应该选择那些对计划工作具有关键性的、有战略意义的以及最有影响的预期环境因素。

（四）拟定备选方案。一个计划往往同时有许许多多可供选择的方案，计划制定者的首要工作就是要考虑大量可供选择的方案，排除希望最小的方案，选择最有成功希望的几个方案，减少可供选择方案的数目，从而集中精力和时间对希望最大的方案进行充分的论证。

（五）评价各种备选方案。评价备选方案就是对可供选择的方案进行分析，由于备选方案的优劣各异，而且存在着大量的变量和约束条件，所以需要运用决策技术和运筹学的方法进行数量的处理和验证。在这一过程中，应该既考虑有形的可以量化的因素，同时也应该考虑到许多无形的不能量化的因素，要运用总体效益指标来衡量各个备选方案。

（六）选择方案。选择方案就是经过缜密的分析与评价，从备选方案中找出令管理者最为满意的方案，这是计划最为关键性的步骤。

（七）制定派生计划及相应的预算。一般来说一个基本计划总是由若干个派生的计划来支持，只有在完成派生计划的基础上才可能完成基本计划。预算是对计划的数量说明，包括计划所需的费用、计划结果的效益、数值目标等等。派生计划和预算都是基本计划的具体化及分支，基本计划的执行是通过执行派生计划和预算得以实现的。

（八）计划的执行和调整。在计划的执行过程中，要求管理者不断地追踪进度和成效，并针对所发生的种种变化和问题调整计划方案，从而更好地完成计划，取得预期的效果。

三、计划编制的方法

（一）滚动计划法

滚动计划法是一种动态编制计划的方法。它在每次编制或调整计划时，均将计划按时间顺序向前推进一个计划期，即向前滚动一次。依据此方法，对于距离现在较远的时期的计划编制得较粗，只是概括性的，以便以后根据计划因素的变化而调整和修正，而对于较近时期的计划则要求比较详细和具体。

例如，某电子公司在2000年制定了2000至2005年的五年计划，采用滚动计划法。到2000年底，该公司的管理者就要根据2000年计划的实际完成情况和客观条件的变化，对原定的五年计划进行必要的调整和修订,据此编制 2001 年至 2006 年的五年计划,以此类推。如图 5-3 所示。

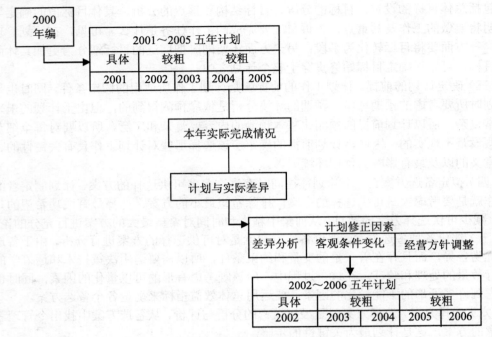

图 5-3 滚动计划的制定

与其他编制计划的方法相比,滚动计划即有其优点,又有其局限性。滚动计划法的缺点是加大了编制计划人员的工作量,其优点主要表现为:

1. 提高了计划的适应性。由于滚动计划法相对地缩短了计划期,加大了对未来估计的精确性,使计划更贴近实际,从而提高了计划的质量。

2. 提高了计划的应变能力。滚动计划不仅适用于长期经营计划,也适用于短期经营计划,特别适用于市场需求不稳定、环境因素变化大的企业。滚动计划法要逐期分析和修正,使计划更能适应环境的变化,以增强计划的应变能力。

3. 滚动计划法提高了计划的连续性和一致性。滚动计划法把计划工作看成是一种不间断的运动,使整个计划处与适时的变化和发展中,加强了计划的弹性和灵活性,避免了计划的凝固化。

(二)看板管理

亦称"卡片制度"、"传票卡制度"、"看板方式"或"视板管理"。指在工业企业的工序管理中,用卡片作为凭证,据以定时、定质、定点、定量供应和领取零部件的一种生产管理制度。最早由日本丰田汽车公司于 1962 年首创并推行。

"看板"是一种类似通知单的卡片,卡片上一般注明零部件名称、生产量、生产时间、生产方法、运送量、运送时间、运送目的地、存放地点、运送工具和容器等。

看板管理制度的要点是:从最后一道工序起,上道工序向下道工序领取卡片,按卡片所规定的零部件生产量组织生产,步步向前追溯,直到原材料准备部门;上道工序不得向下道工序输送次品;要求不提早、不推迟、正好及时提供零部件,使实物流通处于最佳状态;禁止下道工序领取超过卡片所规定的零部件数量;不建立工序间零部件保险储备量,以免掩盖机器故障或搬运者差错等原因造成的上下工序间脱节现象。看板的形式和分类包括:

1. 工序看板。

在一个工厂内各工序之间使用的看板统称工序看板,工序看板又包括:

(1)取货看板:操作者按看板上所列的数目到前工序领取零部件。没有取货看板,不得领取零部件。

(2)送货看板:由后一道工序填写零部件取货需要量,当前道工序送货时,将收发清单带回,作为下次送货的依据。

(3)加工看板:指示某工序加工制造规定数量的看板,一般根据加工机械、装配、运输、发货、外部订货的需要情况来分别编制。

(4)信号看板:在固定生产线上作为生产指令的看板。

(5)材料看板:进行批量生产时用于材料准备工作的看板。

(6)特殊看板:当生产按订货程序进行时,按每一项订货编制、交货后即收回的看板。

(7)临时看板:生产中出现次品、临时任务或临时加班时用的看板,只用一次,用毕及时收回。

2. 外协件看板:亦称订货看板。工厂向外部订货时,用以表示外部应交零部件数量、时间等的一种领取看板,仅适用于固定的协作厂之间。

(三)网络计划技术

1. 网络计划技术的原理

网络计划技术是运用网络图的形式来组织生产和进行计划管理的一种方法。该方法的要点是:科学规划任务的各项活动或各道工序之间的相互关系;在此基础上进行网络分析,计算网络时间,确定关键工序和关键路线;利用时差不断改善网络计划,求得工期、资源与成本的综合优化方案;在计划执行过程中,通过信息反馈进行监督和控制,以保证预定计划目标的实现。

2. 网络图的构成要素

网络图由活动、事项和路线三部分组成。

(1)活动(作业、工序):是指一项工作或一道工序。活动通常是由一条箭线"→"表示,箭杆上方标明活动名称,下方标明该项活动所需的时间,箭尾表示该项活动的开始,箭头表示该项活动的结束,从箭头到箭尾则表示该项活动的作业时间。

(2)事项(结点、时点):是指一项活动的开始或结束那一瞬间,它不耗费资源和时间，一般用圆圈表示。在网络图中有始点事项、中间事项和终点事项。如下图所示，①为始点事项，②和③为中间事项，④为终点事项。事项②即表示 A 项活动的结束，又表示 B 项活动的开始。对中间事项②来说，A 为其紧前工序，B 为其紧后工序。

$$①\xrightarrow{A}②\xrightarrow{B}③\xrightarrow{C}④$$

（3）路线：是指从网络始点事项开始，顺着箭线方向连续不断地到达网络终点事项为止的一条通道。在一个网络中均有多条路线，其中作业时间之和最长的那一条路线为关键路线。

3．关键路线

在网络图中，由总时差为零的关键工序连接起来的路线为关键路线。关键路线的确定方法有时差法和破圈法两种。

（1）时差法：先计算出各工序的总时差，将工序总时差为零的工序即关键路线用色线或粗线标出，即可确定出该网络图的关键路线。

（2）破圈法：从网络图的某个结点到另一个结点之间，如果存在两条不同的路线，便形成了一个封闭的环，称之为圈。

如果形成圈的两条路线时间不等，可将其中一条作业时间较短的路线删除，保留下来的是作业时间较长的一条路线。破圈时要从网络始点事项开始，顺着箭线方向找出每一个圈，依次破圈，直至终点事项，最后留下来的就是关键路线。

例题 5-1：已知某工程的作业时间及程序如下表所示，绘制网络图，找出关键路线。

表 5-1 作业程序表

作业名称（代号）	结点编号		作业时间（天）	先 行 作 业
	i	j		
A	1	2	4	—
B	1	3	5	—
C	2	4	5	A
D	3	4	8	B
E	3	5	5	B
F	4	5	7	C,D
G	4	6	5	C,D
H	5	7	4	E,F
I	6	7	7	G

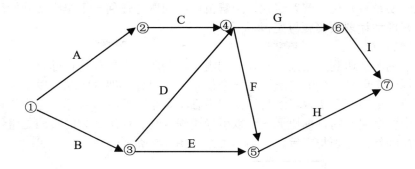

图 5-4 网络图

从图形中可以得知，从网络始点事项①到网络终点事项⑦之间，只存在一条完整的通道，即①→③→④→⑤→⑦路线。这条路线就是关键路线。

4. 网络计划法的优缺点

网络计划法优点在于：

（1）它可以促使管理人员重视计划工作。因为计划工作就是要使各个环节之间的关系相互配合，而网络计划法使各个环节的关系一目了然，使计划工作有整体性和有序性。

（2）可以通过网络图对工程的进度与资源利用实施优化。调解关键路线上的人力、物力和财力从事计划工作，进行综合平衡。

（3）有利于管理人员将注意力集中于关键问题的处理上。对关键路线上的关键工作实施重点加以控制，体现了管理中的例外原则。

网络计划法缺点在于：

由于作业时间的长短关系到关键路线的控制及其效果，若无法确定作业时间，也就无法保证网络计划的实施效果，同时网络计划法强调实践因素而忽略了费用因素。

第三节　计划的实施

一、保障计划实施的关键因素

（一）组织宗旨

组织宗旨规定了组织生存的目的和使命，是协调各种计划方案的灵魂。组织宗旨包括两方面的内容：一是经营理念，即组织的价值观、信念和指导原则。如：追求利润至上还是兼顾社会的责任？这就是经营理念问题。二是经营范围，即组织究竟从事的是什么事业，是搞专业生产还是多元化经营？这就是经营范围的问题。任何一个组织必须始终以组织宗旨为出发点来推动计划的实施与完善。

（二）组织目标

目标是计划所要达到的结果，它是一切组织活动所指向的最终目标。目标本身就是一种计划，目标的实现是计划的终点。每一个最基本的目标都要求组织得以生存，如果连生存都无法维持，更谈不上实现组织目标。但生存不是企业的唯一目标，组织的目标多种多样，将组织中各个层次的目标协调一致以引导组织活动、促进计划的实施是组织需要考虑的一个关键性因素。计划与宗旨、目标的关系如图5-5所示：

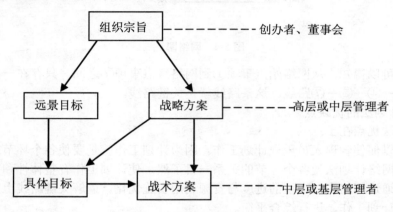

图 5-5　计划与宗旨、目标关系图

（三）组织环境

在组织计划的执行过程中，要充分考虑组织的各种内部、外部环境，包括充分考虑组织内部的各种优势、劣势对计划的影响以及外部环境给计划所带来的机遇和威胁，从而保证计划的有效实施。计划在一定程度上体现着组织的目标，而作为一个存在与发展的个体，企业和外部环境相互作用、紧密联系，计划的目的就是要使组织适应变化中的环境，并使组织占据更有利的环境地位。只有将计划与环境紧密地统一，才能实现计划的效益性和弹性。

另外，保障组织计划实施的因素还有组织结构的选择、人员的配备、制度规范的制定等因素。

二、计划的调整与完善

计划在实施的过程中，由于不确定因素与状况的存在，需要进行不断地调整，使计划逐步完善。调整计划的过程分为三个步骤：

第一步：改变行动计划及制定更加详细的步骤。

根据因素的变化为计划引进一个新的方法或系统，把干扰因素对原有计划的影响降到最小，同时针对变化的方案确定详细的行动步骤作为后续计划的指导，以应对环境的变化。

第二步：确定责任和控制措施。

在实施消除旧的计划的缺陷的同时，将产生新的任务和关系，只有认定人们的责任或贡献，才能请求员工的投入和参与，这种认定特别有助于新计划的实施和监督，并进一步地根据计划确定个人任务、操作步骤以及具有可控性和可测量的指标。

第三步：监督实施速度和进度。

当新的计划进行实施时，计划人员要根据所出现的新问题进行技术和策略上的改进与完善。如果不随时对计划进行监督和控制，就会丧失处理问题最好的时机。

本 章 小 结

计划（Planning）是对未来行动方案的说明，是一种预测未来，设定目标、决定政策、选择方案的连续程序化的工作，或者指管理人员为组织确定、选择适当的目标和行动的过程。通常用 6W 来表示计划的内容，既目标是什么（What）、讨论为什么（Why）、确定何时做（When）、何地做（Where）、何人做（Who），以及如何做（How）。从动态的角度，计划工作指制订计划、执行计划、检查执行情况三个阶段的工作过程。计划既是一个目标设定过程，也是一个战略制定的过程。

计划对组织的经营管理活动具有重要的指导意义。计划是使管理人员参与公司目标制定和战略决策的一种有效方式；能够使公司具有方向性和使命感；能够协调公司不同职能单位和部门管理人员的活动，以确保他们向着同一个方向共同努力；计划是公司控制管理人员的一种工具。

计划按不同的标准可以划分为多种类型。按制定计划的层次不同可分为战略计划、策略计划和执行计划；按计划所涉及时间的跨度不同可分为长期计划、中期计划和短期计划；按计划的内容不同可分为专项计划和综合计划；按企业职能分类主要有业务计划、财务计划和人事计划；按是否具有明确的目标可分为具体计划和指导性计划。

计划在编制时要遵循限定因素原则、许诺原则、灵活性原则、改变航道原则。计划的编制方法主要包括滚动计划法、看板管理和网络计划法。计划制定的流程包括估量机会、确定目标、确定计划的前提、拟定备选方案、评价各种备选方案、选择方案、制定派生计划及相应的预算、计划的执行和调整等八个步骤。在计划实施过程中，要针对内外环境因素的变化随时调整计划，使之逐步完善以最终实现组织的目标。

【思考题】

1. 什么是计划？应如何理解计划的概念？
2. 计划是如何分类的？
3. 组织为什么要制定计划？制定计划应遵循哪些原则？
4. 制定计划的程序是什么？
5. 编制计划的方法有哪些？试比较它们的优、缺点。
6. 计划在实施过程中要考虑哪些因素？为什么要对计划进行调整？应怎样调整？

【实训】

一、实训目的

将编制计划的重要性和编制方法、编制步骤应用到现实的学习生活中。

二、实训内容

试结合自身的特点，用300字左右写出自己在大学时期的每个学期的计划、目标以及实施过程，并对自己的未来作一个简单的职业生涯发展规划。

【案例应用】

（一）不拉马的士兵

一位年轻的炮兵军官上任伊始，到下属部队观察操练情况。他在几个部队都发现这么一个奇怪的现象，就是操练时每门炮的炮管下面都有一个士兵在那里一动不动。军官不解，就询问原因，得到的答案是，他们也不知道，操练条列就是这么规定的。军官回去后反复查阅有关军事文献，终于发现为什么会这样了。原来过去的大炮是由马拉的，站在炮管下的士兵的任务就是负责拉住马的缰绳。现在大炮不用马拉了，全是自动化的，但操练条列却没有及时调整，因此出现了"不拉马的士兵"。

分析：

1. 如果你是军官，你会怎样处理？
2. 根据计划制定的原则讨论这种情况出现的原因？
3. 列出如果调整计划应有何种措施？

（二）英广公司技术引进中的战略计划问题

英广公司是某省一家生产铝型材的公司。2001年，该公司获得信息，彩色铝型材将成为本世纪我国新的铝型材发展趋势，用这种彩色铝型材作为高大公共建筑物内外的装饰，会取得很好的艺术效果。当时我国还没有一家企业生产这种产品，英广公司若能率先生产这种产品，未来市场前景看好。

2002年，英广公司恰好获得了世界银行贷款，于是便从意大利引进了全国第一条彩色铝型材自动生产线。这是当时世界上最先进的设备，整个生产过程自动化程度很高，只要很少的工人即可操纵全部生产过程。英广公司在意大利专家的技术指导下，于1993年底把全部设备安装完毕，试车一次成功。英广公司开了庆功会，对有功人员进行了嘉奖，并向省政府和中央有关单位报喜。意大利专家认为他的任务已经完成，于庆功会后第二天即飞回意大利。

但1994年初该生产线刚刚正式投产，就发生了问题，机器才开动了半天就卡了壳，几位刚毕业的大学生技术员费了九牛二虎之力也没有找出毛病在哪里。摊开图纸，因为都是意大利文，谁也看不太懂。迫不得已，公司再次把意大利专家请了回来。这位外籍专家这里动一动，那里敲一敲，没用两小时，生产线又正常运转起来了。这位外籍专家认为这台设备质量是好的，关键是中国技术员和员工还没有掌握操作技术。公司刘经理决定挽留意大利专家在厂在工作一个月，专门对技术人员及工人进行培训。但在意大利专家培训结束后，彩色铝型材生产线仍不能正常运行，主要是公司的技术员和工人掌握不好轧制工艺及染色工艺，轧制出来的彩色铝型材厚薄与上色不均匀。意大利专家临行前曾说过，这个手艺主要靠练习。于是生产线上的技术员与工人又花了一年的时间进行实际操作训练，1995年初，终于算是真正掌握了操作技术，这台引进设备可以正式投入运行了。

正当公司准备正式生产铝型材时，国内却已有八家企业都在近两年内先后生产出彩色铝型材，其中最大的竞争对手已经占领了我国华东、华南及西南各省的市场，其他七家企业也已经把国内市场瓜分完毕，因而英广公司的产品一直打不开市场。英广公司的彩色铝型材生产线年生产能力达7000吨，而1995年才售出300吨。这种铝型材的生产特点是批量越小越难组织，尤其是小批量、彩色品种更换频繁的，每换一种颜色，就要对上色设备彻底清洗一次，费时费事，生产成本亦随之上升。面对激烈的市场竞争，英广公司陷入了困境。

针对上述情况，刘经理与英广公司高层领导们多次研究，决定进一步成立几个厂级公司，即彩色铝门窗厂、彩色玻璃幕墙厂、装饰公司及土木建筑公司。其本意是如果这几个公司生意较好，公司生产的彩色铝型材就可内部消化掉一半以上，这样彩色铝型材的销售就不成问题了。1998年初，彩色铝门窗厂已建立了一条生产线，但由于这一产品尚未被人们所认识，价格较贵，因此生意清淡，没有利润。彩色玻璃幕墙也有一条生产线，并已正式投产了。但听说建设部不久要下文，为防止反射光污染和热污染，今后大型公共建筑物要限制使用大型玻璃幕墙，因此该厂发展前景并不看好。而装饰公司和土建公司遇到的竞争更加激烈，全国有四路建筑装饰及土建大军，既有中央部委一级的几个省市一级公司，有解放军武警部队的公司，有乡镇企业开办的公司，有中外合资企业的公司，僧多粥少，竞争几近白热化。至此，英广公司陷入了更深的困境之中。

分析：
1. 英广公司为什么引进彩色铝型材生产线？
2. 英广公司技术引进战略计划失败的原因是什么？

第六章 组 织

【学习目标】

▶ 了解什么是组织、组织分类、组织存在必要性，掌握高效率的组织应该具备的特点。

▶ 理解组织结构设计中的相关基本概念，掌握典型不同类型的组织结构的特点及优缺点。

▶ 掌握人力资源管理的内涵、人员配备原则，了解人力资源管理过程中的相关问题。

【案例导入】

这里谁是主管

事情发生在某医院。十月的一天，产科病房护士长给院长打电话，说想约个时间能尽快与院长谈谈。电话里，院长听出产科护士长的声音有些不对头，于是就说，你可以马上来我这儿。大约五分钟后，产科护士长来到院长办公室，递交了她的辞职书。

产科护士长说："院长，我再也无法忍受下去了，四个月来，我一直担任产科病房的护士长，可是我无法进行工作。您想想，如果我上边有两、三个老板，他们每人都给我布置工作，我怎么干？我一直试图做好我的工作，可这根本不可能。我给您举个例子。昨天早上大约 7:45 分我来到我的办公室，看到办公桌上有总护士长给我留的条子。她让我 10 点以前写完一份关于病房床位使用情况的分析报告。她说她下午要向院部汇报。您知道，准备这样一份报告至少需要用 1 个半小时。30 分钟后，我的直接上司 A 病房区护士长问我，为什么有两个护士不在。我告诉她，外科主任把他们叫走了，因为外科那儿有急诊，人手不够。我不同意，但她说现在没有别的办法。A 病房区护士长却让我马上把这两个护士找回来，并说一个小时之内她要回来检查。院长先生，这样的事一天要发生多少次。您说，我这工作怎么干？"

在一个组织中经常会发生这样的事情，使员工无所适从。还有一个非常普遍的现象就是组织内部工作的低效率。比如，为了解决一个问题，你可能要在办公楼上来回绕几大圈，到最后也不一定能办完。这样的结果是我们不想看到的，那么到底是什么原因导致了这些问题的产生呢？归根结底就在于组织结构设计的不合理。本章就对有关组织的问题进行详细阐述。

第一节 组织概论

一、对组织的理解

在现实的生活中，每个人都属于一个或多个组织，如企业、党团组织、社会学术团体等。组织的建立对于个人目标和组织目标的实现都是非常重要的。组织工作是管理的重要职能，企业组织工作的一项重要内容是设计一套企业的组织机构，这套机构既是企业存在的形式，也是实现企业目标的基本保证。

对于"组织"一词，古今中外的管理者从不同的角度进行了阐述。大体可以归纳为两层含义：

1．从动态的角度看，组织就是组织活动或组织工作本身，即所有参与者的行为活动。

2．从静态的角度看，组织主要指组织体系和组织结构，一个团体就是组织。例如美国钢铁公司，或国防部，都是一个"组织"。

二、组织的分类

组织根据不同的标准可以有很多的类型：

（一）按照组织的性质分类

1．经济组织。在日常生活中，经济组织担负着人们衣食住行等物质生活资料的生产和销售职能。其中包括生产组织、商业组织、金融组织、交通运输组织和其他服务性组织等。

2．政治组织。包括政党组织和国家的政权组织，代表统治阶级的意志，为实现自有目标制定各项方针、政策。

3．文化组织。为了满足人们文化需求，以文化活动为其基本内容的社会团体。如学校、艺术团体、电影院等。

4．群众组织。各个阶层、各个领域的人民群众，为了开展各种有益的活动而形成的社会团体。如妇女联合会、科技协会、工会等。

5．宗教组织。因某种宗教信仰而形成的组织。

（二）按照组织的形成方式划分

1．正式组织。正式组织是为了有效实现组织目标，而明确规定组织成员之间的职责和相互关系的一种组织结构，组织中有正式的制度和规范来约束组织成员的活动行为。

2．非正式组织。非正式的组织往往是人们在共同的工作和生活中，由于本身有着共同的兴趣、爱好、行为特征等原因，自发的结合在一起的团体。

比如，在刚刚进入大学之后，学校会随机地将同学编排成不同的小的班级，要求同学要遵循学校的各项规章制度。班级就是一个正式的组织。但在班级的内部，你会发现在大家相处了一段时间之后，有些同学因为脾气相投，由共同的兴趣、爱好而自发地结合在一起，形成一个小的群体，这就是非正式的组织。在对正式组织进行管理的同时，必须要明确非正式组织在其中的重要性，以及对正式组织的影响，这个问题我们会结合企业的实际情况的组织在本章最后介绍。

（三）按照组织是否盈利划分

1. 盈利组织。所有的企业都是盈利的组织，企业设立的目标就是追求利润最大化。
2. 非盈利组织。他们的宗旨是为整个社会提供服务，比如教育、医疗、安全等。这些服务的收费主要是维持组织的生存。这些组织往往享受国家的财政补贴。他们的存在是为了保证社会本身的正常运行。

三、组织存在的必要性

（一）实现既定的目标。组织的创立和设计就是为了更好地达到一个人或几个人独立活动不能实现的既定目标。

（二）分配工作。通过组织工作，将总体的目标分解到每一个组织成员的身上，转化为每个成员的任务。

（三）构建分工协作的体系，提高工作的效率和质量。组织汇集了人、财、物等资源，通过组织的活动实现优化配置，人与人之间进行沟通和交流，从而能够集思广益达到事半功倍的效果。

四、高效率组织的特征

（一）内部实现目标一致。组织不是一个松散结合的群体，是人们为了实现共同的目标而建立的。共同的目标是组织产生的基础，也是制约组织运行活动的重要因素。共同目标在组织成员头脑中的建立可以将组织成员紧密结合，便于组织的管理。

（二）组织内部分工明确，责权清晰。分工的目的就是为了提高组织整体工作的效率。组织分工要做到明确清晰，每一项工作都落实到人，使每个组织成员都明确自己应该干什么，有哪些权利，这是保证组织稳定性和提高运行效果的前提。在进行组织设计时，就要作到职务明确、专业分工合理、责任与权利相符、协作有序等原则。

（三）信息通畅。在组织中，任何人之间的协作，都需要信息的传递和交流。管理者只有掌握准确、及时的信息，才能做出高质量的决策。组织体系的建立要保证信息自上而下、自下而上、同级之间的流动顺畅。

（四）组织内部的管理作到软硬结合。组织管理中的"硬"就是内部严格的规章制度，各种奖惩措施。这些是保证组织正常运行的基础。而"软"管理，就是利用组织内部文化的培养，使组织成员接受组织整体的价值观，自觉的约束自身的行为，为实现组织整体目标努力工作。实践证明，软管理能够更快的提高组织的运行效率。

案例 6-1　　　　　　　　关于制度

对权力制约的制度问题一直是人类头疼的难题。请看下边的这个小故事。有7个人组成了一个小团体共同生活，其中每个人都是平凡而平等的，没有什么凶险祸害之心，但不免自私自利。他们想用非暴力的方式，通过制定制度来解决每天的吃饭问题：要分食一锅粥，但并没有称量用具和有刻度的容器。

大家通过试验不同的方法，形成了日益完善的制度。大体说来过程主要如下：

方法一：拟定一个人负责分粥事宜。很快大家就发现，这个人为自己分的粥最多，于是又换了一个人，结果总是主持分粥的人碗里的粥最多最好。由此我们可以看到：权力导致腐败，绝对的权力绝对腐败。

方法二：大家轮流主持分粥，每人一天。这样等于承认了个人有为自己多分粥的权力，同时给了了每个人为自己多分的机会。虽然看起来平等了，但是每个人在一周中只有一天吃得饱而且有剩余，其余6天都饥饿难挨。于是我们又可得到结论：绝对权力导致了资源浪费。

方法三：大家选举一个信得过的人主持分粥。开始这品德上乘的人还能基本公平，但不久他就开始为自己和溜须拍马的人多分。结果是不能放任其堕落和风气败坏，还得寻找新思路。

方法四：选举一个分粥委员会和一个监督委员会，形成监督和制约。公平基本上做到了，可是由于监督委员会常提出多种议案，分粥委员会又据理力争，等分粥完毕时，粥早就凉了。

方法五：每个人轮流值日分粥，但是分粥的那个人要最后一个领粥。令人惊奇的是，在这个制度下，7只碗里的粥每次都是一样多，就像用科学仪器量过一样。每个主持分粥的人都认识到，如果7只碗里的粥不相同，他确定无疑将享有那份最少的。

同样是七个人，不同的分配制度，就会有不同的风气。所以一个单位如果有不好的工作习气，一定是机制问题，一定是没有完全的公平公正公开，没有严格的奖勤罚懒。如何制订这样一个制度，是每个领导需要考虑的问题。

什么样的制度是企业最好的制度？适合的就是最好的。海尔的制度好不好？联想的制度好不好？对于你的企业而言，不一定。关键是适用。是从你的企业土壤里生长出来的，而不是从专家学者的专著中生搬硬套而来。制度是生物，不是产品。

由是得之：制度至关重要，制度是人选择的，是交易的结果。好的制度浑然天成，清晰而精妙，既简洁又高效，令人为之感叹。

5. 有利于培养组织的核心能力，实现组织的成长。组织建立最基本的前提是能够正常运转，但是随着组织外部环境变化的加剧，组织必须要有弹性，能够不断的调整自身而适应环境，并且在变革中实现自身的快速成长，培养出支撑组织生存和发展的核心能力。

第二节　企业组织结构设计

企业组织设计是企业管理的基础工作。不同类型的企业，由于经营业务的性质和内容不同，其结构会不一样。而且，企业的组织结构还与企业规模、技术复杂性、企业发展战略以及企业环境等因素有关，这些因素的变化对组织结构会提出新的要求。因此，企业组织结构还要随着环境或条件的变化进行调整和再设计。下面先介绍组织结构设计中的基本概念。

一、管理层次和管理幅度

（一）管理层次

随着生产的发展、科技的进步和经济的增长，组织的规模变得越来越大，管理者与被管理者的关系更加复杂。为处理这些错综复杂的关系，管理者需要花费大量的时间与精力。而每个管理者的能力、精力与时间都是有限的，主管人员为有效地领导下属，必须考虑能有效地管理直接下属的人数问题。当直接管理的下属人数超过某个限度时，就必须增加一个管理层次，通过委派工作给下一级主管人员而减轻上层主管人员的负担。这样就形成了有层次的组织结构。

组织中管理层次的多少，应根据组织的任务量与组织规模的大小而定。

一般地，管理层次分为上、中、下三层，每个层次都应有明确的分工。

上层也称最高经营管理层或战略决策层，其主要职能是从整体利益出发，对组织实行统一指挥和综合管理，并制定组织目标和大政方针。

中层也称为经营管理层，其主要职能是为达到组织总的目标，为各职能部门制定具体的管理目标，拟定和选择计划的实施方案、步骤和程序，评价生产经营成果和制定纠正偏离目标的措施等。

下层也称为执行管理层或操作层，其主要职能是按照规定的计划和程序，协调基层组织的各项工作和实施计划。

（二）管理幅度

1．管理幅度也称管理宽度，是指主管人员有效地监督、管理其直接下属的人数。或者是指有多少人向同一个上级汇报工作。

2．影响管理宽度的因素主要有：

（1）管理人员与其下属双方的能力。能力强，管理宽度可适当增大。

（2）面对问题的种类。问题是复杂的、较困难的或涉及方向性战略时，则管理宽度不宜过大。

（3）组织沟通的类型及方法。下属人员相互沟通较易或采用有效的控制技术，对下属考核的制度较健全，则管理宽度可加大。

（4）授权。适当的授权可减少主管的监督时间和精力，可增大管理宽度。权责划分明确，也可增大管理宽度。

（5）计划。事前有良好的计划，可增大管理宽度。

（6）组织的稳定性。组织稳定性强，外部环境变化不大，则管理宽度可增加。

（三）管理层次和管理幅度的关系

管理层次与管理宽度成反比。

这样按照管理宽度与管理层次，形成了两种层次：扁平结构和竖式结构。扁平结构是指管理层次少而管理宽度大的结构，而直式结构则相反。

扁平结构的优点：有利于密切上下级之间的关系，信息纵向流动快；管理费用低；被管理者有较大的自由性和创造性，因而有满足感，有利于选择和培训下属人员。缺点：不能严密地监督下级，上下级协调较差；同级间相互沟通联络困难。

竖式结构优点：管理严密；分工细致明确；上下级易于协调；缺点：管理人员之间的协调工作急剧增加，容易互相扯皮；管理费用增加；上下级的意见沟通和交流受阻；上层对下层的控制变得困难；管理严密影响了下级人员的积极性与创造性。

在当今的时代，因为竞争的加剧，企业外部环境变化迅速，扁平的组织结构更受到管理理论家和实践者的推崇。

二、部门化

组织结构设计的内容之二是部门划分。管理的幅度和管理层次的设计主要是解决组织纵向的问题，而组织部门化解决组织横向结构的问题。

（一）什么是部门？

"部门"这个术语在不同的组织中有不同的称呼。通常部门是指组织中主管人员为完成规定的任务而有权管辖的一个领域。

部门划分主要目的在于确定组织中各项任务的分配与责任的归属，以求分工合理、职责分明，有效地达到组织的目标。部门划分的过程是在劳动分工的基础上，把各项活动进行归类，使性质相同或相似的工作合并到一个组成单位，就形成了一个专业化的部门。

（二）部门划分的方法

1. 按人数划分。这是最原始、最简单的划分方法。这种划分部门的方法是：抽出一定数量的人在主管人员的指挥下去执行一定的任务。

2. 按职能划分。这是最普遍采用的划分部门的方法。它遵循专业化的原则，以工作或任务的性质为基础划分部门，并按这些工作或任务在组织中的重要程度，分为主要职能部门和次要职能部门。主要职能部门处于组织的首要一级，在主要职能部门之内再划分从属派生部门。

按职能划分部门的优点是：遵循专业化原则，能充分发挥专业职能，有利于目标的实现；简化了训练工作；加强了上层控制手段。缺点：各职能部门的专业人员容易造成本位主义，给部门之间的相互协调带来了很大的困难。

3. 按产品划分。即按组织向社会提供的产品来划分部门。优点是：有利于发挥专用设备效益；有利于发挥个人的技能和专业知识；有利于部门内的协调；有利于产品的增长和发展。其缺点是：要求更多的人具有全面管理的能力；产品部门独立性强，整体性差，增加了主管部门协调、控制的困难。

4. 按地区划分。即按地理位置来划分部门，目的是调动地方、区域的积极性，谋求取得地方化经营的某种经济效果。优点是：有利于改善地区的协调，取得地区经营的经济效益；有利于培养管理人才。缺点是：需要更多具有全面管理能力的人才；增加了主管部门控制的困难；地区部门之间往往不易协调等。

5. 按服务对象划分。即按组织服务的对象类型来划分部门。

6. 按设备划分。它能充分发挥设备的效率，使设备的维修、保管及材料供应和人力运用等更加方便。

以上仅仅是组织在实现目标的过程中划分部门的基本方法划分部门的目的是要按照某种方式划分业务，以起到最好地实现组织目标的作用。在现实的管理活动中，常常是用混合的方法划分部门。

三、职权的类型

组织结构设计的内容之三是职权划分，主要解决组织结构的职权问题。

（一）什么是职权

职权是经由一定的正式程序赋予某一职位的一种权力。同职权共存的是职责，职责是某项职位应该完成的某项任务的责任。

组织内最基本的信息沟通就是通过职权来实现的。

组织内的职权有：直线职权和参谋职权。

1. 直线职权。是某项职位或某部门所拥有的包括做出决策、发布命令等的权力，也就是通常所说的指挥权。

每一管理层的主管人员都应具有这种职权，只不过每一管理层次的功能不同，其职权的大小、范围不同而已。从组织的上层到下层的主管人员之间，形成一条权力线，这条权力线被称为指挥链或指挥系统，其中的权力指向是由上到下。由于在指挥链中存在着不同管理层次的直线职权，故指挥链又叫层次链。指挥链既是权力线，也是信息通道。

2. 参谋职权。是某项职位或某部门所拥有的辅助性职权，协助直线人员进行工作，包括提供咨询、建议等权力。

（二）按照权力集中与否，企业组织类型可划分为集权和分权

1. 集权与分权。集权是决策权在组织结构中，较高层次上高度集中。而分权是决策权在较低层次上的分散。集权和分权本身应在组织结构设计中结合利用。但是过度集权的弊端是：不利于作出合理决策；不利于调动下属的积极性；阻碍信息的传递；助长组织中的官僚主义。而职权的分散可以解脱高层管理者琐碎的日常管理事务，可以有更多的精力关

注企业的长远发展规划,也可以锻炼自己的下属,提高他们的工作能力,调动工作的积极性和创造性;也有利于做出合理正确的决策。

2．影响组织分权的因素。

（1）组织的规模。一般当组织规模很小的时候,组织内部的事务并不是很多,很复杂,高层的管理者有能力、有精力来管理,因而更偏向于集权。

（2）人才的数量和素质。如果组织内部下属的素质较高,数量比较充足,适当的分权是非常明智和必要的。

（3）控制的可能性。高层领导将决策下放时,必须同时保持对下属的控制。如果下属的行为容易控制,可以进行分权。但在现实企业中,高层不愿意分权,就是担心下属的失误会给自身带来连带影响,因而不愿意分权。看来分权的前提还须找到控制的手段和方式。

（4）决策的重要性。众所周知,决策的失误是要企业付出代价的。有的决策的失误会影响到企业的生存和发展。面对决策的重要程度的不同,分权与否也是不一样的。决策的重要性越高,越不宜分权。

四、典型的组织结构

组织结构是表明组织各部分排列顺序、空间位置、聚散状态、联系方式以及各要素之间相互关系的一种模式。而组织结构又表明组织内部的机构设置和权力的分配方式,按照组织结构发展历史,组织形式主要有以下几种：直线型组织结构、职能型组织结构、直线——参谋型组织结构、直线——职能参谋型组织结构、事业部制组织结构、矩阵结构和多维立体组织结构。

（一）直线型组织结构

这是最简单的组织结构。它是一种实行直线领导,不设职能机构的管理组织形式。这种组织结构的特点是：每个主管人员对其直接下属有直接职权；每个人只能向一位直接上级报告；主管人员在其管辖的范围内,有绝对的职权,他将直线指挥与职能管理融于一身。其结构如图 6-1 所示。

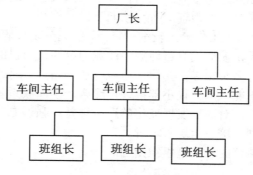

图 6-1　直线型组织结构图

优点：结构简单；权力集中、指挥统一、责任与职权明确；作出决策比较容易和迅速。

缺点：由于直线指挥与职能管理不分，对领导者的知识和能力要求较高；各层领导机构实行综合管理，无专业化分工，不易提高专业管理水平；在层次较多的情况下，横向信息沟通较困难。

这种组织结构，由于受领导者能力的限制，管理幅度不可能宽，因而企业的规模不可能大，只适用于那些没有必要按职能实行专业化管理的小型组织或应用于现场作业管理。如专卖店、方便店等（如图6-2）。

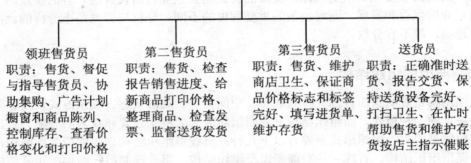

图6-2 某超市组织结构

（二）职能型组织结构

职能型组织结构也称为多线性组织结构。职能组织结构是按分工负责的原则组成的机构，是在直线管理的同时，设立相应的职能机构，分担某些企业职能管理的业务。其结构如图6-3所示。

其特点是采用按职能分工实行专业化的管理办法来代替直线型的全能管理者，通晓各种业务专门的人员和职能机构作为辅助者直接向下发号施令。

其优点是：具有适应管理工作分工较细的特点，能充分发挥职能机构的专业管理作用，减轻主管领导的工作负担，使他们有可能集中注意力以履行自己的职责。

其缺点是：由于实行多头领导，妨碍了组织的统一指挥，易造成管理混乱，不利于明确划分职责与职权；各职能机构往往不能很好地配合，横向联系差；在科技迅速发展、经济联系日益复杂的情况下，对环境发展变化的适应性差；强调专业化，使主管人员忽略了本专业以外的知识，不利于培养上层管理者。

在实际中，不存在纯粹的职能型组织结构。

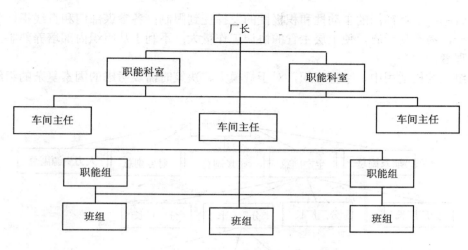

图 6-3 职能制组织结构图

(三) 直线职能型结构

直线职能制是企业目前采用最多的一种组织形式。其结构如图 6-4 所示。

其特点是：按组织职能来划分部门和设置机构，实行专业分工，并实行统一指挥；在直线职能制组织结构中，管理人员被分为两类，一类是对下级直接下达命令的直线指挥人员；另一类是为直线指挥人员提供建议和咨询、对下级进行业务指导的职能人员；每个部门都由直线人员统一指挥，实行严格的责任制度的要求。

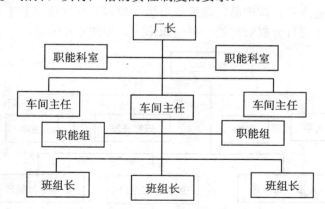

图 6-4 直线职能制组织结构图

优点是：发挥了职能专家的作用，有利于优化决策的准确性；直线领导，保证了命令的统一。

缺点是：各职能部门之间缺乏沟通，不利于集体决策，也容易造成本位主义，降低整体工作效率；下级部门的主动性和积极性的发挥受到限制；各参谋部门和直线指挥部门之间不统一，易产生矛盾，使上层主管的协调工作量大；不利于从组织内部培养熟悉全面情况的管理者。

该组织结构适用中、小型组织，对于规模大、决策时需要考虑的因素复杂的组织则不太适用。

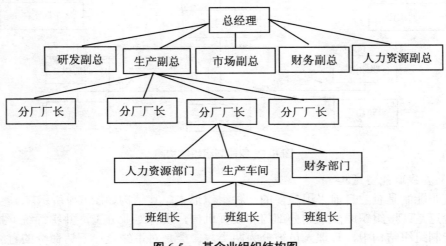

图 6-5　某企业组织结构图

（四）事业部型组织结构

事业部结构就是企业内按产品、地区或市场（顾客）分别成立若干事业部，事业部是在总公司集中领导下进行分权管理的一种组织形式。如图 6-6 所示。

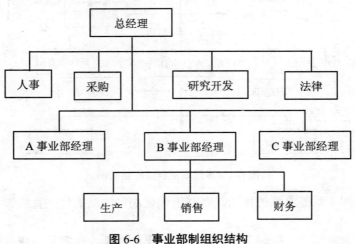

图 6-6　事业部制组织结构

事业部制组织结构是由美国的斯隆在 1924 年担任美国通用汽车公司副总经理时研究和设计出来的，故被称为"斯隆模型"，目前是众多大型企业和跨国企业普遍采用的组织结构模型。

其特点主要有：集中政策，分散经营，即在集中领导下进行分权管理；企业按产品、地区或经营部门分别成立若干个事业部，该项产品或地区的全部业务，从产品设计直到产品销售，全部由事业部负责，各事业部实行独立经营、单独核算；高层只保留对人事决策、财务控制、价格幅度以及监督等重要职权，并利用利润等指标对事业部进行控制；事业部的经理根据企业最高领导的指示进行工作，统一领导其所管的事业部和研制、技术等辅助部门。

优点：高层管理者可以摆脱日常的繁杂的行政管理事务；各个事业部门独立经营和核算，有利于发挥灵活性和主动性，加强内部的竞争，促进企业整体发展；权利下放，有利于各个事业部按市场需要组织经营活动，有助于企业整体利益实现；有利于培养高层管理人才。

缺点：组织机构重叠，管理费用加大；局部利益和整体利益之间有时会发生冲突和矛盾，不利于控制。

（五）矩阵制组织结构

矩阵制组织是将按职能划分的部门和按产品、服务或工程项目划分的项目小组组织起来而形成的一种组织结构形式。其结构如图 6-7 所示。

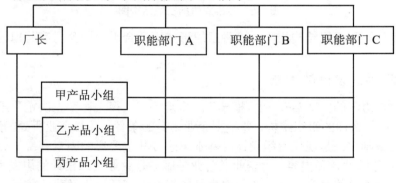

图 6-7　矩阵制组织结构

特点：这种组织结构既有按职能划分的垂直领导系统，又有按项目划分的横向领导系统的结构。

其优点是：灵活性、适应性强，资源能够在不同的工作团队使用，提高了利用率；有利于把组织的垂直联系与横向联系更好地结合起来，加强各职能部门之间的协作；有利于适应多变的外部环境。

其缺点是：工作团队中的每个成员受到双重领导，可能会出现多头指挥现象，造成管理上的混乱。

适用于以项目管理活动为主的企业组织。

（六）立体多维组织

多维立体组织是在矩阵组织结构的基础上再加上其他内容而形成的。这种组织形式由三方面的管理系统组成：（1）按产品划分的事业部，是利润中心；（2）按职能划分的专业参谋部门，是专业成本中心；（3）按地域划分的，是各地区管理机构。其结构如图6-8所示。

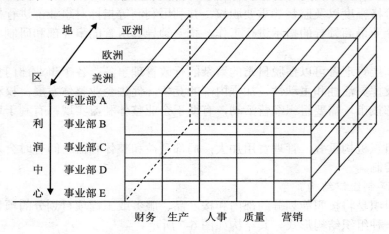

图 6-8　多维立体的组织结构图

其优缺点与矩阵组织结构相同。这种组织形式更适合于跨国公司或跨地区的大公司。

五、影响组织设计的因素

组织结构是组织的"框架"，而"框架"的合理完善，很大程度上决定了组织目标能否顺利实现。设计什么样的组织结构，要根据企业本身的条件，并与企业所处的环境相适应。因此，因地因事制宜，是现代组织设计的基本思想。其主要影响因素有：

1. 经营业务的性质和内容。为企业经营业务服务是企业组织设计的出发点和归宿。设计组织结构的根本目的是为经营业务创建良好的组织内部环境。经营业务活动的内容是设置工作岗位的依据，经营业务活动的运行方式决定着部门的划分和组织结构框架。

2. 经营规模。经营规模的大小是影响组织结构中管理跨度和层次结构的重要因素。规模越大，其内部工作的专业化程度就应越高，标准化操作程序就越容易建立。这样管理者用于处理日常事务的时间就越少，因而管理跨度就可以大一些。从这一点来说，规模大的企业，由于管理跨度可以大一些，有利于减少管理层次。但是，规模大的企业，如果经营范围宽，业务量大，有些管理职能就可能需要独立出来，这就会增加机构，增加层次，需要建立分权式的组织结构。

3. 技术复杂程度。技术复杂程度是影响组织内部协调关系的重要因素。一般来说,技术越复杂,部门或个人之间的交往越多,信息传输量越大,传输频次越高。因而相互之间的协调关系变得复杂。为了有效协调,可以增加协调机构。技术复杂程度高的企业,其自动化程度也高,操作人员和工作岗位减少,基层管理的跨度可能变小。但对上层管理人员来说,由于专业化程度和标准化程度高,管理幅度可以增大。

4. 人员素质因素。人是组织中的决定因素。企业的组织结构实际是人的职位结构。组织结构设计出来后,是由人来担任各个职位上的角色。各个职位上的责任和权力,以及相互之间的各种关系,都要通过人的活动才能体现出来。所以,组织中人的素质对组织结构起着决定性的作用。人员的素质包括身体条件、政治思想、职业道德、知识水平等。高素质的管理者,可以承担更多的责任,可以赋予他更大的权力;一专多能的人才,可以身兼多职,这样可以减少人员和机构。

5. 地理分布。地理分布是指企业经营活动或机械在地理位置上的分布。地理分布越分散,内部的信息沟通就越困难,集中控制的难度就越大。因此,地理分布会影响管理的跨度,影响集权分权的程度。

6. 外部环境因素的变化程度。外部环境的经常变化要求企业的组织结构应具有较强的适应性。变化频繁的环境则要求组织结构应具有灵活性。稳定的外部环境更适宜机械化的组织结构。

第三节 人力资源管理

在设计和确定了企业的组织结构以后,接下来的任务就是要招募到合适的人,完成工作,实现组织目标。人力资源管理(Human Resource Management)是组织为了获取、开发、维护有效的人力资源所采取的人力资源的需求计划、招聘、挑选、绩效评价、薪酬管理、在职培训等一系列管理活动的总称。人力资源管理的职责是当组织需要的时候,及时提供合适的人员。人是组织内部最宝贵的资源,随着竞争的日益激烈,企业对人力资源管理的活动越来越重视。

一、人员配备

(一)人员配备的概念

人员配备是对组织中全体人员的配备,既包括主管人员的配备,也包括非主管人员的配备。人员配备是人力资源管理活动的重要内容,是指对主管人员和非主管人员进行恰当而有效地选拔、培训和考评,其目的是为了配备合适的人员去充实组织机构中所规定的各项职务,以保证组织活动的正常进行,进而实现组织的既定目标。

人员配备不但要包括选人、评人、育人,而且还包括如何使用人员,以及如何增强组织凝聚力来留住人员。

（二）人员配备的重要性

1. 人员配备是组织有效活动的保证。人是组织最重要的资源,组织内各项工作都需要合适的人员来实现。是否选择了合适的人员,直接影响到目标的实现和工作的效率。尤其是主管人员的配备。主管人员是那些对他人及其工作负责的管理人员,其基本任务是设计和维持一种环境,使身处其间的人们能在组织内一起工作,以完成预定的使命和目标。是实现目标的关键人物,他既是组织中的"建筑师",又是指挥者、集合者,同时还是一个执行者。主管人员配备的恰当与否,关系到组织的兴衰存亡。

2. 人员配备是组织发展的准备。人员配备的另一个重要性表现是在复杂多变的环境中为从事组织活动所需要的各类人员做好准备,去适应由于外界环境影响组织内部活动所发生的复杂变化。

案例 6-2　　　　　　燕昭王黄金台招贤

如何将企业治理好,一直是管理者的一个"研究课题"。有的研究有素,也就治理有方;有的研究无法,也就治理失败。要治理好企业,必须网罗人才,古代燕昭王黄金台招贤,便是最著名的例子。

《战国策·燕策一》记载:燕国国君燕昭王(公元前 311~前 279 年)一心想招揽人才,但更多的人认为燕昭王仅仅是叶公好龙,不是真的求贤若渴。于是,燕昭王始终寻觅不到治国安邦的英才,整天闷闷不乐。

后来有个智者郭隗给燕昭王讲述了一个故事,大意是:有国君愿意出千两黄金去购买千里马,然而时间过去了三年,始终没有买到,又过去了三个月,好不容易发现了一匹千里马,当国君派手下带着大量黄金去购买千里马的时候,马已经死了。可被派出去买马的人却用五百两黄金买来一匹死了的千里马。国君生气地说:"我要的是活马,你怎么花这么多钱买一匹死马来呢?"

国君的手下说:"您舍得花五百两黄金买死马,更何况活马呢?我们这一举动必然会引来天下人为您提供活马。"果然,没过几天,就有人送来了三匹千里马。

郭隗又说:"你要招揽人才,首先要从招纳我郭隗开始,像我郭隗这种才疏学浅的人都能被国君采用,那些比我本事更强的人,必然会闻风千里迢迢赶来。"

燕昭王采纳了郭隗的建议,拜郭隗为师,为他建造了宫殿,后来没多久就引发了"士争凑燕"的局面。投奔而来的有魏国的军事家乐毅,有齐国的阴阳家邹衍,还有赵国的游说家剧辛等等。落后的燕国一下子便人才济济了。从此以后一个内乱外祸、满目疮痍的弱国,逐渐成为一个富裕兴旺的强国。接着,燕昭王又兴兵报仇,将齐国打得只剩下两个小城。

管理之道，惟在用人。人才是事业的根本。杰出的领导者应善于识别和运用人才。只有做到唯贤是举，唯才是用，才能在激烈的社会竞争中战无不胜。

"千军易得，一将难求"，现实生活中，也许我们不可能像燕昭王一样筑"黄金台"，但是，我们难道不可以借用报刊一角，筑起"招贤台"，招聘贤才么？

人才就是效率，人才就是财富。得人者得天下，失人者失天下。

（三）人员配备的原则

1．经济效益原则。组织人员配备计划的拟定，要以组织需要为依据，以保证经济效益的提高为前提。

2．任人唯贤原则。要求在人事选聘方面从实际需要出发，大公无私，实事求是地发现人才，爱护人才，本着求贤若渴的精神，重视和使用确有真才实学的人。

3．因事择人原则。员工的选聘应以职位的空缺情况和实际要求为出发点，以职位对人员的实际要求为标准，选拔、录用各类人员。

4．量才使用原则。就是根据每个人的能力大小而安排合适的岗位。

5．程序化、规范化原则。员工的选拔必须遵循一定的标准和程序。科学合理地确定组织员工的选拔标准和聘任程序，是组织聘任优秀人才的重要保证。

二、人力资源管理

在此，主要介绍人员招聘、人员挑选、绩效评价和在职培训。

（一）人员招聘

招聘工作是获取组织人力资源的基本方式，为了填充企业某一职位的空缺，可以选用内部提升和外部招聘两种方式。内部提升的优点是：能够完善企业内部的竞争机制，调动员工工作的积极性，使其看到未来的发展空间；对企业内部的情况比较了解，容易进入角色；因为对内部提升的人员比较了解，能够减少判断上的失误，还有利于节约外部招聘的成本；有利于保持企业政策连续执行。缺点在于：没有外界的经营意识，因循守旧，无创新意识；很难摆脱原有的各种人际管理的制约。外部招聘的优缺点正好与之相反。优点在于：能够给企业内部带来竞争的压力；并且带来外界先进新颖的管理理念，能够有所创新。缺点在于：不了解公司的情况，进入角色较慢；招聘的费用成本高。

外部招聘的方式可以有报纸广告、职业介绍所、劳务市场、校园招聘、熟人推荐等。

（二）人员挑选

企业通过内、外的招聘活动，挑选了大量的申请人，接下来的工作就是要对这些申请人进行分析、评价、筛选出符合要求的申请人。这个过程即人员的挑选。挑选是招聘有效性的重要保证，在这个过程中，企业应该从多个方面对申请人进行了解，以便作出恰当的决策。获取申请人信息的方式可以有：填写个人资料表格、获取个人简历、书面测试、面试、现场模拟测试等等。这些方法可以全方位地了解申请人是否有资格获得职位。在进行评价前，必须对该职位进行详细的分析，把握该职位申请人应该具备什么样的素质和技能。并且，企业在选择人员时，还要考虑到该申请人和企业文化的融合性和企业未来战略发展的需要。

（三）绩效评价

绩效评价是对员工的工作绩效进行评价的过程。绩效评价有利于改进员工的工作绩效，发现问题进行纠正；是薪酬调整的标准；为今后员工的升迁、培训提供参考的依据。一般企业内部绩效评价的过程是：确定工作构成，设定绩效评价的标准；评价实施；制定绩效改进的计划；进行绩效改进并给予指导。绩效评价的方法有客观评价法和主观评价法。客观评价标准是建立在数量基础上的。比如：一个员工的生产和销售产品的数量、迟到早退的次数、缺勤次数等等。主观评价依靠个人判断。主观评价来自上级、下属、客户、员工等企业内外部多方面的信息。

（四）在职培训

在知识快速更新的信息社会，组织必须向全体员工提供不断学习，更新技能的条件。过去，人们强调在工作的过程中采用工作轮换、工作扩大化、工作丰富化等方式，提高员工的工作技能。进入 21 世纪，为了迎接挑战，在职培训成为了企业普遍采取的方法。

企业的在职培训不同于学校的学历教育。在职培训的目的主要是提高员工的工作技能，解决问题的能力，教授的内容主要涉及员工工作中的实际问题，针对性非常强；并且在教授的方法上，不仅仅采用课堂传统教学的方式，教学方法丰富多样，比如：公司实际案例的讨论，影音资料，模拟训练，商业游戏等方式。这些方法能够提高学员学习的积极性和参与性，提高教学的质量。现在，这些方法也被积极应用于学校的教学中。在职培训为企业未来的发展提供了人才的保证，并且通过培训提升了企业组织整体的竞争能力。现在，许多的企业每年都会拨付巨额的资金，用于员工的培训。如：著名的摩托罗拉公司拥有 107000 名员工，每年一名员工平均要接受 36 小时的培训课程。

案例 6-3　　　　　　　　　木桶的容量

管理学中有个木桶原理：一个木桶由许多块木板组成，如果组成木桶的这些木板长短不一，那么这个木桶的最大容量不取决于长的木板，而取决于最短的那块木板。

一个企业好比一个大木桶，除非这个企业人浮于事，否则每一个员工都是组成这个大木桶的不可缺少的一块木板。这个企业的最大竞争力往往不只取决于某几个人的超群和突出，更取决于它的整体状况，取决于它是否存在某些突出的薄弱环节。

而员工则好比是木桶的桶底，这个桶底是由员工的人文素养及他所掌握的各项专业知识和技能构成的。如果桶底不是坚固无缺的，那么当木桶的容量随着木板的加长而增大到一定程度时，桶底便开始泄露，严重的情况下桶底会开裂甚至会脱落而令木桶整个崩溃。

随着社会、经济的飞速发展，人力资源优势正在替代传统的物质资源优势，"以人为本"已逐渐成为企业的共识，人文因素对企业的经营管理和整体竞争力的影响力越来越大，企业员工，特别是企业中高层的管理人员和技术人员越来越需要具备必要的人文素养。可由于我国文理分科以及应试教育的缺陷，经我国教育体制培养出来的大多数人的桶底是薄弱的。传统学历教育没有给我们造就一个好的桶底，那么企业就很有必要在企业员工培训时补上这一课。

企业的"木桶"容量要增大，员工的培训就必不可少。

"问渠哪得清如许，为有源头活水来。"能让团队不间断地学习，就是一个好的领导者。长远来看，唯一能持久的竞争优势，就是你的组织有能力比对手学习得更快。没有一种外力能抢走你这个优势。任何人想模仿你，在他们模仿的同时，你又超越他一大步了。

三、正式组织与非正式组织

在本章的前面提到过，在组织中存在正式组织和非正式组织。在企业中，正式组织一般就是指企业有意建立的职务结构。而非正式组织是在员工共同工作的过程中，由于有共同的社会情感、兴趣爱好而形成的非正式的群体。非正式组织的存在主要是为了满足员工心理上的需要，比如：在非正式的群体中，获得安全感，满足社交需要，满足自尊的需要，增加勇气和信心等。非正式组织的出现一般都是自发而生的。

任何正式组织中都有非正式组织的存在，二者是相伴存在，相促而生。

非正式组织对于正式组织而言，有积极的作用也有消极的作用。积极作用表现在：如果正式组织的目标和非正式组织的目标是一致的，那么就可以促进正式组织目标的实现；并且通过非正式组织可以更快的实现信息的沟通，弥补正式组织自上而下的信息沟通渠道的不足；可以满足员工个性上，多方面多层次的需求。消极的作用在于：如果二者目标不一致，发生冲突和矛盾，就会阻碍正式组织目标的实现，导致工作的低效率；信息在非正式组织中传递还会发生扭曲和变形，使得谣言四起，扰乱组织的正常运行。因而，企业的管理着必须正视非正式组织的存在，积极引导，使其为正式组织服务。如果无视它的存在，将有可能给组织带来灾难。

本 章 小 结

通过本章的学习，我们已经了解组织工作是管理的重要职能，企业组织工作的一项重要内容是设计一套企业的组织机构，这套机构既是企业存在的形式，也是实现企业目标的基本保证。一个高效率的组织应该作到组织内部分工明确、责权清晰；目标一致；内部管理软硬结合；信息畅通；并且有助于组织核心能力的逐步培养。

企业组织设计是企业管理的基础工作，涉及到管理幅度、层次划分、部门化和职权设计等。典型的组织结构包括直线制、职能制、直线职能制、事业部制、矩阵制和多维立体结构。不同类型的企业，由于经营业务的性质和内容不同，其结构会不一样。企业组织结构还要随着环境或条件的变化进行调整和再设计。

人力资源管理（Human Resource Management）是组织为了获取、开发、维护有效的人力资源所采取的人力资源的需求计划、招聘、挑选、绩效评价、薪酬管理、在职培训等一系列管理活动的总称。人力资源管理的职责是当组织需要的时候，及时提供合适的人员。

【思考题】

1. 简述什么是组织及组织的基本功能？
2. 一个高效率的组织应具备的特征？
3. 管理幅度和管理层次的关系？
4. 如何进行部门化？
5. 如何协调和处理组织中的权利和责任？
6. 了解比较各种组织结构形式的特点和优缺点？
7. 人力资源管理包括哪些基本内容？

【实训】

一、实训目的

深入了解现实企业的组织结构，掌握和分析不同的组织结构都适合哪些类型的企业。

二、实训组织

- 每位同学选择一家企业。
- 对选定的企业深入调查，绘制企业组织结构图。并了解不同部门的工作范围和职责。发现组织结构设计中存在的问题，提出建议。
- 整理成书面报告，抽出一定的时间，教师将合理的组织结构图和同学一起交流分享。

三、实训要求

选择的企业应该是中型和大型的企业，保证组织机构的健全。有利于学生建立完整的组织结构知识体系。

【案例应用】

企业管理层次和管理幅度的衡量

国内外竞争的压力迫使许多企业开始考虑如何降低成本和消除浪费。他们在寻找降低成本的方法的同时，也在探索获取更多创新的途径。许多公司以减少管理层次和扩大管理宽度来应对这两个挑战。扁平式的组织结构通过减少管理岗位（也就是减少薪金支付）来降低成本，通过给予个人更多的决策权来推动更多创新想法的产生。报刊上也出现了许多有关企业组织结构重组获得成功的报道。

第六章 组织

许多著名的公司都加入了组织重组的行列中。例如福特汽车公司认为，他的12个管理层组织结构应该像丰田汽车公司和施乐公司那样减少中间管理层。即使那些管理效率很高的公司也都认为，如果公司能够减少管理人员，公司会做得更好。Dana公司是社会公认的高效管理机构，他也有意将管理层由5个减少到4个。其他公司的做法引起了摩托罗拉公司高层的注意。摩托罗拉公司让其人力资源部的专家对组织扁平化给企业所带来的潜在收益进行评估。公司高层管理人员特别关心的两方面的问题：一是减少管理人员对公司长期以来所奉行的"以人为本"的理念有何影响。公司任何对组织结构的重组，对管理层次的减少都不应违背公司的人才理念。二是公司的管理人员对减少管理层次和管理岗位会做出何种反应。如果需要减少他们的部门的管理人员数量，他们会把组织重组看作是种威胁吗？

基于这些考虑，摩托罗拉人力资源部的专家设计出一套降低成本的方案，并使其尽量不与"以人为本"的理念相冲突。该方案包括五个以下步骤：

第一步：收集数据。每个高层管理人员画出自己部门的组织结构图，并标出上下级之间的关系。该组织图表明一个部门目前实际使怎样运转的，它与继续要达到的目标有什么差距。

第二步：分析。人力资源专家分析组织图，并与管理人员一起讨论和发现问题。他们指出公司存在的管理层次过多、管理宽度过窄，以及机构重叠等问题。

第三步：讨论。人力资源专家将分析结果交给管理人员，并与他们一起讨论。管理人员可以对组织图进行进一步地解释和澄清。

第四步：协调目标。基于讨论中发现的问题，由管理人员提出解决方案。如果管理人员的方案与人力资源专家的意见不一致的话，管理人员需要给出自己的分析和提出自己的方案。

第五步：实施与监控。通过实施组织结构重组方案，实现了成本节约。成本的节约主要来自两个方面，一是管理人员薪金的节约，二是用非管理人员取代原来的管理人员带来的薪金的节约。

通过重组，摩托罗拉公司成功地降低了成本。在方案实施的第一年里，公司节省了430多万美元，而且还带来了其他方面的效果。如增加了上下级之间的沟通，管理人员的选聘和培训也更有效，员工们也在更大程度上参与决策。

分析：

1. 所有的企业都应像摩托罗拉这样先确定一个需要的管理者人数，然后再设计完成这一数量要求的方法吗？如何能使组织中的每一个人都接受这一数量要求呢？

2. 摩托罗拉重组的方式是否能够不违背公司的"以人为本"的理念和减少对管理人员的消极影响？为什么？

3. 减少管理层次数量对组织结构的其他要素，如劳动分工、部门划分和授权有何影响？

第七章 组织文化

【学习目标】
- 掌握组织文化的概念与构成组织文化的功能。
- 了解组织文化的特征、组织文化与组织制度的关系、组织变革与组织文化的关系。
- 掌握组织文化的塑造途径、组织文化的完善过程。

【案例导入】

不一样的选择

一艘载有各国乘客的轮船在海上遇险,即将沉没。假如乘客死守船只,则会与船员一同沉没;假如跳海则还有生还机会,但是不论船员如何劝说,乘客就是不敢跳。这时,船长来了。他对生性浪漫的法国人说:跳海的姿势是最优雅的,于是法国人毫不犹豫地跳了下去;他对习惯于尊崇命令的德国人说:跳吧,这是命令,德国人毫无怨言地跳了下去;他对非常讲究实际的美国人说:跳吧,我们已经为您上了保险,美国人高高兴兴地跳了下去;他对笃信上帝的意大利人说:上帝正在蔚蓝的大海中召唤你,意大利人迫不及待地跳了下去;他对奉行孝道的中国人说:跳吧,不要忘了你家里年迈的母亲,中国人也勇敢地跳了下去。

这个故事揭示的是一种文化现象。

20世纪80年代以来,随着"企业文化热"在西方的兴起,文化在组织管理中的作用日益得到重视。组织文化已经成为将组织内的各种要素有机整合的不可缺少的一种"软性"的协调力和黏合剂,组织文化作为"软约束"力量是组织有效运行的内在驱动力。

第一节 组织文化

一、组织文化概念及构成

(一)组织文化的概念

组织文化作为社会文化大系统中一个分支,无法脱离其所依存的社会文化而单独存在。因此在开始探讨组织文化以前,必须先了解什么是文化。

广义的文化是指人类在社会历史实践中所创造的物质财富和精神财富的总和。狭义的文化是指社会的意识形态，以及与之相适应的礼仪制度、组织机构、行为方式等物化的精神（节选自《辞海》）。历史的积淀造就了不同的国家和领域丰富多彩的文化，如饮食文化、建筑文化等等。文化无论在政治、经济和生活领域都有着重大的作用和影响，不同文化背景的人有着不同的行为准则和处世方式，就如同上面提到的故事中所表现出来的一样。

组织文化理论产生于 20 世纪 80 年代。可以说对组织文化的研究"源于美国，根在日本"。二战后日本在短短 30 年的时间内发展成仅次于美国的经济大国，引起美国朝野的普遍震惊。一股对美日两国管理模式进行比较研究的热潮顷刻兴起。通过研究，美国的管理学界和企业界普遍认为组织文化是日本企业成功的奥秘所在，在 1981—1982 年短短两年间连续出版了《Z 理论——美国企业界怎样迎接日本的挑战》、《日本企业管理艺术》、《企业文化——企业在生活中的礼仪》、《寻求优势——美国最成功公司的经验》四本著作，由此标志着组织文化管理理论的出现。现在，组织文化已越来越受到管理理论和实践者的关注，研究成果也越来越丰硕。

组织文化是指在组织中经过长期的实践形成的，并为广大员工所遵循的价值观念、行为准则和道德规范及传统和习惯的总和。组织文化以人为中心，在组织成长的过程中逐渐形成，是企业的精神和灵魂。

（二）组织文化的构成

组织文化是一个有着丰富内涵的系统体系。研究组织文化的结构是把组织文化作为一种独特的文化来探讨。本书将重点介绍具有代表性的"同心说"，即从精神层、制度层和物质层等三个层面（有的也分为四个层面：精神层、制度层、行为层、物质层）对组织文化进行深入的剖析。如图 7-1 所示：

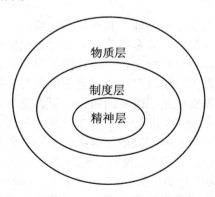

图 7-1　组织文化结构层次

1. 精神文化层

精神文化是指企业在一定的社会大文化环境的影响下，在长期的生产经营、管理服务实践过程中所形成的文化观念和精神成果。

组织精神文化的构成包括：企业最高目标（企业远景）、企业哲学、企业核心价值观、企业精神、企业风气、企业道德、企业宗旨。

2．制度文化层

组织制度文化是指人与物、人与组织运营制度的结合部分，是一种约束企业和员工行为的规范性文化。

组织制度文化的构成包括：企业的各种规章制度以及这些规章制度所遵循的理念：如营销理念、生产理念等。

3．物质文化层

组织物质文化是指由员工创造的产品和各种物质设施设备等构成的外在文化，是一种以物质形态为主要研究对象的表层组织文化。

组织物质文化的构成包括：视觉识别要素、物质环境、产品特色、技术工艺设备特性、企业的文化体育生活设施、企业造型和纪念性建筑、企业纪念品和日常用品、企业的文化传播网络等。

在整个组织文化体系中，精神文化处于核心地位；制度文化作为精神文化和物质文化的中介，既是适应物质文化的固定形式，又是塑造精神文化的主要机制和载体。而物质文化为制度文化和精神文化提供物质基础，是企业文化的外在表现和载体。

二、组织文化功能

组织文化的功能是指组织在组织文化的导向下进行生产、经营、管理等活动时发生作用的能力。

一般认为，组织文化在企业经营管理中具有如下功能：

1．导向功能。组织文化的导向功能是指组织文化能对组织整体和组织中的每个成员的价值取向和行为取向起引导作用。组织文化集中反映了组织和员工的共同价值观、理念和共同利益，通过规定组织行为的价值取向、明确企业的行为目标、建立企业的规章制度，组织文化能够将员工引导到为实现组织既定的目标而努力奋斗的方向上来。

2．凝聚功能。组织文化的凝聚功能是指组织文化像一种强力粘合剂，一旦得到组织员工的认可，就能产生出将全体员工牢牢凝聚的强大的向心力和凝聚力，这种力量促使组织员工为实现组织目标和理想而共同奋斗。这种功能通过两个方面得以体现，一是目标凝聚，即树立明确的组织目标，成为全体员工努力奋斗的方向，从而形成强大的凝聚力和向心力；二是价值凝聚，即通过树立共同的价值观，成为员工共同的精神支柱，使员工为实现共同的理想而聚合在一起。

3．约束功能。组织文化的约束功能指通过道德规范和制度文化等软硬件控制，规范组织员工的行为，形成员工自我约束的机制。组织文化的约束更多的是体现为一种软约束，它有别于制度式的硬约束。因为组织中的群体意识、社会舆论、共同的习俗等精神文化会对组织施加强大的群体压力，如舆论的压力、理智的压力、感情的压力等，使组织成员产生心理共鸣，继而达到有效的自我控制、自我约束的作用。

4．激励功能。组织文化的激励功能是指最大限度地开发人的潜能、激发员工的积极性和创造性。组织文化把尊重人作为管理的中心内容。强调非理性的感情因素在管理中的作用，注重满足员工的多重需要。因此能够使员工产生一种情绪高昂、奋发向上的效应。

5．辐射功能。组织文化的辐射功能是指组织文化发展到一定的程度，就不仅会在组织内部发挥良好的作用，对外也能产生一定的影响。优秀的组织文化不仅能帮助树立良好的外在形象，更能对社会文化的发展起到良好的促进作用。如海尔的"敬业报国，追求卓越"的企业精神，不仅体现了一种强烈的爱国热情，更是催生出千万家民族企业的爱国报国之心。

三、组织文化特点

（一）长期性。组织文化的培育是组织文化的铸魂工程，是使某一价值观内化为群体内来自不同生活环境、具有不同教育背景和不同的工作经历的人所共有的价值观，其长期性和艰巨性不难想像。在初期，价值观本身的形成与成熟是个艰巨的过程，需要经历漫长的培育和磨合期。在成熟期，组织文化需要克服自身的惰性，不断地创新，使组织文化充满活力，保持自身的个性。

（二）独特性。每个组织都有其独特的组织文化，这是由不同的国家和民族、不同的时代背景、不同的文化价值认知等因素形成的。如日本企业与美国企业相比，前者深受中国儒家思想的影响而比较注重团队合作，后者则强调个人奋斗和英雄主义。一流的公司都拥有自身独特的组织文化，如索尼、通用电器等。

（三）稳定性。组织文化是在企业长期的发展中，融合了多种因素，逐渐积累、凝聚而成的。它已内化在员工的思想和行为方式中，物化在企业的规章制度、产品和建筑中。能够长期地对企业的运转、员工的行为产生影响，其基本精神不会随着企业内在因素和外在环境的变化而立即发生变化，具有较强的稳定性。

（四）可塑性。组织文化尽管存在较强的稳定性和惰性，但它最终是可以改变、可以塑造、可以创新的。企业作为一个开放型的外在经济实体，必然会随着外部环境的变化而发生某些变革。任何封闭的、僵化的组织文化形态最终将导致企业在日益激烈的竞争中失败。

四、组织文化与组织制度

制度是为了达到某种目的和维护某种秩序而人为制定的程序化、标准化的行为模式和运行方式。制度来源于文化，任何的制度都反映了一定的价值观和理念。组织制度作为组织文化的重要构成部分，是现代组织正常运行必不可少的制度保证和规章体现。组织制度与组织文化既相互联系又相互影响。

从组织文化建设的角度看，组织制度的建设是组织文化创建过程中不可或缺的一环，组织制度的建设是组织文化形成的前奏。因为多数人都觉得组织文化是一个看不见、摸不着的"虚拟体"，对组织文化的建设更是形同纸上谈兵，总是不得其法。组织文化建设的关键在于要让文化经历从理念到行动、从抽象到具体、从口头到书面的过程，其中颇为有效的方法就是要在组织活动中建立起一种能够使广大员工的自觉能动性得以充分发挥的制度机制，建立起一种广大员工能够自我管理的制度机制。

从逻辑上讲，组织文化和组织制度间存在着四种关系，如图7-2所示：

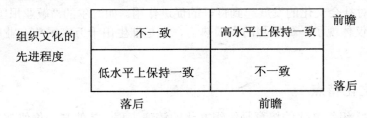

图7-2 组织制度的先进程度

图中显示了四种关系：（1）组织文化与组织制度都具有前瞻性，并保持一致；（2）组织文化与组织制度都落后，并保持一致；（3）组织文化落后，但组织制度先进；（4）组织文化具有前瞻性，但管理制度落后。组织所追求的目标应该是两者保持在高水平上的均衡和一致，只有这样才能充分调动员工的工作积极性，只有反映市场变化需求的组织文化才容易为员工所接受。

第二节 组织文化构建

一、组织文化塑造途径

（一）选择核心价值观

由于组织的核心价值观是整个组织文化的核心和灵魂，因此选择什么样的核心价值观是塑造组织文化的首要问题。

一般来说，一个企业选择核心价值观应首先考虑下列问题：

1. 企业性质及其生产经营范围。企业系统按照不同的标准可以划分为不同性质的企业，有着各自不同的生产经营范围，承担不同的经济和社会责任，因而具有不同的价值标准和组织文化。如果企业对自身的性质、生产经营范围、服务对象缺乏系统的认识，就无法塑造具有自身特色的组织文化。

2. 企业员工素质及其构成。组织员工作为组织文化的载体，其素质的高低及其结构是否合理，会直接影响到组织文化的建立和发展。在此我们将员工素质简单的表述为是组织员工在生产和管理活动中表现出来的综合能力。如员工的思想境界、受教育水平、技术水平、社会经历等，这些都会在一定的程度上影响员工对组织文化的认同、理解与接受。同时，员工的年龄结构、文化结构等也会影响组织文化的形成与发展。

3. 企业的外部环境。企业作为社会大系统中的一个子系统，其生存和发展必然受到外部环境的影响和制约。企业的外部环境包括政治、经济、法律、民族文化等因素，这些因素会对企业员工的思想和行为造成不同程度的影响。例如，社会政治生活的民主气氛会影响员工对企业的关心程度，传统文化也会影响员工对新旧事物的接受程度。

在认真分析了各种相关因素后，选择组织的核心价值观要坚持以下原则：

1. 组织的核心价值观必须科学、明确、独特。能够充分体现组织的目标和发展方向。
2. 选择组织的核心价值观必须坚持员工参与的原则。员工参与的过程，一方面是员工的自我启发、自我教育、逐步认同的过程，一方面又是组织领导和员工之间价值观念的沟通过程。通过员工的参与，既能制定出得到大部分员工认可的核心价值观，又能充分把握组织核心价值观和员工素质的匹配程度。

总之，核心价值观的选择并非主观随意决定，必须在认真分析研究各种相关因素的基础上，才能确立既体现企业特点，又为全体员工接受的组织文化。

（二）强化认同

一旦选择了组织的核心价值观和组织文化模式后，组织就应该采取一定的方式使其深入人心，真正发挥出组织文化的功能。一般的企业都会采取员工培训的方法，让员工接受新的企业文化。通过专门的培训，让员工了解组织文化的内涵及其作用、让员工了解现有的组织文化及其与新的组织文化之间的差距。

（三）定格设计

组织文化在经过了第一阶段的认同实践之后，必定会有各种反馈意见，组织应该对其加以分析和研究，比较实践结果和理想规划之间的差距。然后采取科学认真的态度删除那些不为员工所认可的内容与形式，保留那些为广大员工所接受的、卓有成效的内容与形式。最后将经过科学论证和实践检验的组织文化予以条理化、格式化、完善化，再加以必要的理论加工和文字处理，以精练的语言表述出来。

（四）巩固落实

组织文化在定格后，就要创造条件付诸实践并加以巩固，使新的组织文化真正扎根在组织实践之中。为此，需要做好以下几点：

1. 良好的舆论宣传。组织文化要真正成为组织员工的指导思想和行为准则，必须经过灌输、教育和潜移默化的渗透过程。组织要善于利用各种宣传途径和措施，在组织中营造出浓烈的舆论和学习氛围，使组织员工充分接受组织文化的熏陶和影响，在不自觉中接受新的价值观，并将其逐步融入自身的行为之中。

2．必要的制度保障。在组织所倡导的价值观真正为全体员工接受前，要使每一位员工都自觉地按照组织文化的标准去行事是几乎不可能的。即使组织文化业已成熟，也必然会存在个别的违背组织宗旨的事件。因此，组织必须建立严格而又明确的奖惩制度，以此约束和纠正员工的行为。

3．领导的身体力行。组织领导者的行为往往会对组织内其他成员起到重要的示范作用，可以说领导者的行为体现了整个组织的价值观。作为领导者应该做到以身作则、观念更新，在创建组织文化的重任中起到表率和引导的作用。

（五）完善提高

组织文化作为经营管理实践的产物，虽然有其相对的稳定性，但其内容的调整、更新、丰富和发展总会经常摆上组织的议事日程。当组织所处的内外部经营环境发生变化时，组织文化的相应调整在所难免，否则，落后的组织文化将会失去对组织发展的指导意义，甚至会阻碍组织的发展。组织文化需要不断的充实、完善和发展，经过不断的循环往复达到更高的层次。

二、组织文化完善

组织文化作为一种价值观，它的建立过程就是对员工的思想和行为进行强化的过程，要不断地坚持，不断地完善。员工行为的强化、组织文化的完善有以下三个过程如图 7-3 所示：

图 7-3　组织文化完善的过程

首先是解冻，就是将旧文化中的某些不合适因素去除，包括原来不好的价值观和不好的文化，最终唤起危机意识。接着是丰富，就是添加新的文化，包括新的方法和新的行为。最后是冻结，通过赏罚手段巩固新的文化。通过有功就赏，有过就罚的方法让员工将新的行为方式固化。

案例 7-1　　　　　　新加坡的文化完善

新加坡能在国家竞争力排名榜上名列前茅，真正的原因在于它推行每一项政策，都是按上述的手段和程序进行的。第一，它先把旧的行为和思想解冻；接下来会介绍新的制度和方法，要求全民贯彻；最后再用赏罚的手段不断地强化，让他们固定，从而冻结出一个新的模式。对标准非常地坚持，对要求非常地严格，新加坡人贯彻命令手段非常强硬。或许有人会说新加坡人很"专制"，但如今，新加坡这个弹丸之地的很多方面在世界上的表现都是优异而出色的。

所以，组织需要不断地对其文化进行完善，对好的行为和思想加以巩固。否则的话，一切组织文化的创建都将流于形式，很快便会烟消云散。

三、组织变革和组织文化发展

在竞争日益激烈的市场环境中，企业面临着自己已有的竞争优势逐步弱化乃至丧失的危险。从全世界范围来看，1956 年的世界 500 强企业到 1992 年仍然能够保持在前 100 名中的只有 29 名，在整个 20 世纪 80 年代，大约有 230 家公司从世界 500 强中消失，而 19 世纪世界最大的 100 家公司，到 20 世纪结束的时候，只有 16 家仍然存在。由此可见，大部分的组织面临的根本问题是：组织如何才能长盛不衰？如何才能实现持续发展？已有的共识是：组织的持续发展有赖于它的核心竞争力，根源于创新；创新来自变革，而变革是以文化作基础的。

科特勒在他的《企业文化与效益的关系》一书中指出：促进企业业绩增长的文化有一个共同点，就是企业文化不断促进企业的变革，业绩的增长来自企业不断地变革，企业的变革过程也就是企业文化形成的过程。

国内外先进的企业研究表明：企业变革成功与失败的区别在于：在多大程度上发挥了人的最大能力、天赋和企业发展战略的认同、共识；是否帮助人们找到共同的奋斗目标和对待工作的共同的价值观；是否在外部环境与企业内部条件的变化中保持目标的一致性。

所有的事实都表明组织文化对于组织的持续发展有着无法替代的作用。完成了第一次成功创业的企业家都懂得：过去靠胆略、勇气、吃苦精神等成功的创业经验可能对企业的持续增长并没有什么必然的帮助，相反可能还会成为阻碍，企业的核心竞争力需要靠持续的变革，需要靠企业内部集体性的学习能力的培养，需要通过制度、组织与文化方面的长期努力才能获得。在当今竞争日趋复杂多变的市场环境中，组织只有塑造出适应变化环境的变革文化，构建出具有本组织特色的强势文化，才能得以生存并得到持续发展。

案例 7-2　　　　　　　　　学习型组织

彼德·圣吉所著的《第五项修炼》掀起了全球性的建设学习型组织的浪潮。

圣吉认为当今世界复杂多变，企业不能再像过去那样只靠领导者一夫当关，运筹帷幄来指挥全局，未来真正出色的企业将是那些能够设法使各阶层员工全心投入、并有能力不断学习的组织。全球企业正在形成一个共同学习的社会；美国与欧洲的公司效法日本公司，而日本的公司又效法韩国和欧洲的公司；人们的工作观已经逐渐转变，工作不仅是为了拿到工资，而更加看重工作的内在价值，那些需要持续地进行学习和创造的工作，对人们更有吸引力。

圣吉说，使每个公司懂得如何提高自身的学习能力从而发展创造未来的能力是组织从传统转型到学习性的主要目的。他开出了"五项修炼"的处方，他认为：这适合于每个企业，通过这些修炼，所有的企业都能迈向我们所期望的"学习型组织"。这五项修炼方法为：自我超越、改善心智模式、建立共同愿景、团体学习和系统思考。

本 章 小 结

组织文化，是指在组织中经过长期的实践形成的，并为广大员工所遵循的价值观念、行为准则和道德规范及传统和习惯的总和。组织文化由三个层次构成，分别为精神层、制度层和物质层。

组织文化作为组织的精神支柱和经营管理之魂，具有导向功能、凝聚功能、约束功能、激励功能和辐射功能。组织文化作为一种微观文化，具有长期性、独特性、稳定性和可塑性等特点。

组织制度作为组织文化的重要构成部分，是现代组织正常运行必不可少的制度保证和规章体现。两者应该保持高水平上的均衡和一致。

组织文化的塑造一般分为五个步骤：选择核心价值观、强化认同、定格设计、巩固落实和完善提高。

组织文化完善的三个过程：解冻、丰富、再解冻。

组织的持续发展有赖于它的核心竞争力，根源于创新；创新来自变革，而变革是以文化作基础的。

【思考题】

1. 如何理解组织文化的概念？
2. 简述组织文化的构成？
3. 组织文化有那些主要功能？
4. 组织文化的基本特征有哪些？
5. 简述组织文化与组织制度间的关系？
6. 联系实际谈谈塑造组织文化的途径。
7. 简述完善组织文化的三个步骤？
8. 联系实际谈谈组织变革和组织文化发展之间的关系？

【实训】

一、实训目的

应用企业外部环境和企业内部的分析方法,并了解某一行业的发展现状、竞争状况、国家政策等相关内容,让同学们找到分析企业内外部环境的思路。

二、实训组织

▶ 教师可以选择一个有关于组织文化方面的典型案例,让学生扮演其中的角色(也可轮流扮演),设身处地地分析与解决面临的问题。学生从所扮演角色的角度出发,运用所学知识,自主分析与决策。

▶ 根据实际情况,依教学与训练的需要,组织学生进行社会调查,深入企业,访问企业家与管理者,并进行讨论,写出调查报告。

三、实训要求

▶ 将所搜集资料进行分析、汇总,写成书面材料或调查报告。

▶ 充分利用现有的教学资源,比如图书馆、电子阅览室等,搜集相关的资料和信息,上网查询有关组织文化的最新动向。

【案例应用】

通用电气的文化变革理念

一、背景资料

美国通用电气公司(简称 GE)在全球 100 多个国家进行经营生产活动,并在 26 个国家拥有 250 多个工厂,员工近 30 万人,销售额与利润长期名列前茅。1998 年 7 月 7 日成为第一家市场价值超过 3000 亿美元的企业;与 1981 年相比,17 年市价增值 25 倍。

二、以文化促进企业变革

1. "掌握自己的命运"

GE 在 1981 年,生产增长远远低于日本的同类企业,技术方面的领先地位已经丧失。韦尔奇上任后,从文化变革入手创建了一整套组织文化管理模式。韦尔奇指出:世界在不断变化,我们也必须不断变革。这个阶段企业确立的目标是"使组织觉醒,让全体员工感到变革的必要性"。韦尔奇提出了著名的"煮青蛙"理论:如果你将一只青蛙丢进滚烫的热水中,它会立即跳出来以免一死。但是,你将青蛙放进冷水锅中逐渐加热,则青蛙不挣扎,直到死亡,因为到水烫得实在受不了时,青蛙已无力挣扎。韦尔奇告诫员工,GE 决不能像冷水中的青蛙那样,面临危险而得过且过,否则不出 10 年企业必定衰败。

整个改革过程经历了 5 年,在这 5 年中韦尔奇顶住了来自各方面的压力,当时员工关心的是自己的晋升和职业保障而不关心企业的改革和文化的变革。韦尔奇启发大家:公司必须在竞争中获胜,必须赢得顾客才可能提供职业保障,企业发展了,职工才有晋升的机会。他努力使 GE 人感到 GE 是自己的事业,是实现理想和自身价值的场所。

韦尔奇认为：管理的关键并非找出更好的控制员工的方法，而是营造可以快速适应市场动态和团队合作的文化机制，给员工更多的权力与责任，让员工与管理者实现互动。正是由于韦尔奇对该公司的企业文化作了成功的改革，创立了快速适应市场动态和团队合作的文化机制，使 GE 成为企业界的奇迹。

2. 情感问题与人的潜能

韦尔奇认为，人总是带着情感工作的，管理无法回避人的情感问题。韦尔奇努力开发情感潜能的巨大力量，他认为，公司员工心往一处想，企业才有凝聚力，大家开动脑筋，人的聪明才智才能发挥出来。心和脑的潜能都用在企业发展上，为实现企业的目标而努力，企业就无往而不胜。

公司的策略是对资产进行重新组合，只保留那些在市场上出类拔萃的下属子公司，达不到这个目标就出售或关闭，同时购进服务性企业（银行、保险公司、无线电公司），发展高科技企业。为了使全体管理者和员工在这个问题上达成共识，公司用"自由辩论"的办法进行各方面、各个层次人员的沟通。韦尔奇认为，真正的沟通不是演讲、文件和报告，而是一种态度，一种文化环境，是站在平等地位上开诚布公地、面对面地交流，是双向的互动，只要花时间做面对面的沟通，大家总能取得共识。GE 有一个培训中心，在这个培训中心，企业员工可以和总裁面对面地辩论，也可以抒发不满、提出问题和建议，目的是培养员工自信、坦率和面对现实的勇气。对于员工提出的问题，主管必须采取行动，组织员工目标小组提出解决方案，到目前已经有 20 多万人参与了这项活动。

3. 聘用和选拔优秀的管理者最为关键

聘用和选拔管理者是企业最难处理的问题，也是企业最关键的问题。韦尔奇说过，只顾企业的短期利益，任何人都能做到，只顾长期利益，任何人也都能做到，如何平衡这两者最难，能妥善地平衡这两者的管理者才是最好的管理者。在人力资源管理中，选拔人才的科学管理方法是最重要的。通用电器公司的人才选拔分三个阶段：

第一阶段，由公司选聘专业委员会（EMS）的负责人员进行初评和筛选，并向总裁汇报。EMS 是员工关系科层制度内的一个精英主体，这些人员除了记载候选人的绩效表现外，还根据他们的主观印象、评价等编写"成就分析报告"。

第二阶段，由总裁亲自对被圈定在小范围内的候选领导进行面试、笔试等综合测评，内容包括意志力、机智、聪明才智、自信、变革意识、自我管理能力、同情心、吃苦耐劳精神等 15 个测评项目。

第三阶段，将 EMS 制作的"成就分析报告"和总裁的测评意见提交董事会，由董事会最后做出裁决。

三、点评

通用电气公司的成功源于韦尔奇领导的公司文化变革，其核心是领导文化的变革。通过言行将所确定的企业发展战略、企业目标、企业精神传达给群众，争取全体员工的支持。公司在企业文化变革中，通过唤起员工的热情、需求而激励人们战胜变革中遇到的官僚、政治和资源等方面的障碍。通用电气笃信"从人类精神流露出来的创造力是永无止境的。"公司决策层为推进企业文化的变革，首先从变革环境和挖掘员工内在潜力入手，具备了这个基础之后，大胆改革官僚制度，建立了轮轴式的企业组织形式，为实现其既定目标创造了良好的文化氛围。通用电气公司的奇迹是与韦尔奇的人格力量及其企业家特质联系在一起的。

讨论题：
1. GE 组织文化变革的动因是什么？
2. 韦尔奇是采取怎样的步骤和方式推进组织文化变革的？

第八章 业 务 流 程

【学习目标】
▶ 了解什么是流程、企业流程，及其企业流程的特点。
▶ 掌握流程管理模式的本质与特点。
▶ 理解业务流程再造的内涵与本质，掌握业务流程再造的内容，再造方式，及其业务流程再造的原则。

【案例导入】
饭店流程改造后的效率

每年秋季，我最喜欢去的地方之一就是上海，因为这个季节是吃大闸蟹的好时机。每次路过城隍庙的时候，总是可以看到有人在挑蟹肉，香气在空气中流淌。

2004年，我和朋友去的地方是王宝和大酒店，点了各种蟹和红酒，在靠近窗边的座位大吃起来。一边吃一边聊，意犹未尽地叫来服务员，请他帮我们结账。

虽然人很多，但他很快就拿来我们的账单，账单夹在一个皮夹之中。我们看了一下账单，共计四百二十八元，抽出五张百元的钞票，递给他。

"可以帮我们快点结账吗？我们赶时间。"我看了一些周围的吃蟹的人群，估计结账的时间一定会很长。

"找您的零钱。"服务员搓了一下纸币，接着一翻皮夹，皮夹的下面有一些零钱，也不检查，就将皮夹递给我，向我说道。

"发票呢？"我接过零钱，数了一下，共七十二元。

"这里。"他又一翻皮夹，在另一个夹层中，夹着一张发票。

"你们效率真高啊，全考虑到了。"

"是啊，我们这里人很多，以前结账需要很长的时间，客人要等很久的。后来，老板在其他地方发现这样的做法，就在我们这里推广了。"

"这样能节约多少时间呢？"我很有兴趣，一边离开座位，一边继续和他聊着。

"以前，客户请我结账时，我取来账单，客户给我钱，我再去取零钱和发票，大约要十分钟。现在的服务流程是客户要我结账的时候，如果需要找零，收款台就会准备好零钱和发票，放在皮夹的另外两面里，一旦客户给的是整钱，当场就可以结账了，而不需要再跑一趟。至少节约十分钟吧。"

通过这个小故事，我们了解到该饭店以前的结帐服务流程包括五个步骤：看到顾客要求结账后与客户确认，取得账单并请客户过目，得到客户付款并询问客户是否需要发票，回到收款台取得零钱和发票，将发票和零钱交给顾客。除了做事的步骤，与流程相关的还有服务员与账单，这是输入部分；通过这个流程，餐厅得到了收入和客户的满意度，这是流程的结果，是输出部分。因此流程就像下图，包含了一系列的输入步骤和输出的过程。而餐厅优化了服务流程：看到客户要求结账后与客户确认是第一个步骤，不需要改变；第二个步骤本来是取得账单并请客户确认，这个步骤被改变成为：取得账单、发票和零钱；第三个步骤是请客户过目账单，接受客户付款并提供发票和找零。以前的五个步骤变成了现在的三个步骤，流程的部分暂时没有改变，但是输出却带来了变化：效率提高和客户满意度的提高。效率提高以后，餐厅可以评估是否可以减少服务人员的数量，这样流程的输入和输出都得到了改进。

企业也是由无数个流程构成的，这些流程包括销售流程、研究开发流程、生产流程、服务流程、运输流程等等，并且也需要不断地改进和优化提高运行的效率和顾客满意度。详细内容会在稍后的内容中介绍。

第一节 流程概述

一、什么是流程？

（一）流程含义

流程（Process）在英国郎文出版公司出版的《郎文当代英语词典》中解释为两种含义：（1）一系列相关的、有内在联系的活动或事件产生持续的、渐变的、人类难以控制的结果。（2）一系列相关的人类的活动或操作，有意识地产生一种特定的结果。比如，上医院看病，先要挂号，再诊断，交费，最后拿药离开。这种一系列的活动就是流程。从这两个解释可以看出，流程是一系列活动或事件的组成。

流程对于我们每一个人，其实并不陌生。每天我们要按照不同的流程来做很多很多的事情。其实流程实质上，就是工作的做法或工作的结构，包含了事情进行的始末和事情发展的过程。其中，即存在时间变动，也发生着空间的变换。

（二）流程的基本要素

1. 工作。任何的流程一定是由一些具体的工作或步骤所组成的。因为流程本身就是为了完成一项任务。执行者如果不从事工作，也就不可能达成最终的目标。

2. 逻辑关系。流程中具体的工作之间存在着先后的顺序关系，这种顺序关系也是保证最终任务实现而不可或缺的。也正是这种逻辑关系构成了流程本身。在完成同一任务时，这种工作之间的逻辑关系也不是唯一的，有时有多种的选择，就产生了多样的流程。

3．转换时间。可以理解为：流程中，在一项工作完成后，转换至下一工作时的时间间隔，时间间隔越短，此流程工作的效率就越高。

图 8-1 和 8-2 是某健康管理公司的公司业务流程图。

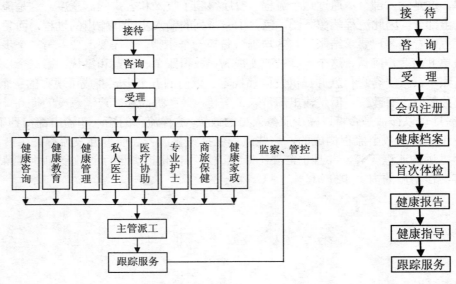

图 8-1　公司业务流程图　　　　　图 8-2　健康管理流程图

（资料来源：www.sun185.com）

二、企业流程

（一）什么是企业流程？

企业流程是任何企业运作的基础，企业所有的业务都是需要流程来驱动的，就像人体的血脉流程把相关的信息数据，根据一定的条件从一个人（部门）输送到其他人员（部门）得到相应的结果以后再返回到相关的人（或部门）一样。一个企业中不同的部门，不同的客户，不同的人员和不同的供应商都是靠流程来进行协同运作，流程在流转过程可能会带着相应的数据（文档/产品/财务数据/项目/任务/人员/客户等信息）进行流转，如果流转不畅一定会导致这个企业运作不畅。

不同的学者从多个角度对企业流程进行定义，现列举如下表 8-1 所示：

综合以上学者的解释，我们认为，企业流程是指为完成某一目标（或任务）而进行的一系列逻辑相关的活动的有序集合。

表 8-1　企业流程的定义

作者	定义
M.哈默	企业流程是把一个或多个输入转化为顾客有用的输出的活动。企业集合各种资源，制造出顾客需要的产品的一系列的活动
T.H.达文波特	企业流程是跨越时间和地点的有序的工作活动，它有始点和终点，并有明确的输入和输出。是一系列结构化的可测量的活动的集合，并为特定的市场或特定的顾客产生特定的输出
A.L.斯彻尔	企业流程在特定时间产生特定输出的系列客户——供应商关系
H.J.约翰逊	企业流程是输入转化为输出的一系列相关活动的结合，它增加输入的价值并创造出接受者给为有用、更为有效的输出

（二）企业流程的特点

任何的企业都有众多的流程，如：产品开发流程。设备维修流程、产品销售流程等等。并且不同的企业，由于所处的行业不同，生产加工工艺不同，企业的文化不同等，使得业务流程也存在很大的差异。然而，这些形形色色的流程中，却包含一些共同的特性。

1. 目标性。企业流程的产生是为了完成企业某一目标的实现，有益于企业价值的实现。

2. 可分解性。任务的完成可以分解为多个不同的工作步骤和工作顺序。

3. 逻辑性。流程的全过程包含着很多的工作环节和工作步骤，工作和工作之间内在的逻辑性很强。

4. 变动性。当企业的组织目标、战略、组织机构发生变动时，实现目标的诸多任务必然发生了变化，与完成任务相关的流程也自然发生变动。

第二节　业务流程管理

一、现代企业基本业务流程的构成

我们可以将企业内错综复杂的业务流程分为以下几类：

1. 管理流程。企业运行过程中管理人员为完成企业目标，而进行的一系列计划组织、人事领导和控制等活动有机结合的流程。

2. 实物流程。流程的输入和输出中均有有形实物成分经过系列活动的作用后发生变化。

3. 信息流程。流程的输入输出成分中均只有信息类成分，即只有无形的成分。这些成分在流程处理中不被处理，只能算作流程的资源。

4．个人间流程。在一个职能部门内部，由不同的人共同完成的流程。

5．部门间流程。在一个企业内跨越两个或两个以上职能部门的流程即流程的系列活动是由不同职能部门的人来共同完成的。

从业务流程的内容上，企业内典型的业务流程包括：采购：获得生产产品或服务所需的材料和设备。产品开发：为顾客设计新产品、服务或改进已有产品。生产：生成产品或服务。订单执行：从顾客那里接收订单并保证订单被完成。配送：保证平稳地将产品配送到顾客手中。顾客支持：顾客购买产品或服务以后，为他们提供帮助。

二、什么是优秀流程？

业务流程是以涉及为顾客开发产品或服务为最终目标的组织活动的集合。客观地评价业务流程的优劣，应该从顾客角度进行评估。对于订单的满足，顾客将会提出四点要求：

1．顾客要求要快（Fast）。因为企业本身的迟缓，会导致顾客没有及时得到所需的产品无法开工会而带来直接损失。所以顾客要求要快。

2．顾客要求要正确（Right）。正确指什么呢？顾客要的是他所订购的东西，而且按所承诺的时间、商定的地点、好的运送状况、具备所有的技术支持文档和账单信息等等。这些都应该是正确的。

3．顾客要求要便宜（Cheap）。这里的便宜不是谈论产品本身，而是指满足订单的成本。因为所有的钱都要顾客来支付。减少了成本，就等于为顾客创造了更大的价值。

4．顾客要求质量（Qualiiy）。质量指的是什么？质量通常指的是满足顾客的期望。其中，还应该包含服务。尽一切可能，使顾客在选择购买产品的整个过程中，是轻松容易的。

只有更好地满足顾客需要，能够为顾客带来更大的价值增值的流程，才能称得上是优秀的流程。

三、流程设计

1．流程设计应思考的几个基本问题：

（1）流程运营需要满足什么样的需求，这些需求是顾客真正需要的吗？

（2）我们为什么要满足这些需求，这些需求与企业的战略一致吗？

（3）顾客希望我们在何处、何时提供这种需求服务？

（4）如何实现上述任务？需要什么流程？谁来运作这些流程？

2．设计步骤

（1）从高层次理解流程。这里虽然不必像系统化改造那样了解所有的细节，但是仍然要找出所有的核心流程，并分析每个流程的关键步骤。

（2）集思广益与突破思考。此阶段不要过快放弃各种新思路，对于那些看上去潜力很大的想法，应深入研究下去。

（3）流程设计。流程的设计要经过多次比较，要坚持设计的原则，对顾客需求、人力资源能力、技术能力进行深入细致的考虑，以确保新的流程突破传统的做事方式。因而，流程设计是个反复代替的过程。一种新的流程设计方案出来以后，应该通过模拟运行进行检验。在流程的评判标准上，应着眼于流程的效率潜力，而不是对任何事件的有效性。一般来说，只要它对绝大多数事件的处理能力较强，我们就认为这是合乎要求的。在流程检验时，应不断用清除、简化、整合、自动化方法去考察，以便保证流程高效、有效。

四、流程管理模式的本质与特点

（一）流程管理模式的本质

流程化管理模式是一种基于业务流程进行管理、控制的管理模式。传统的公司中，流程分布在各个部门中，以部门为界限被分割开来，而流程管理理论认为流程的这种分散正是企业绩效产生问题的根源，只有把全部流程当作整体对待并进行全程的管理，才能大幅度提高业绩，因此，流程管理强调以业务流程为管理对象，以流程为导向来设计组织框架，同时进行业务流程的不断再造和创新，以保持企业的活力。

（二）流程管理模式的特点

1. 流程管理最重要的特点是突出流程。强调以流程为导向的组织模式重组，以追求企业组织的简单化和高效化。

2. 流程管理另一个重要特点是倒推法重建流程。流程管理所关注重点首先就是结果和产生这个结果的过程。以便利外部顾客的观点取代方便企业内部的观点来设计流程，这就意味着企业管理要突出顾客服务、突出企业的产出效果、突出企业的运营效率。

3. 流程管理注重过程效率。流程是以时间为尺度来运行的，因此这种管理模式在对每一个事件、过程的分解过程中，时间是其关注的重要对象。

4. 流程管理将所有的业务、管理活动都视为一个流程，注重他的连续性。流程管理强调全流程的绩效表现取代个别部门或个别活动的绩效，打破职能部门本位主义的思考方式，将流程中涉及到的下一个部门视为顾客，因此鼓励各职能部门的成员互相合作，组成临时流程小组，共同追求流程的绩效，重视顾客需求的价值。

5. 强调运用信息工具的重要性，以自动化、电子化来体现信息流，增加企业运做的效率。

五、流程管理模式下的组织结构

这种新型的管理模式要求企业彻底摒弃传统的组织方式，借助于其管理体系、流程和结构创立独特的竞争优势,这种新思维倾向于高速度、低成本、硬质量和善于创新的企业组织。

(一)组织结构设计的原则

1．集成化。即将分散在各个原来职能部门的作业集成为一个工作流程以提高效率。

2．并行原则。即尽可能地以并行方式处理作业。

3．平化,注重横向或平行关系。即组织扁平化以促进组织内部的信息交流和意见沟通,并减少了管理层次,降低了总体成本。

4．职能部门保留。在同一流程里,不同领域的人可以相互沟通和了解;而在同一领域的人交流也同样重要。而职能部门的存在为同一职能、不同流程的人员提供了交流的机会。但在新的组织结构中,这种职能部门的重要性已退位于流程之后,不再占主导的地位。

5．强调领导艺术。这种新型管理思维得以实施的核心是领导艺术,而不是等级式管理,减少控制系统。让顾客和企业外部市场来控制员工的行为,而不是靠一套等级制度、程序或监督人员来约束他们。

(二)流程管理典型的组织结构

按照流程管理模式,我们可以采取网络型的组织结构,各个小组之间纵横联系在一起,满足流程管理对组织结构扁平化、整体性、动态性的要求。如图8-4所示。

网络型企业具有很强的流动性和不稳定性。小组不断地分化组合,并且有的小组成员同时在多个小组中担当不同的角色,承担不同任务。企业高度的信任建立在一个开明、不拘小节的企业文化之上,并有以高度发展的信息、通信技术支持的企业资讯沟通的支持。通过它这些小组被网络连在了一起。企业于是将经营战略、技术和全体员工连结在一个呈三角形模式的网络组织中。这个组织结构确保再造工程的灵活性和对企业改革的迅速反应性。

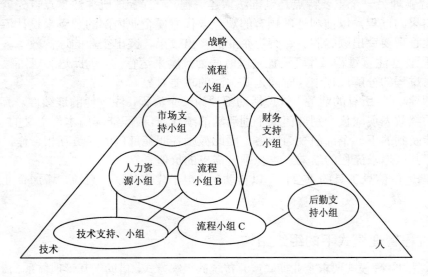

图8-4 网络型组织结构

第三节 流程再造

一、业务流程再造的定义与本质

（一）业务流程再造定义

理论界中，业务流程再造最权威的定义是 Hammer 与 Champy 提出的。他们认为："业务流程重组就是对企业的业务流程（Process）进行根本性（Fundamental）的再思考和彻底性（Rical）的再设计，从而获得可以用诸如成本、质量、服务和速度等方面的业绩来衡量的卓越性（Dramatic）的成就"。其中，"根本性"、"彻底性"、"卓越性"和"流程"是定义所关注的四个核心领域。

1．根本性。它指明了业务流程再造的核心问题。如"我们为什么要做现在的工作？"、"我们为什么要用现在的方式做这份工作？"、"为什么必须是由我们而不是别人来做这份工作？"等等。通过对这些根本性的问题的思考，企业可能发现自己赖以存在或运转的商业假设是错误的。

2．彻底性。这意味着对事物追根溯源，抛弃所有的陈规陋习以及忽视一切规定的结构与过程，创造发明全新的完成工作的方法。它是对企业进行重新构造，而不是对企业进行改良、增强或调整。

3．卓越性。它意味着业务流程再造寻求的不是一般意义的业绩提升或略有改善，而是进行使企业业绩有显著的增长。业绩的显著长进是 BPR 的标志与特点。

4．流程。流程实际上就是工作的做法或工作的结构。它包含了事情进行的始末，事情发展变化的经过，既可以是事物发展的时间变动顺序，也可以是事物变化的空间过程。业务流程再造关注的就是企业的业务流程，一切再造工作全部是围绕业务流程展开的。哈佛商学院教授迈克尔·波特将企业的业务过程描绘成一个价值链（Value Chain），竞争不是发生在企业与企业之间，而是发生在企业各自的价值链之间。只有对价值链的各个环节（业务流程）实行有效管理的企业，才有可能真正获得市场上的竞争优势。

此外，还有许多学者对 BPR 作了不同的定义，如表 8-2 所示：

表 8-2　不同学者对业务流程再造的定义

提出人	BPR 的定义
Davenport	对组织中及组织间的工作流程与程序之分析和设计
Venkatraman	BPR 牵涉到使用信息技术为中心的企业重组。企业程序被重新设计以开发信息技术的能力至极大，而不是将现有程序做为信息技术基础架构设计时的限制
Alter	BPR 是一使用信息技术从根本上来改变企业流程以达成主要企业目标的方法性程序
Loewenthal	以组织核心竞争力为重点，对企业流程和组织结构进行根本性思考和再设计，以达到组织业绩的巨大提高设计
Kaplan	对企业是如何运行进行根本性的再思考，对其工作流程、决策组织和信息系统同时并以集成的方式进行再设计

(二) 业务流程再造的本质

1. 顾客的需求是 BPR 的出发点

在当今消费者导向的时代,对市场环境急剧变化做出快速反应,有效地提供顾客满意的产品和服务,是现代企业的根本追求。但是,原有的业务流程,从消费者的角度来看,慢的简直让人难以容忍。能否快速满足顾客的时间要求,就成为企业竞争力的一个重要方面。因而以时间的差异化作为企业的差异化,便成为企业所追求的一个有效手段。流程再造的直接驱动力就是企业为了节省消费者的时间,更快更好地满足顾客不断变化的需求。

经过再造后的企业中,员工的绩效以流程运作的结果来衡量,也就是顾客的满意度的大小成为评价员工业绩的唯一标准。提高顾客的满意度,成为了企业整体员工的共同追求。

2. 企业的流程是 BPR 再造的对象

在传统的劳动分工原则下,职能部门把企业的流程割裂成一段段的环节,人们关注的焦点是单个的任务或工作。在激烈的市场竞争下,这种模式越来越显示出它的弊端。而 BPR 的理论精髓,就是彻底打破传统劳动分工理论的框架,建立顺畅的工作流程。

3. 对企业流程进行根本性反省和彻底性地再设计是 BPR 的主要任务

BPR 并不限于考虑如何改进现有的流程模式,而是从顾客需要的角度出发,分析现有原则存在的必要性,即必须问一些关于企业运行的最基本的问题:为什么要做这件事?做这件事是否增加产品的价值?为什么我们要以这种方式做?等等,这些根本性的问题促使人们反省那些原来的业务流程是否体现了从顾客角度出发的思想。因此,BPR 首先就要反省"为什么要做",再考虑"如何做"。

4. 绩效的巨大提高是 BPR 的目标

BPR 所追求的根本目标不是渐进提高,而是绩效的巨大飞跃。通过企业流程的彻底革命,使企业管理发生质的变化。BPR 的目标不是追求几个百分点的改善,而是达到绩效的巨大飞跃,也就是哈默所称之为的"卓越性"提高。但是,随着 BPR 理论的不断发展,在现实的企业流程再造中,通过循序渐进的提升,最终达到绩效巨大提高的最终目标,也成为 BPR 的内容之一。

5. 信息技术是 BPR 实施的催化剂和支持的工具

信息技术的飞速发展,为企业内部之间和企业与外部之间的信息交流,提供了新的通信手段,使信息实现了高效、快速的传播。正是信息技术的运用本身就改变了企业原有的工作流程,使其更加简化,提高了工作的效率。反过来,企业在充分意识到流程变革的必要性后,又开始主动地进行业务流程的再造,而再造后新流程的支持,还需要信息技术作为流程运转的支持手段。

通过对 BPR 本质的深入理解,我们可以给出流程再造的一个更为完整的定义。所谓业务流程再造,就是指从顾客需求出发,以企业流程为改造对象,对企业流程进行根本性的思考和分析,依靠信息技术的支持,通过对企业流程的重新组合,从而获得企业绩效的巨大改善。

在这一定义中,流程、顾客需求、根本性思考、要素重组、信息技术以及巨大改善构成了其关键词。这几个词中,既是再造的对象,也是再造的关键,同时是再造的难点。以流程为核心是 BPR 的理论精髓。

二、业务流程再造的方式

在 BPR 理论的发展早期,业务流程再造倡导改革的彻底性和一次性,但是这种方法需要投入大量的资金和时间,一旦项目失败将付出沉重的代价,许多企业不愿意承担这样大的风险。在实践的过程中,一些企业发现对企业部分流程首先进行再造,通过持续的改进保持过程的先进性,追求卓越,然后在此基础之上进行进一步的改造,形成阶梯式的跃进,最终也能达到业务流程的最终目标——企业整体流程的彻底变革。所以根据再造程度的不同,可以将业务流程再造分为革命性流程再造和渐进性流程再造两种。

(一)渐进性流程再造和革命性流程再造的特点

1. 渐进性流程再造

渐进性再造把流程再造看作是一个过程,通过这个过程,组织在某一段时期内以一种渐进的方式和分离的方式应付面对的问题或达到再造的目标。渐进性流程再造强调一种不断地、阶段性的变化。渐进性的再造需要在组织内部进行广泛的、频繁的沟通,这是实施渐进性变化成功的关键步骤。在变革项目开始后,一般是制定阶段性成果,循序渐进的接近流程再造的最终目标。在实施这种再造方式时,受变化影响的人员必须领导和参与变化的整个过程,他们是变革的倡导者和推动者,他们要广泛地参与不同层次的变化。这种流程再造的方式,尽管不能对企业业务流程实现绝对的优化,但是通过持续的改进可以逐步趋近这一目标的,类似于图 8-5 中曲线二,经过若干个阶段,递进上升,每个阶段改变的幅度不大,但最终也达到了目标。

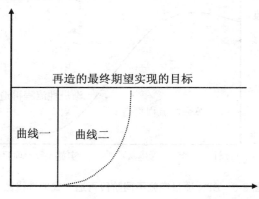

图 8-5　再造方式的对比示意图

2. 革命性流程再造

革命性流程再造需要彻底地转变企业原有的组织结构或流程范式，对企业整体的流程再造进行一次性的完成。革命性再造认为要解决企业面临的危机，或提高企业的竞争优势，必须要先打破现有系统的惯性，利用现有的资源创造出全新的工作方式，并付诸实施。类似于图8-5中的曲线一，为达到目标一步到位。

业务流程的革命性改革，必然会造成大量人员的下岗。如果一个公司不想解雇员工，那么它违反了革命性变化的基本原则：员工必须适应变化，而不是让变化来适应员工。因而，革命性再造的专家提出革命性变化需要给员工树立一个新的愿景，将人们从过去的工作方式中解放出来，让他们有不同的选择，并且对未来树立坚定的信心。

（二）两种方式如何选择

在企业的实际运作中，革命性变化和渐进性变化这两种方法都存在，而且各有优势，那么企业应根据企业不同的现实情况，选择不同的实施方法。作者从企业流程再造的实际经验中总结了几条选择再造方式的规则，供企业进行参考。

1．企业的规模越大、历史越复杂，则应采取渐进性再造方式，而企业的规模越小，存在的时间越短，则可以采取革命性的再造。

企业的规模越大，则企业内部的组织结构、人员关系、业务流程等就越复杂，如果采用革命性再造，则会产生给企业甚至社会造成不安定的局面。而规模小、没有历史负担的企业一般采用革命性再造能使企业很快进入一种全新的流程模式，能为企业带来实质性的、巨大的经济效益。

2．根据BPR项目所处的不同阶段，在BPR项目设计和试验阶段，可以采用革命性再造，而在具体实施阶段可以采用渐进性再造，如图8-6所示。

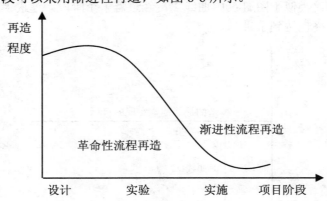

图8-6 BPR项目实施不同阶段再造方式的选择图

在BPR项目的设计阶段，企业想尽快改变现有不合理的状况，使企业能在短时期内获得效率和效益上的巨大提高，所以设计时一般采用比较理想的流程模式。设计出来的方案一般与现状之间有明显的变化，企业希望能够经过再造之后，给企业注入新的活力和竞争力。

在试验的阶段，企业一般也会在一个部门进行局部的变革试验，以使变革方案能够付诸实践。所以在试验的部门，部门的组织结构、人员配备、业务流程等都会有较大的变化。但是，当企业想把变革方案在整个公司实施时，发现会产生许多设计和试验时没有碰到的问题。

随着变革范围的扩大，来自各个方面的阻力也会越来越大，员工意识到变革可能会使他们失去现有的工作，或者要换一种方式来工作时，会产生各种疑虑，从而对项目产生抵制或拒绝的心理，表现出不合作的态度。所以，在全面实施BPR的过程中，企业不会全面推翻现有的工作方式，而是考虑员工的接受程度，逐步推进项目的进程，采取渐进性再造的方式。

三、业务流程再造的原则

BPR是对现行业务运行方式的再思考和再设计，因而在实施过程中，必须遵循以下基本原则：

（一）再造要以流程为中心，而不是以任务为中心。在传统企业中，流程隐含在每个部门的功能体系中，没有人专职对具体的流程负责，流程成为分割开来的任务流，任务之间的脱节非常严重。而在以流程为中心的企业中，每个流程都由专门的流程负责人控制，由各类专业人员组成的团队负责实施，流程成为一种可观察、控制和协调的过程，任务之间不再有过去那种冲突和拖延。

（二）明确流程再造的目标。业务流程再造的目标是取得根本性的绩效改善。构建绩效度量体系是理解、管理和改进流程的关键。业务流程再造目标的确定需要建立在对顾客需求、需求模式、约束条件和效率目标进行深入分析和理解之上，并明确告诉员工流程再造能给企业带来什么。比如：改进后的流程能提高效率，消除浪费，缩短时间，提高顾客满意度和公司竞争力，降低整个流程成本等。同时，业务流程再造的目标的建立可以推动改革，鼓舞员工士气，激励大家为了目标的实现，共同努力。

（三）顾客导向，充分考虑消费者的价值。企业存在的理由是为顾客提供价值，而价值是由流程创造的。只有改进为顾客创造价值的流程，企业的变革才有意义。以顾客为导向，意味着企业在判断流程的绩效时，是站在顾客的角度考虑问题。任何流程的设计和实施都必须以顾客标准为标准，以顾客为中心。

（四）取得高层领导的参与和支持。高层领导持续性的参与和明确的支持是BPR成功的保障。因为BPR是一项自上而下的跨功能的工程，是改变企业模式和人的思维方式的变革，必然对员工和他们的工作产生较大影响。特别是BPR常常伴随着权力和利益的转移，有时会引起一些人，尤其是中层领导的抵制，如果没有高层管理者的明确支持，是很难推行的。

（五）建立通畅的沟通渠道。从企业决定实施BPR开始，企业管理层与职工之间就要不断进行交流。要向职工明确企业未来的远景，宣传BPR带来的机会，如实说明BPR对组织机构和工作方式的影响，特别是对他们自身岗位的影响及企业所采取的相应解决措施，尽量取得职工的理解与支持。如果隐瞒可能引起员工的猜测，反而有可能导致企业内部动荡不安，阻碍业务流程再造。

（六）持续不断的改进。以流程为中心的企业是弹性的，流程是直接面对客户需求的，随着市场的变化，流程也必须随时变化，所以，仅仅一次的改革是不够的，以流程为中心的变革是一场持久的变革。企业必须持续集中关注它的流程，这样才能和不断变化中的环境要求相协调。

四、业务流程再造的内容

企业流程再造 BPR 是一项复杂的系统工程。它的实施要依靠工业工程技术、运筹学方法、管理科学、社会人文科学和现代高科技，并且涉及到企业的人、经营过程、技术、组织结构和企业文化等各个方面，需要组织、人员、信息技术等各个方面的协调支持，其基本内容包括以下的四部分，如图 8-7 所示：

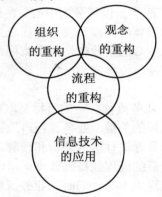

图 8-7　业务流程再造内容

其中，业务流程的再造以流程的再造为核心，以观念的再造为起点，组织结构的再造为再造后流程得以运转提供可靠的保证，信息技术的运用为再造流程提供信息的支持，四者之间相辅相成，共为一体。

1. 流程重构。流程重构是业务流程再造的核心，需要对原有的业务流程进行详细的分析和诊断，找出问题，并建立新的业务流程，提高企业整体流程的运作效率。新的流程要求去处原有流程不增值的活动，建立能够满足面对顾客多样化与个性化的需求的柔性化工作系统。

2. 组织结构的重构。按具体项目建立面向经营过程的流程小组，设立小组负责人，对内指导、协调与监督小组中各成员的工作情况，对外负责顾客的意见和建议的反馈，并尽快改进工作。明确小组内部各成员的作用和职责，做到责权利统一，使小组形成一个享有充分自主权和决策权的团体,提高组织对外部环境的敏感性和适应性。

3．观念的重构。营造适宜的环境氛围,是企业实施上述业务流程重构的保障。市场上,企业的各种竞争最终都归结为人才竞争,人才是企业最宝贵的财富,因此要为员工提供宽松的工作环境和良好的后勤保障,增强他们的主人翁责任感;不断强化员工的培训、教育,尽快提高他们的素质。树立企业员工是第一顾客和顾客至上、全员营销的新观念。

4．信息技术的应用。以先进的信息技术改造企业的信息基础结构,利用先进的信息技术建立覆盖整个企业的信息网络,使每位员工通过网络就可得到与自己业务有关的各种信息,提高信息传输的速度,为决策提供信息的支持。国外许多大企业在实施 BPR 时,都非常重视信息技术的作用,如柯达公司采用 CAD/CAM 系统和并行工程技术重构传统产品开发过程,使产品开发周期由 70 周缩短为 38 周;福特汽车公司财务会计部采用公共数据库和网络技术重构付款流程,使该部员工由原来的 500 人精简为 125 人。

五、实施业务流程再造的过程

在此,作者将业务流程再造的过程同再造的内容结合在一起,绘制出如图 8-8 的图形,以便于企业能够对业务流程再造的过程一目了然,并对此有一个整体的认识。

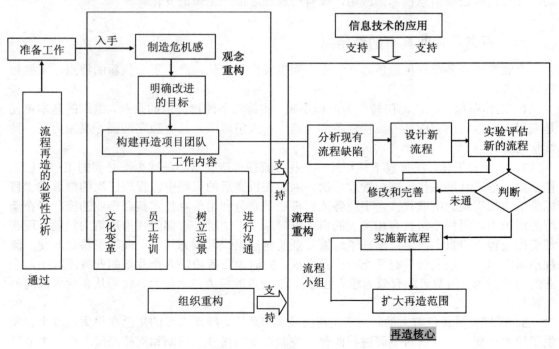

图 8-8　业务流程再造过程示意图

基本过程简要如下:

在进行业务流程再造之前必须要进行流程再造的必要性分析,这些内容已经在本章讨论的第一个问题中详细介绍过了。

企业在确定准备实施 BPR 之后,需要从观念重构入手,为 BPR 的实施做好前期的准备工作。其中包括:在企业内营造危机感;明确企业再造的目标;组建再造项目团队;树立企业未来的远景;和企业的员工进行良好的沟通;最后,为配合流程的再造,建立相应的企业文化。

准备工作结束之后,就要进入再造的核心环节,由再造项目团队开始流程重组的工作。首先,进行现有流程的分析,找出现有流程中的问题;其次,设计更有效的新流程。新设计的流程必须进行局部的实验和评估,如果顺利通过,即进入实施的阶段,扩大再造的范围。如果没有通过检测,则需要进一步的修改和完善,直到符合评估的标准为止。在流程的实施阶段,为了保证流程的顺利进行,就需要对企业原有的组织结构、人员配置、绩效评价进行改革,建立高效柔性的流程小组,完成企业经营管理的工作。流程再造项目,不是一蹴而就的事情,必须要在实施的过程中,持续不断的改进。

在流程再造的过程中,需要信息技术的支持,保证整个系统内,信息高效、顺畅的流动;并且只有依靠信息技术的应用,原有的流程才能产生质的变化。

六、再造后企业具有的新特点

企业实施业务流程再造后,在许多方面也发生了变化,产生了一些新的特点,主要包括以下方面:

1. 工作单位由职能部门转变为流程小组。实施业务流程再造的企业,组织的基本单元是流程小组,它由完成某一流程任务的全部工作人员组成,具有独立性强、凝聚力高、持续学习等特点。

2. 组织扁平化,决策权下移和外移。业务流程再造的核心是减少不必要的工序、以工作小组的形式开展工作、减少管理层次。因此在再造后的流程中,管理层次的概念被"目标价值增加"观念所取代。由于业务流程再造是充分利用信息技术整合企业的流程,在新型的组织中,流程小组具有相当大的自主权,原来由中层管理部门代为决策的问题,现在都交由流程小组自主决定;削减了纷繁复杂的科层组织,权力从上层向下层移动,使"流程小组"和"一线人员"有了充分的自主权。同时消费者被纳入企业新的业务流程中,企业的出发点为"消费者的有效需求",因此,消费者的权力越来越大,权利从企业内部向外部转移。

3. 管理人员角色有大的转变。在新的业务流程中,经理人员的角色在很大程度上也发生了较大转变,从以前对下属进行监督、控制转变为指导、帮助和支持基层工作,更多发挥经理人员的服务功能。

4. 员工职能向多样化方向转变。流程小组的工作人员不像过去只对个别业务负责，而是对流程结果全部负责。这就要求流程小组的工作人员不仅要具有广泛的技能和知识，而且要全面地考虑问题。每个工作人员必须能够胜任流程中不同阶段的工作。

5. 人员培训由岗位培训向全面素质培训转变。在传统企业，对工作人员的培训主要是为了让员工适应自己的工作岗位，而企业在进行再造时，对员工的培训则转变为全面提高员工的工作素质，包括提高员工的洞察力和理解力。

6. 信息和知识共享。由于网络等技术在新流程中的广泛应用，企业内产生了共同的信息平台，原来只有具体部门具体人员才能了解到的信息与知识被所有员工了解，提高了企业的综合能力。上级管理部门下达的计划、策略等，也可以通过信息系统，直接达到目标部门，大大节省了时间和空间。

本 章 小 结

流程其实对于我们每一个人，并不陌生。每天我们要按照不同的流程来做很多很多的事情。其实流程是一系列活动或事件的组成，包含了事情进行的始末和事情发展的过程。其中，即存在时间变动，也发生着空间的变换。

企业流程是指为完成某一目标（或任务）而进行的一系列逻辑相关的活动的有序的集合。任何的企业都有众多的流程，如：产品开发流程、设备维修流程、产品销售流程等等。并且不同的企业，由于所处的行业不同，生产加工工艺不同，企业文化不同等，使得业务流程也存在很大的差异。

业务流程是以涉及为顾客开发产品或服务为最终目标的组织活动的集合。客观的评价业务流程的优劣，应该从顾客角度进行评估。流程设计应该按照一定的步骤，有计划地进行。

流程化管理模式是一种基于业务流程进行管理、控制的管理模式。流程管理理论认为流程的这种分散正是企业绩效产生问题的根源，只有把全部流程当作整体对待并进行全程的管理，才能大幅度提高业绩，因此，流程管理强调以业务流程为管理对象，以流程为导向来设计组织框架，同时进行业务流程的不断再造和创新，以保持企业的活力。

业务流程再造最权威的定义是 Hammer 与 Champy 提出的。他们认为："业务流程重组就是对企业的业务流程（Process）进行根本性（Fundamental）的再思考和彻底性（Radical）的再设计，从而获得可以用诸如成本、质量、服务和速度等方面的业绩来衡量的卓越性（Dramatic）的成就"。企业流程再造 BPR 是一项复杂的系统工程。它的实施要依靠工业工程技术、运筹学方法、管理科学、社会人文科学和现代高科技，并且涉及到企业的人、经营过程、技术、组织结构和企业文化等各个方面，需要组织、人员、信息技术等各个方面的协调支持，其基本内容包括：流程重构、组织重构、观念的重构和信息技术的应用四个部分。

【思考题】

1. 什么是流程？流程的基本构成要素有哪些？
2. 什么是企业流程？企业基本流程的构成有哪些？
3. 流程设计应注意的问题？有哪些具体步骤？
4. 阐述流程管理模式的本质？
5. 什么是业务流程再造及其本质？
6. 业务流程再造的两种方式分别是什么？
7. 描述业务流程再造的内容？
8. 再造后的企业会发生哪些根本性的变化？

【实训】

一、实训目的

了解现实企业中的业务流程，是如何在劳动分工、部门化的基础上建立连接的。并在调研的过程中，应用业务流程再造的思想，对原有流程进行完善。

二、实训组织

▶ 每位同学同样可以选择第二章实训中选择的百货公司、快餐店、专卖店或者其他企业。

▶ 对选定的企业深入调查其业务流程，描述其生产产品或提供服务，分析其在劳动分工和工作专业化的基础上，是如何进行连接、运转的。就你发现的问题，提出改进的建议。

▶ 绘制流程图，整理成书面报告，进行汇报交流。

三、实训要求

选择的企业规模不要太大，内部的流程和管理不要太复杂，适当降低本次实训的难度。在绘制流程图时，需要参考课外绘制流程图的相关书籍。

【案例应用】

宏基业务流程再造的过程

台湾宏基集团是于1976年由施振荣等五人创立的电脑高科技企业。经历了70年代的艰苦创业期，80年代的快速成长期，90年代的海外扩张期，已发展成为知名度颇高的跨国企业，其有关电脑零配件的开发、生产与组装业务遍及全球五大洲。目前，宏基集团是台湾最大的电脑自创品牌厂商及全球第七大个人电脑公司，被《华尔街日报》评为领导世界进入90年代的新星企业之一。在电脑业竞争日益炽热化的今天，宏基能成长为一个世界企业，与其从1992年起推行的企业再造流程是密不可分的。

（一）宏基再造的背景

到本世纪 80 年代末，宏基在台湾市场上的业务已得到长足发展，企业更大的发展势必要将业务向外拓展。此时，宏基开始将发展的注意力转向了业务国际化。然而，宏基却遇到了前所未有的危机。

从集团内部来看主要表现在五方面：

1. 缺乏忧患意识的"安乐症"。宏基自创立起到 80 年代末，一直在顺境中成长，业绩蒸蒸日上。为此，从管理人员到员工，思想逐渐开始懈怠，"平实务本"的企业文化开始松动，管理者的决策大胆而不缜密，员工的危机感淡化。

2. 资金太多，引起"大头症"。经过十多年发展，宏基积累了大量的资金。对放账、库存及投资管理开始大意和冲动。如为扩展海外业务，于 1989 年花 50 万美元购并美国洛矶智能服务（Service Intelligent）（简称 SI）及 1990 年以 9400 万美元并购美国高斯图公司，后来的事实证明，这些投资决策均操之过急，造成了资金的大量亏损和呆滞。其并购 SI 投资 50 万美元，却亏损 2000 万美元。

3. 组织大而不当，造成"肥胖症"。由于 80 年代的迅速成长，台湾总部机构已呈现臃肿的态势，而对其他国家公司的并购则进一步使总部机构膨胀，况且当时又没有行之有效的管理机制故造成机构庞大、人浮于事的局面，公司运作的效率开始降低。

4. 反应迟钝"恐龙症"。组织机构的庞大带来了沟通管理上的困难，信息传递、反馈的速度及其真实性都大打折扣，而缺乏忧患意识则进一步增强了组织内的官僚作风，因此，集团难以及时捕捉外界信息并迅速决策。

5. 权责不分的"大锅饭心态"。由于组织太散，产生权责不清，赏罚不明，导致部分人员不愿负责任的心态，事情难以推动。

从外部环境看，首先，90 年代电脑业正经历一场革命，其经营方向从生产统合模式转向分工整合模式，而宏基当时仍然是一个系统生产厂商，尚未意识到正在进行的革命。其次，1990 年也是电脑业十分不景气的一年，利润由厚转薄。再次，1991 年宏基将其国际领先的矽奥技术在美国公布于众时，没有获得回响，使其感到树立自己海外的形象，将自己产品当地化的重要性。

在这种内困外忧的背景下，宏基展开了再造工程。再造分两阶段进行。首先是 1989 年，为适应跨国经营的需要，建立起权责分明的制度架构，宏基依照事业业务性质的不同，区分为行销导向的地区性事业群（RBU）及制造导向的策略性事业群（SBU），同时推行"天蚕变"。此后又于 1991 年"劝退员工"，精简组织规模。这一系列行动使宏基将组织改为多利润中心，建立起了合理的考核制度，构建起了跨国经营的基本模式。但这一阶段的改革只是调整结构、精简规模，还谈不上是真正的企业再造。由于改革的不彻底性，宏基在跨国经营中仍困难重重，业绩不佳。甚至于 1991 年底发生了创业以来最大的亏损，亏损金额出人意料地达到新台币 6.07 亿元。意识到这些忧患后，宏基才于 1992 年真正进行了再造工程。

（二）宏基再造的具体步骤

企业再造大概可以分成几个层次，层次最低的是从原流程中挤压效率，例如提高奖励或惩罚；其次是再造流程；第三是改变组织架构；层次最高的是建立经营哲学。宏基的再造行动就涵盖改变经营组织架构和经营哲学三个层次。通过再造，建立了"速食店模式"、"主从架构"的分散经营管理模式及"全球品牌，地缘结合"的经营哲学。

所谓"速食模式"，是将原来在台湾生产的系统，转变为台湾生产组件，卖给海外事业单位，在市场当地组装，提供市场刚出炉、最新鲜的电脑，加快新产品与库存周转速度。"速食店"是宏基师法餐饮业，改变原有的作业流程，将原有的在台湾组装系统，运到当地销售的作业流程，改为台湾生产主机板等关键零件，当地组装、当地销售的作业流程。

1988年之前，宏基是与国际进口商合作，采取出口卖断（FOB，Free on Board）的外销方式，当时从付钱买原料、加工制造到出货款，大约只需要45～60天，其运作流程如图8-9所示：

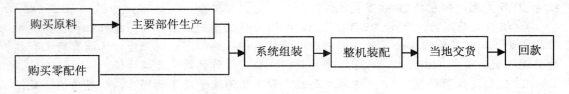

图8-9 宏基介入国际化营销后的运作流程图

采取FOB形式风险小，资金周转快，但又能赚得前段的生产利润，但高附加价值的后段销售利润为外商所得。故1988年后宏基停止FOB，而介入国际市场营销，其运作流程的前段并没有变化，只是后段由交货变为自己库存与销售，其运作流程如图8-10所示。

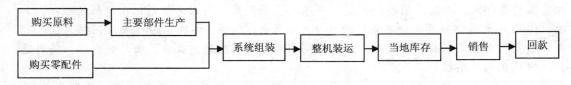

图8-10 宏基介入国际化营销后的运作流程图

介入国际化营销，虽然可以兼得前后段的利润，但由于当地库存时间需要2—3个月，放账出去最少两个月后方能收到货款，资金周转的实际天数最少为6个月，是原来的3—4倍。库存一多，产生四个连锁反应：①资金周转慢；②为了资金周转降价求售；③畅销机种缺货，而滞销机种大量积压；④库存始终消化不掉，有市场竞争力的新产品无法上市。因此，减少库存时间就成为宏基流程改造的主要目标。推行"速食店模式"，就是要让台湾宏基的"中央厨房"，负责生产主机板、外壳装置、监视器等组件，各地事业单位则变成组装新鲜电脑的"速食店",构成"组装外移,快速装配"的新式作业流程,如图8-11所示。

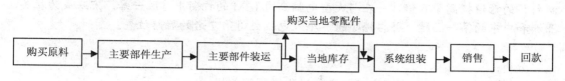

图 8-11 宏碁采用"速食店模式"后的运作流程图

推出"速食店模式"后,库存时间从 100 天降到 50 天,资金周转速度提高了一倍,新产品提前上市一个月,产品也更能迅速满足消费者的需求。因此,宏碁从 1993 年经再造流程后,才开始真正兼享前后段的附加价值。

"全球品牌,地缘结合"的经营哲学的信心内容是,"当地股权"过半,让各公司的当地股东拥有一半以上的股权,目的是实现当地化,包括品牌、形象及管理等的当地化。这一经营哲学是基于宏碁在推行国际化过程中,资金汇出受阻、海外管理的种种不便和由于缺乏归属感而存在的"大锅饭心态",以及品牌形象未能根植于海外市场而难以为消费者认同、接纳等原因而提出的。这一经营理论的提出及推行,迅速提升了宏碁在世界各地市场上的知名度,借用当地人才,克服文化阻碍,大大提高了宏碁在海外的管理能力,大量节约了靠总部已有人员进行管理的交易费用,使宏碁在海外市场竞争中立于不败之地。

"全球品牌,地缘结合"的国际化策略,促使宏碁的各个公司成为独立运作的个体。为管理这个松散式组合的集团,同时与自己一贯主张的管理模式不相背,宏碁巧妙地借用电脑业的"主从架构"模式,对原有的组织结构进行了再造。电脑业的主从架构是,将每个人办公桌上的个人电脑与不同功能的服务器(Server)连成一个完整的网路,每部个人电脑是独立运作的"主"(Client),网上随时提供最佳资源给各个工作站服务器的"从"(Server),密切而弹性地与各个电脑结合在一起。这种主从架构,既能充分发挥个人电脑的好处,又适应复杂的工作。1993 年,宏碁将"主从架构"模式引入组织内,建立起新的管理架构。在这个架构中,各事业单位既是独立决策的"主",又是相互支援、配合,全为其他事业单位的"从",各事业单位的决策中心是股东大会,总部只能通过股东大会影响决策。

"主从架构"的组织模式,打破了宏碁原有的类似于大主机(Mainframe)架构的科层制组结构,使各事业单位可迅速自主决策,也便于各事业单位间直接沟通、协调与合作,提高了工作效率,并增加了组织迅速应对外界变化的能力。

(三)宏碁再造的成果

通过系统再造,宏碁从经营理论到组织结构、作业流程均顺应了电脑业分工整合的趋势,克服了集团在跨国管理中遇到的难题,并在很大程度上消除了妨碍组织发展的内部问题。再造后的几年中,宏碁发生了脱胎换骨的变化。从 1993 年下半年起,制造部门管理费用下降为原来的 1/6，存货周转天数降低了一半，员工平均营业额增长了数倍，宏基电脑新竹厂的产值提高了 6 倍，并在与大型电脑公司 IBM 的抗衡中略胜一筹。宏基成为拉美、亚洲和中东的第一品牌，并占据了世界个人电脑公司第 7 名的显赫位置。

分析：
1．请用你自己的语言对宏基再造的过程进行简要描述。
2．宏基再造的成功给予了我们哪些宝贵的经验？

第九章　领　　导

【学习目标】

▶ 本章应重点掌握的内容包括：领导的定义和类型、领导影响力的来源、领导理论的发展以及领导者的修养和领导艺术；沟通的过程、作用、类型与方法。

▶ 通过本章学习，能够增强领导技能，掌握沟通技巧。

【案例导入】

ABC公司是一家中等规模的汽车配件生产集团。最近，该公司对三个重要部门的经理安西尔、鲍勃、查里进行了一次有关领导类型的调查。

安西尔对他本部门的产出感到自豪，他总是强调对生产过程、出产量控制的必要性，坚持下属人员必须很好地理解生产指令以得到迅速、完整、准确的反馈。当他遇到小问题时，会放手交给下级去处理，当问题很严重时，他则委派几个有能力的下属人员去解决问题。通常情况下，他只是大致规定下属人员的工作方针、完成怎样的报告及完成期限，认为只有这样才能导致更好的合作，避免重复工作。

安西尔认为，对下属人员采取敬而远之的态度对一个经理来说是最好的行为方式，所谓的"亲密无间"会松懈纪律。他不主张公开谴责或表扬某个员工，相信他的每一个下属人员都有自知之明。他表示不能理解在以前他的下属人员如何能与一个毫无能力的前任经理相处。他说："他的上司对他们现在的工作运转情况非常满意"。

鲍勃认为每个员工都有人权，管理者有义务和责任去满足员工的需要，他常为他的员工做一些小事，如给员工两张下月在伽里略城举行的艺术展览的入场券。他认为，每张门票才15美元，但对员工和他的妻子来说却远远超过15美元。通过这种方式，也表达了对员工过去几个月工作的肯定。

鲍勃说，他不愿意为难别人，他每天都要到工场去一趟，与至少25%的员工交谈。他已经意识到在管理中有不利因素，但大都是由于生产压力造成的。他的想法是以一个友好、粗线条的管理方式对待员工。他承认尽管在生产率上不如其他单位，但他相信他的雇员有高度的忠诚与士气，并坚信他们会因他的开明领导而努力工作。

查里认为纪律就是使每个员工不停地工作，预测各种问题的发生。他认为作为一个好的管理者，没有时间像鲍勃那样握紧每一个员工的手，告诉他们正在从事一项伟大的工作。他相信如果一个经理声称为了决定将来的提薪与晋职而对员工的工作进行考核，那么，员工则会更多的考虑他们自己，由此而产生很多的问题。

他主张,一旦给一个员工分配了工作,就让他以自己的方式去做,取消工作检查。他相信大多数员工知道自己把工作做得怎么样。而他的员工真的没有让他失望。

这则案例描述了三个领导者不同的领导风格,通过对这些领导者领导行为的分析,联系其管理成效,我们可以看出:不同的领导者有不同的领导风格,每种领导风格都没有正确和错误之分,只要能产生好的工作结果,最终实现组织目标,其领导行为就是有效的。那么,什么是领导?领导者的权力从何而来?领导效果受哪些因素的影响?一个成功的领导者应该具备什么样的素质和技能?这将是本章所要讨论的内容。

第一节 领导概论

一、领导的概念

(一) 领导的定义

关于领导的定义,各国学者从不同的角度进行了不同的解释。正如美国知名领导学家华伦·班尼斯(Warren Bunnies)所言:"领导就像美,难以定义,当你看到它时你就知道了。"

我们理解的"领导"通常有两种含义:一是作为名词,是指领导人、领导者,即组织为了实现组织目标而指定的首领;二是作为动词,是指一项管理工作、管理职能,即领导者引领被领导者努力实现组织目标的过程。具体而言,领导就是领导者指挥、带领、引导和鼓励下属为实现组织目标而积极努力的过程。这个定义包括下列三个要素:

1. 领导者必须有部下或追随者;
2. 领导者拥有影响追随者的能力或力量,这些能力或力量即包括由组织赋予领导者的职位和权力,也包括领导者个人所具有的影响力。
3. 领导的目的是通过影响部下来实现组织目标。

(二) 领导与管理的关系

领导与管理既有联系又有区别,与计划、组织、控制一样,领导属于管理的基本职能之一,因此管理的范围要大于领导。领导职能与其他管理职能的主要区别是:领导不是领导者单方面的行为,而是领导者和被领导者之间相互作用的过程,其更侧重于人的因素及人与人之间的相互作用关系。而计划、组织和控制职能一般都偏重于方法、程序和结果,它们可由管理者独自坐在办公室里完成,因而基本不具有或可以不具有与人交往的特点。但领导却不是独自一个人的事情,而必须在与人交往中才能完成。

领导与管理的区别还表现在:管理是建立在合法的、有报酬的、强制性权力基础上对下属发布命令的行为,管理者主要依靠的是职位权力;而领导则不同,领导可能建立在合法的、有报酬的和强制性权力的基础上,但更多的是建立在个人影响权或专长权以及模范作用的基础上,因此领导者除了依靠职位权力之外,更注重运用个人影响权。这就有可能造成管理者和领导者相分离的情况,有的人可能是管理者,但却不是领导者;还有的人可能是领导者,但却不是管理者。

案例 9-1　　　　　陈磊的困惑

陈磊今年 27 岁,刚刚获得某名牌大学工商管理硕士学位,在三个月前应聘到某公司工作。三个月以来,他在公司各部门实习,对公司内部各方面的情况有了相当深入的了解。

由于原生产部经理职位升迁,于是陈磊就被任命接任生产部经理。公司的张总经理非常看重陈磊的能力,且在实习期间,陈磊运用其掌握的先进管理知识对制造部门的管理提出了一整套改进建议,张总希望他亲自推动这项改进计划。

张总给了陈磊充分的权力,并专门召集生产部全体员工开会,宣布了这项决定。于是,陈磊立即开始了其雄心勃勃的改进计划。

然而过了没几天,陈磊就陷入了极大的苦恼之中,他发现对于他所下达的命令,车间主任根本就不当一回事,有的甚至当面表示拒绝执行命令。尤其是其中一个资格最老的车间主任,而且其他车间主任都按这位老车间主任的意见行事。一种被架空的感觉时时萦绕在陈磊的心头。

(三) 领导的作用

"由一只狮子带领的羊群可以击败由一只羊带领的狮群。"这句话充分说明了领导的重要性,在现实生活中,我们也经常看到有这样一些企业,同样的员工、同样的设备,换了一个领导,企业便由衰败走向了成功。可见,领导活动对组织绩效具有决定性的影响,其作用主要表现在四个方面:

1. 指挥作用。即领导者运用自己手中的权力,指挥、指导、引导组织成员的行为,帮助组织成员最大限度地实现组织目标。有人将领导者比作乐队的指挥,其作用就是通过全体演奏者的共同努力来演奏出美妙的乐曲。领导者帮助组织成员认清所处的环境,设定活动的目标,指明达到目标的途径,鼓舞人们为了实现目标而努力奋斗。

2. 激励作用。即领导者通过了解、引导组织成员的需要或愿望,将组织成员的个人目标与组织目标紧密结合起来,并采用各种激励措施,使组织成员最大限度地发挥其才能,在实现组织目标的过程中,使自己的个人目标也得以实现。

3. 沟通作用。即领导者是组织信息的传播者和监听者,一方面,领导者要使所发布的命令、指示得到下属的准确理解和贯彻执行;另一方面,也要关注下属的态度和行为,了解他们的需要,以增强领导效果。因此沟通是领导者和被领导者进行交往的不可或缺的活动。

4. 协调作用。在组织实现其既定目标的过程中,人与人之间、部门与部门之间经常会发生各种矛盾冲突,从而使现实行动偏离组织目标。领导者的重要任务就是协调各个方面的关系和活动,化解矛盾,解决冲突,保证每个人、每个部门在分工的基础上协调一致,发挥协同效应，为实现组织目标共同努力。

二、领导影响力的来源

领导的影响力是领导者影响被领导者的能力，领导的过程就是领导者对他人施加影响的过程。"影响"意味着使他人的态度和行为发生改变，为此领导者必须拥有某种比被领导者更大的权力，这种权力就是领导的影响力。在一个组织内部，领导影响力的来源有以下几个途径：

1．法定权力。法定权力又称合法权，是指在组织中由于身居某一职位而获得的合法的、正式的权力。组织安排某人担任某一职务，他就具有了在这一职位上的合法权。这种权力即可以通过领导者利用职权向直属人员发布命令、下达指示来直接体现，也可借助于组织内的政策、程序和规则等得到间接体现。企业中的各级管理人员对其下属所拥有的法定权力，是组织的等级指挥链所固有的。

2．强制权力。强制权力又称惩罚权力，指拥有对下属采取某些惩罚性措施的权力。领导者经常使用的强制权力有：扣发工资奖金、降职、批评、分派不喜欢的工作、开除等。由于被领导者知道如果不遵守规则会导致不利后果，从而愿意服从和追随领导者。强制权力与法定权力密切相关，即其权力的行使与其所担负的工作和职务相关，如交警可以对违反交通规则的驾驶员发出违章罚款单或扣留驾驶执照，采购员可以向生产现场提前或拖延供应急需的零部件等。

3．奖赏权力。奖赏权力是指拥有对下属采取某些奖励性措施的权力。领导者经常使用的奖赏权力有：提供奖金、提薪、升职、表扬、理想的工作安排等。由于被领导者知道领导者有能力使他们的需要得到满足，因而愿意追随和服从他。领导者所控制的奖赏手段越多，而且这些奖赏对下属越显得重要，则其拥有的影响力就越大。奖赏权力与强制权力一样，与法定权力密切相关，属于一种职位权力。

4．专家权力。专家权力指由个人的特殊技能或某些专业知识而产生的权力。当工作越来越专业化，管理者也就越来越依赖于"专业人员"以实现组织的目标。如果一名员工拥有群体工作时十分关键的技能、知识或专业技术，这个人便具有专家权力。例如在许多组织中，当电脑出现问题时，那些电脑技能高超的个体就被视为"专家"。他们的知识和技能给他们带来了影响力，也就是说，他们拥有专家权力。

5．感召与参考权力。这是与个人的品质、魅力、经历、背景等相关的权力，它源自于个人所具备的令人羡慕的资源或人格特点。如领袖、战斗英雄、电影明星等具有表率作用的榜样人物，凭借其独特的个人魅力影响了许多人。除这种权力之外，有些人因为与某领导者或某权威人物有着特殊的关系，可能因此具有与普通人不同的影响力，称为参考权力。如董事长的夫人，她虽然不在公司担任职务，却可能对该公司内的员工产生影响力。又如，总经理的秘书，其头衔和职务远低于部门经理，却可能使这些人对他敬畏三分。

可见，领导者获得权力的途径是多方面的，其中，法定权力、强制权力和奖赏权力与职位或职务有关，是由组织制度赋予的，称为职位权力；专家权、感召权和参考权主要与个人因素相关，称为个人影响权。在一个组织内，一个人可能会利用职位权力而采取强制手段指挥命令他人做事情，这样的人尚称不上是一个优秀的领导者。而在某些情况下，某个人可能根本就没有合法的地位所赋予的职位权力，但是他却能以个人的才能、魄力和威望来影响他人的行为，从而成为一个真正的领导者。因此，有效的领导者应该是兼具职位权力和个人影响力的领导。

案例 9-2　　　　　　　　人格魅力

德蕾莎是阿尔巴尼亚人，早年在英国接受教育，后来她决定将自己的一生奉献给天主，于是她做了修女。因为年纪大了，大家尊称她为"德蕾莎妈妈"。

德蕾莎选择了印度作为她终身奉献的地方，可是德蕾莎到了印度才发现，大部分的印度人都没有穿鞋，因为印度太贫穷了。所以德蕾莎到了印度以后，就把自己的鞋子脱掉了。人家问她说："德蕾莎妈妈，你为什么不穿鞋啊？"德蕾莎说："我服务的印度大众都没有鞋穿，我穿上鞋子就会感觉跟他们的距离太遥远了。"所以德蕾莎在印度始终都没有穿鞋。

南斯拉夫发生内战后，德蕾莎跑去找到那些指挥官，说南斯拉夫战场上有很多可怜的女人跟孩子还没有逃出来。那些指挥官说他们也没有办法。于是德蕾莎说她要亲自走进战场去。结果，当德蕾莎走进战区时，双方的望远镜一望到她就立刻停火了，等到德蕾莎把那些女人跟孩子带出战场以后又继续打起来。

最后德蕾莎在印度逝世，出殡的时候，身上盖的是印度国旗，印度为她举行国葬，12名印度人抬着德蕾莎的遗体，德蕾莎的遗体在印度大街上前进的时候，印度总理跪在地上，印度内阁大臣跪在地上，两边高楼大厦上的印度人全部下来跪在地上，没有人敢站得比她高。

这就叫做奉献，这就叫做牺牲，这就叫做伟大的人格魅力。

三、领导的类型

从领导者如何运用其职权的角度来划分，可以将领导的类型归结为三种，即专制式、民主式和放任式。这是早期研究领导行为的学者、社会心理学家勒温，根据领导者在领导过程中表现出来的极端的领导作风而划分的三种领导风格。

1. 专制式领导。这种领导者独断专行，个人决定一切，依靠强制性权力迫使下属执行，下属没有选择和发挥的自由。专制式领导的权力主要来自于职位，凭借发号施令和实施奖惩进行领导。其优点是：决策制定和执行的速度快，可在较短时间内解决问题；其缺点是：领导者的负担较重，抑制了下属的积极性和创造性。

2. 民主式领导。这种领导者实施授权管理，鼓励员工参与有关工作方法与工作目标的决策，充分考虑员工的利益。在决策前广泛征求各方意见，在布置任务时以协商的态度面对下属，在执行任务时给下属以充分的自由发挥空间，把反馈当作指导员工工作的机会。其优点是：发挥员工的主动性、创造性，增进与下属的关系，决策质量高；其缺点是：决策制定时间长，决策效率差。

3．放任式领导。这种领导把一切权利放给下属，从决策到执行都由下属自行决定，领导者自己极少行使职权，听凭下属自己设定工作目标和决定实现目标的手段，很少或基本上不参与下属的活动。其优点是：能培养下属的独立性；其缺点是：领导者的无为而治容易导致下属各自为政，目标难以统一。

以上三种领导方式各有其特点，其适用条件或适用情境也不尽相同。专制式领导适用于任务简单且经常重复、领导者只需与下属保持短期关系或者要求问题尽快得到解决的情境；放任式领导只适用于被领导者是专家人物，且具有高度的工作热情的少数情况，实际生活中很少有典型的放任性领导；民主式领导虽然备受人们推崇，但它也不是无条件适用的，而需考虑工作所处的具体情境，以便扬长避短。实践证明，在多数情况下，民主式领导是一种最佳的领导风格。

第二节 领导理论

领导理论是研究领导有效性的理论，它试图研究在一定的条件下，个体若想成为成功的领导者，应该具备何种品质或采取何种行为。现有的领导理论认为，领导的行为、行动能否产生预期的效能或效果，取决于三个因素：领导者个人、领导行为和领导工作的情境。按哪种因素是领导效能的决定因素，我们可以将现有的领导理论划分为三种类型，即领导特质理论、领导行为理论和领导情境理论。

一、领导特质理论

20世纪前期，西方有关领导的研究主要关注于领导者的特质，也就是那些能够把领导者从非领导者中区分出来的个性特点。这种研究把领导者的各种个人性格和特征作为描述和预测其领导成效的标准，试图区分领导者和一般人的不同特点，并以此来解释他们成为领导者的原因，也就是研究怎样的人才能成为良好的、有效的领导者。

"特质论"的研究者对各种各样的特质进行研究，如体型、外貌、社会阶层、情绪稳定性、说话流畅性、社会交往能力等，认为正是这些与众不同的特质才使领导者发挥了杰出的领导作用。但尽管研究者付出了相当大的努力，其结果却表明不可能有这样一套特质总能把领导者与非领导者区分开来。如美国的马歇尔将军和麦克阿瑟将军都是著名的军事将领,但前者性格内向,后者的性格正好相反。于是研究者认定,具备恰当的特质只能使个体更有可能成为有效的领导人,但仅仅依靠特质并不能充分解释有效的领导,因为它忽视了领导者与下属的相互关系以及情境因素对领导效能的影响。于是从20世纪40年代末至60年代中叶,西方有关领导的研究开始转向探讨领导者偏好的行为风格上,即有效的领导者在"做"上,有哪些独特之处。

二、领导行为理论

领导行为理论与领导特质理论的区别可简单表述为:前者主要研究领导者的"为人",后者则主要研究领导者如何"处事"。领导行为理论侧重于对领导者的行为分析,它关心的是有效的领导者是怎么做的。不同的领导者在实施领导职能的过程中所表现出的特点和倾向是不一样的,我们称其为领导风格。该理论的创始人是社会心理学家勒温,他以权力定位为基本变量,把领导者在领导过程中表现出来的极端的领导风格划为三种类型,即专制式、民主式和放任式(在上一节中已有论述),在此基础上,不同的学者又提出了不同的理论。

(一)领导方式的连续统一体理论

美国学者坦南鲍姆和施密特认为,领导风格是多种多样的,从专权型到放任型存在着多种过渡形式。基于这种认识,他们于1958年提出了"领导方式的连续统一体理论"。如下图9-1所示。

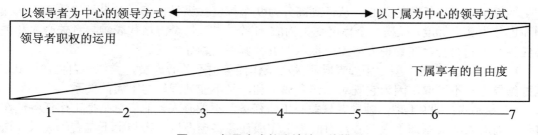

图9-1 领导方式的连续统一体模型

从图9-1可以看出,该理论把专制的领导行为和放任式的领导行为描述为一个连续统一体中的两个极端点,而在两个极端点之间,领导行为又存在着多种程度不同的专制与民主水平,领导者行使职权的范围与下属自由活动的范围,形成了此消彼长的复杂关系。图中列举了7种典型的领导方式。

方式1,一切决策由领导者做出并向下属宣布,不给下属参与决策的机会,下属只有服从他的决定;

方式2,领导者向下属推销其决策,即领导者做出决策后,不是简单地宣布这个决策,而是说服下属接受他的决策,企图通过阐明该决策会给下属带来利益以减除下属的反对;

方式 3，领导者提出决策方案并向下属征求意见，即领导做出决策后，向下属提供一个有关他想法和意图的详细说明，并允许提出问题；

方式 4，领导者提出决策草案供下属讨论修改，即领导者提出可以修改的暂定计划，允许下属对决策发挥某些影响作用，但确认问题和决策的主动权仍操纵在领导手中；

方式 5，领导者提出问题向下属征求意见后再作决策，即下属可以在领导提出问题后，提出各种解决问题的方案，领导从他自己和下属提出的方案中选择满意的方案，以充分利用下属的知识和经验；

方式 6，领导者提出限制条件由集体做出决策，即领导把决策权交给团体，在这以前，他解释需要解决的问题，并给要做的决策规定界限；

方式 7，领导者允许下属在规定的条件下行使职权，即团体有极度的自由，唯一的界限是上级所作的规定。如果上级参加了决策过程，也往往以普通成员的身份出现，并执行团体所做的任何决定。

这一理论的贡献在于不是将有效的领导者简单地归结为专制型、民主型和放任型，并指出各种领导方式孰优孰劣并没有绝对的标准，成功的领导不一定是专权的人，也不一定是放任的人，而是在具体情况下采取适当行动的人。

（二）管理方格理论

管理方格理论是美国管理学家罗伯特·布莱克和简·穆顿于 1964 年提出的，他们认为领导者主要通过处理人与工作任务之间的关系来体现其领导职能。他们从"关心人员"和"关心任务"两个维度来研究领导风格，并通过方格图加以区分和表述，如图 9-2 所示。横坐标表示对工作任务的关心，从低到高分为 9 个标度；纵坐标表示对人员的关心，从低到高也分为 9 个标度。纵横 9 个标度交叉构成 81 个方格，每个方格代表领导者关心人和关心任务的不同组合。在管理方格图中标示了五种典型的领导方式。

1. 贫乏式：即 1.1 型，领导者既不关心工作任务也不关心人员，类似于自由放任式。这种领导方式不可取，因为它既对工作完成不利，又不能处理好与下属的关系。

2. 专制式：即 9.1 型，领导者只关心工作任务，不关心人。他们总是把工作任务放在首位，而对人际关系却不太关心，有时为了完成任务甚至不惜损害与上下左右的关系。这类领导者更多地利用职权命令下属去做某项工作，同时密切监督和掌握下属工作的进程及其工作中的表现。采取这种领导方式通常可以带来较高的工作效率，但会降低组织成员的满意度，不利于调动下属的积极性。

3. 俱乐部式：即 1.9 型，领导者只关心下属人员而不关心工作任务。他们把主要精力放在下属身上，关注的是他们的感情和相互之间的人际关系，以及员工个人的成长和发展。其领导的权力多是建立在个人影响力方面，他们尊重、关心和支持下属，企图通过建立良好的人际关系推动工作任务的完成。甚至为了保持人际关系而减少对工作本身的关注。这种领导方式虽然能够营造出宽松的环境及和谐的人际关系，增强员工的满意度，但未必能保证提高工作的效率。

4. 团队式：即 9.9 型，领导者对工作任务和人员都高度关心，通过鼓励下属人员互信、互敬及相互协作的团队精神来达到领导效果。他们充分调动每个下属的积极性，引导他们自觉自愿地为实现组织目标而团结协作，在完成工作任务的同时也能实现自身的价值。

5. 中庸式：即 5.5 型，领导者对工作任务和对人员的关心程度都适中，以获得正常的工作效率和合乎要求的员工士气。他们企图在完成工作任务和维持一定的人际关系中寻求一种折衷式的平衡，遵循的是中庸之道。这种领导方式是对合格领导者的基本要求，它使充分实现组织绩效成为可能。

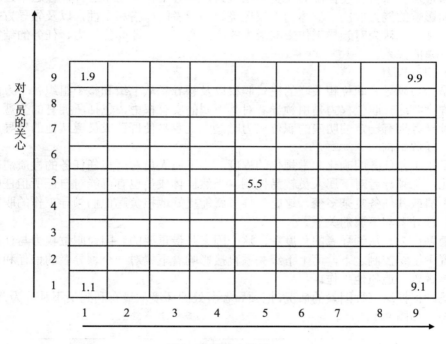

图 9-2　管理方格图

管理方格理论认为，9.9 型的团队式领导是一种最理想的领导风格，作为领导者，即要关心人，也要关心工作任务，忽视任何一方都会影响组织目标的实现。但管理方格只是对领导风格这一概念提供了框架，只是一种划分领导风格的有效工具，它并未回答如何使管理者成为有效的领导者这一问题。并且，也没有研究证据支持 9.9 型领导风格在所有情境下都是有效的。因此有关学者在实证研究的基础上提出，一种领导行为有效还是无效，实际上并不取决于领导者采用哪一种领导方式，而是取决于领导者的领导方式是否与特定的情境相适宜，与特定情境相适合的领导方式是有效的，而与特定情境不相适合的领导方式则是无效的。

三、领导情境理论

领导情境理论又称领导权变理论,主要是探讨各种情境因素如何影响领导者的行为及其有效性。这种理论认为,不存在一种普遍最好的领导方式,有效的领导方式是因情境而权变的。影响领导有效性的情境因素主要包括领导者的职权、被领导者的素质、工作任务的性质以及领导者与下属的关系等。

1. 费德勒领导模式

美国管理学家费德勒提出的权变理论认为,领导工作是一个过程,在这个过程中,领导者施加影响的能力取决于群体的工作环境、领导者的风格和个性,以及领导方式对群体的适合程度。他认为对领导工作影响最大的因素有三个,即职位权力、任务的结构性和领导者与下属的关系。

(1) 职位权力

这是指与领导者职位相关联的正式职权以及领导者从上级和整个组织各个方面所取得的支持程度。这一职位权力是由领导者对其下属的实有权力,包括所拥有的奖惩力量决定的。当领导者拥有一定的明确的职位权力时,则更容易使群体成员遵从他的领导。

(2) 任务结构

这是指工作任务明确化和常规化的程度,当下属人员对所担任任务的性质清晰明确而且例行化,则领导者对下属人员较易控制。当然群体成员也有可能对自己所担任的任务性质模糊不清或其任务复杂多变,这时领导者就能更好地担负起他们领导工作的职责。

(3) 领导者与下属的关系

费德勒认为,从领导者的角度看,这个因素是最重要的。因为职位权力与任务结构大多可以置于组织控制之下,而上下级关系直接影响着下属对一个领导者的信任和爱戴,从而决定是否乐于追随他工作。

费德勒根据这三种因素的情况,把领导者所处的环境从最有利到最不利分为八种类型、三种状态,如图 9-3 所示。

适宜的领导行为	以任务为中心			以人为中心				以任务为中心
环境的有利程度	有利			中间状态				不利
	1	2	3	4	5	6	7	8
领导者同下属的关系	好	好	好	好	差	差	差	差
任务结构	高	高	低	低	高	高	低	低
职位权力	强	弱	强	弱	强	弱	强	弱

图 9-3 费德勒权变理论模型

其中，三个条件齐备是领导最有利的环境，三者都缺乏是最不利的环境，领导者所采取的领导方式应该与环境类型相适应，才能取得有效的领导。费德勒花费了很多时间对1200个团体进行调查分析后证明：在环境最不利或最有利的情况下，采取以任务为中心的命令式领导方式最好；而对处于中间状态的环境，则采取以人为中心的宽松式领导方式较好。

费德勒主张，提高领导的有效性可以从两个方面入手：一是先确定某种工作环境中，哪种领导者工作起来更有效，然后选择具有这种领导风格的管理者担任领导工作或通过培训使其具有工作环境所要求的领导风格；二是先确定某个管理者习惯的领导风格，然后对他所处的工作环境即领导者与下属的关系、任务结构性、职位权力等方面进行改变，为领导者创设适合他领导风格的环境。

案例 9-3　　　　　　　冲突的妙用

一架音乐会用的大钢琴中，是由243根琴弦在铁制琴架上施加了40000磅的拉力，这证明了巨大的拉力可以产生美妙的"和声"。

IBM公司的高层领导者认为，冲突会创造和谐，僵局可以提高决策的质量，争执和误解会使团队更加团结。

在团队发展的过程中，不可避免地会遇到冲突。遗憾的是，有些团队选择不去解决它，相反，他们只关心"任务"，而轻描淡写地绕过了"关系"方面的问题，这样的队员被称为"任务狂"。最终，任务可能完成了，但是团队的发展受到了阻碍，创造力和奉献精神受到伤害。简单地说，环境会变得很沉闷，这只会使大家都感到厌倦和灰心丧气。

而另一些团队，可能会对冲突做出完全不同的反应，他们只关心"关系"，这些人被称为"和事佬"，他会把任务丢在一边，集中精力防止冲突危害到队员之间的关系。这样的团队可能会达到相互依存的境界，对团队的忠诚度也会很高，但坏消息是，他们也不会取得什么成绩。

而好的领导者是把冲突用做培养关系和促进任务的工具。充满支持、信任和成功是我们都向往的团队环境，但是在你知道怎样做一个好的领导者之前，有时会滑向竞争和猜疑的恶性循环中。要想恢复到原状，停止正在做的事情，领导者必须和队员们一起来思考：如果我们解决了这种冲突，团队或公司从中获得什么益处？

第三节　领导者的修养与领导艺术

一、领导者的修养

一个领导者要做好领导工作，除了掌握领导理论，学会沟通、激励与协调的方法之外，还应具备领导者应具有的素养。所谓素养，是指素质与修养。素质主要侧重于先天的禀赋、资质，是领导者个性特征的内容，表现为领导者的特质；修养主要侧重于后天的学习和锻炼，表现为对有效领导行为方式的学习和运用。这里主要讨论修养问题。

一个有效的领导者，应该能极大地改善领导者与被领导者之间的关系。根据这个前提，领导者应具备以下内容的修养。

1. 具备领导知识并能运用于实践。领导者应该懂得影响领导效果的种种因素和随机应变的各种领导方式，虽然一个领导者不可能精通所有的领导理论及方法，但他必须理解和掌握其基本内容，这些内容可能有它的局限性，但却是领导者必备的基本知识。仅仅懂得这些知识还不够，还必须能够将这些知识应用于实际的领导工作。

2. 换位思考，了解下属。一个领导者与其他人一样，具有自己的个人见解、价值观念和目标抱负。学会换位思考，可以避免领导者将自己的思想和行为强加于人，改变独断专行的家长式作风，增进与下属的感情。为了取得下属的信赖和拥戴，领导者必须对下属进行全面的了解。除了工作之外，还要了解他们的个人关系、健康状况、经济条件、价值观念、理想抱负等等，把自己放在他们的位置，设身处地为下属着想，为有效地指导与领导下属打下坚实的基础。

3. 客观公平，不偏不倚。领导者也是人，必然和下属产生一定的私人感情，且这种私人感情有远有近。领导者必须克服感情用事的倾向，力求不带个人感情地去处理每一件事，对每一个下属做出客观公平的评价，并采取适当的措施，帮助表现较差者，鼓励表现较好者。这需要领导者具有很强的意志。

4. 要有自知之明。领导者应该正确地认识自己，正确地认识自己的作用。领导者在行使领导职能的过程中，要不断地问自己这样一些问题："我为什么要这样做？"、"我这样做会引起别人的什么反应？"、"我的行为会引起别人的反感吗？"领导者对自己的领导效果要有自知之明，了解自己的处事态度与习惯对下属的影响，以便改变那些令下属反感、甚至起消极影响作用的言行。领导者可以通过各种调查，找出下属对自己的领导行为产生各种不同反应的原因，以不断地改进工作方法，使自己的领导方式与领导情境相适宜。

二、领导艺术

现代社会中的组织常常受多种因素的影响，组织的复杂性对领导者提出了更高的要求，领导艺术就是富有创造性的领导方法的体现。领导者要具备灵活运用多种领导方法和原则的能力与技巧，以引领被领导者不断克服障碍，实现组织的目标。

领导艺术是一门博大精深的学问，它是建立在领导者个人的经验、素养和洞察力基础之上的。讲求领导艺术，有助于提高领导工作的效率和效果，密切领导者与下属的关系。关于领导艺术的内容，其内涵极为丰富，目前尚无统一的看法。由于每一个领导者都各有其独特的作风,因此,要树立领导者的某种标准,实际上是不可能的。但在诸多的组织中,其管理工作仍然存在着某些基本的准则,如果领导者能遵守这些准则,无疑会对领导工作带来帮助。我们认为至少应有以下几点值得注意。

（一）做领导的本职工作,注意授权

在现实生活中,我们经常看到有一些组织的最高领导者,整天忙忙碌碌,即使放弃了休息和娱乐,还是感到时间不够用。出现这种情况,就应该考虑领导者自己是否已经侵犯了下属的职权,做了本应由下属去做的事。

领导的事包括决策、用人、指挥、协调和激励等,这些都是大事,是领导者应该做的,但并不意味着都应由组织的最高领导人来做,而应该分清轻重缓急,分别授权给下属各级领导人去做。组织的最高领导者应该严格按照"例外原则"办事,即只需管那些没有对下授权的例外的事情。有些领导者太看重自己的地位和权力,不分巨细,事必躬亲,不仅挫伤了下属的积极性,也浪费了自己的时间和精力,加重了自己的负担。

（二）培养职权之外的个人影响力,争取下属的友谊和合作

领导者不能只靠手中的职权来威慑下属,领导者与被领导者之间不应只是一种刻板和冷漠的上下级关系,这就要求领导者要懂得与人为善的艺术,除了品德高尚、作风正派之外,还要做到平易近人,关心员工、尊重员工和信任员工,用自己的人格魅力争取下属的友谊和合作。

（三）善于与下属交谈,倾听下属的意见

作为领导者,必须把自己的想法、感受和决策等信息传递给下属,才能影响下属的态度和行为。同时,为了进行有效的领导,领导者也需了解被领导者的反应、感受和困难。而通过面对面地与下属个别交谈,是深入了解下属的最好方式之一。在与下属交谈的过程中,领导者要耐心听取下属的意见,即使你对对方所谈的问题不感兴趣,或不相信对方的话,在对方说话时也不要打断,要让对方把话讲完。如果对方希望听到你的意见,你必须抓住要领,态度诚恳地做出简明扼要的回答。同时,要注意掌握分寸,留有余地,在未加调查之前,不应表态和许愿。

（四）善于管理时间,做自己时间的主人

领导者的地位越高,越不能自由支配自己的时间,因此领导者要学会管理自己的时间,做自己时间的主人。为此应注意三点：一是养成记录自己时间消耗的习惯；二是学会合理地安排使用时间；三是提高开会的效率,将自己从文山会海中解脱出来。

案例 9-4　　　　　　　　松下幸之助的独特之处

有一次,日本松下公司总裁松下幸之助在一家餐厅招待客人,一行六个人都点了牛排。等六个人都吃完主餐,松下让助理去请烹调牛排的主厨过来,他还特别强调："不要找经理,找主厨。"助理注意到,松下的牛排只吃了一半,心想一会儿的场面可能会很尴尬。

主厨来时很紧张,因为他知道请自己的客人来头很大。"是不是有什么问题？"主厨紧

张地问。"烹调牛排,对你已不成问题,"松下说,"但是我只能吃一半。原因不在于厨艺,牛排真的很好吃,但我已经80岁了,胃口大不如从前。"

主厨与其他的五位用餐者困惑得面面相觑,大家过了好一会儿才明白怎么一回事。"我想当面和你谈,是因为我担心,你看到吃了一半的牛排送回厨房,心里会难过。"

如果你是那位主厨,听到松下先生的如此说明,会有什么感受?是不是觉得备受尊重?客人在旁听见松下如此说,更佩服松下的人格并更喜欢与他做生意。

又有一次,松下对一位部门经理说:"我个人要做很多决定,并要批准他人的很多决定。实际上只有40%的决策是我真正认同的,余下的60%是我有所保留的,或我觉得过得去的。"经理觉得很惊讶,他认为松下不同意的事,大可一口否决就行了。

然而松下的回答是:"你不可以对任何事都说不,对于那些你认为算是过得去的计划,你大可以在实行过程中指导他们,使他们重新回到你所预期的轨迹。我想一个领导人有时应该接受他不喜欢的事,因为任何人都不喜欢被否定。"

第四节 沟 通

一、沟通的概念

沟通是领导工作的重要组成部分,有效的领导是以有效的沟通为基础的。沟通在汉语中的本义是开凿沟渠使两水相通,管理中的沟通是指人与人之间传达思想感情和交流情报信息的过程。美国著名未来学家奈斯比特曾指出:"未来竞争是管理的竞争,竞争的焦点在于每个社会组织内部成员之间及其外部组织的有效沟通上。"英国作家萧伯纳也说:"假如你有一个苹果,我有一个苹果,彼此交换以后,我们每个人都只有一个苹果;但是,如果你有一种思想,我有一种思想,彼此交换以后,我们双方都有了两种或两种以上的思想。"领导者与被领导者的有效沟通是领导艺术的精髓。

沟通的核心内容是传递信息,信息沟通包含四个基本要素:信息的发送者、信息的接收者、所沟通信息的内容以及信息沟通的渠道。如某电视台播出一条消息:自2006年1月1日起,个人所得税中工资薪金所得的起征点将由原来的800元提高到1600元。这条消息本身就是信息传递的内容,采集、发布这条消息的记者或电视台就是信息的发送者,看到这条消息的电视观众就是信息的接收者,而以声像形式传播这条消息的电视媒体就是信息沟通的渠道。因此信息沟通就是信息的发送者,通过一定的渠道将特定内容的信息传递给接收者的过程。那么信息在发送者与接收者之间是如何传递的呢?图9-4说明了信息沟通的过程。

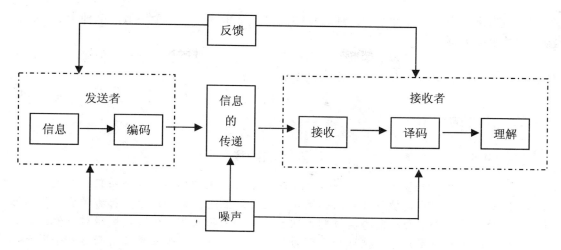

图 9-4　信息沟通的过程

1. 信息沟通的过程可以划分为四个步骤：

（1）信息的发送。这是信息沟通的起点，发送者具有某种意思或观点，必须将其译成能够被接收者理解的符号，才能传送，这称为编码。编码最常用的是口头语言和书面语言，也可以运用手势、面部表情、声调等身体动作语言。

（2）信息的传递。这是指通过一条连接信息发送者与接收者双方的渠道或通道将信息发送出去。用来沟通的渠道可以是一席谈话、一封书信、一个电子邮件，也可以是广播、电视、报纸、杂志等等。

（3）信息的接收。这是指通过沟通渠道传来的信息被接收者接受的过程，它包括接收、译码和理解三个步骤；接收是指接收者必需处于接收信息的准备状态，才可能收到传来的信息。如若他正在聚精会神地听音乐，你与他沟通工作情况，他可能根本就没有听见；译码是将收到的信息符号译成具有特定含义的思想；最后一个步骤是信息接收者有自己的思维方式理解去理解这一思想，只有当信息接收者对信息内容的理解与信息发送者传递出的信息内容相同或近似时，才可能产生有效的信息沟通。

（4）信息的反馈。这是指信息接收者在收到信息后，要求其向信息的发送者做出反应，以核实、验证双方对信息的理解是否一致的过程。在信息反馈过程中，信息的原接收者变成了发送者，原发送者变成了接收者。通常情况下，我们把没有反馈的沟通称为单向沟通，而将有反馈的沟通称为双向沟通。双向沟通有助于增强沟通的效果。

另外，在沟通过程中，每一个环节都可能产生沟通障碍，影响信息的有效传递，我们将阻碍信息有效传递的因素称为噪声。

2. 有效沟通须具备两个条件

沟通并不总是有效的，因为在沟通过程中存在着许多干扰和扭曲信息传递的因素，我们称其为噪声。噪声可能产生于沟通过程中的每一个步骤、每一个环节，这种沟通障碍使沟通的效果大大降低。

有效的沟通应该满足两个条件：一是信息被传递，二是信息被理解。但遗憾的是，被接收者解码的信息很少与发送者的本来意图完全相符。

二、沟通的作用

案例 9-5　　　　　　　　　　　"囚徒的困境"

在博弈论中有一个著名的例子叫做"囚徒的困境"，其内容是：两个囚犯被指控是一宗罪案的同案犯，他们分别被关在不同的牢房中且无法互通信息。每个囚犯都被要求坦白罪行。如果两个囚犯都坦白，则每人被判入狱 5 年；如果两人都不坦白，则很难对他们提起刑事诉讼，因而两个囚犯可以被从轻发落为入狱 2 年；如果一个囚犯坦白而另一个囚犯不坦白，坦白的这个囚犯就只需入狱 1 年，而另一人将被判入狱 10 年。如果你是这两个囚犯之一，你会怎么做？坦白还是不坦白？

两个囚犯面临一种困境，如果他们能实现沟通的话，就会决定两人都不坦白，那么每个人只需要入狱 2 年，这对他们来说是最好的结果。问题是他们不能相互讲话，两人都会想：如果我不坦白，他坦白了，说全部是我干的怎么办？由于每个囚徒都担心要是自己不坦白，就会被对方利用，因此，两个囚徒大概都会坦白并入狱 5 年。

由此，我们可以发现沟通的作用。沟通是信息交流的重要手段，它就像一座桥梁，连接不同的人、不同的文化和不同的理念。良好有效的沟通能够让交流的双方充分理解，达成共识。在群体和组织中，沟通的作用主要有以下几个方面。

1. 沟通可以协调各个体、各要素之间的活动，以实现组织目标。组织是由人组成的，组织的活动是由各个部门来完成的。由于各个成员、各个部门的任务、地位、利益和能力不同，他们对企业目标的理解和所掌握的信息也不同，这就使得各个成员、各个部门的目标有可能偏离组织的总目标。加强沟通，可以增进人与人之间、部门与部门之间、人与组织之间的相互理解，统一思想认识，协调各成员、各部门之间的工作活动，以保证组织目标的实现。

2. 沟通是激励员工的有效途径。通过有效的沟通，领导者可以将自己的意图告诉下属，使员工明确应该做什么，怎么做，达不到标准怎么改进。另外，通过沟通，领导者还可以了解下属的想法和需要，针对下属的愿望采取相应的激励措施，以充分调动员工的工作积极性和主动性。

3. 沟通可以改善组织的人际关系，提高管理效益。对大多数人而言，组织还是主要的社交圈子，成员通过相互间的沟通来表达自己的满足感和挫折感。因此，沟通提供了一种宣泄情感的情绪表达机制，它能增进人与人之间的感情，满足人们的社交需要。正如通有电器公司的前任总裁韦尔奇所言："人际关系与企业效益之间的关系是十分密切的，有没有正常的人际关系是员工能否最大发挥能力的关键。很早的时候，人们就研究过环境对人的影响，得到的结果是两者关系大得惊人。所以，要认真处理好你所在部门的人际关系，为员工提供一个有利于沟通的工作环境。"

4．沟通是组织与外部环境之间保持联系的有效渠道。组织的外部环境由顾客、供应商、竞争者、政府以及其他公众等构成，组织与各种环境因素之间发生着千丝万缕的关系，其生产经营活动也必然要受环境的影响和制约。为了在多变的环境中避免威胁、寻找机会，在激烈的竞争中求得一席之地，它必须随时与外部环境之间保持着沟通，以了解顾客需求，把握竞争者动向，遵守政府的法令，关注公众的不满，争得其组织的协作，以使自身立于不败之地。

总之，从某种意义上说，整个管理工作都与沟通有关，计划者与组织外部人员的交流，组织者与被组织者的信息传递，领导者与下属的感情联络，控制者与控制对象的纠偏工作等，都与沟通相联系。因此，沟通是一种重要的管理工具，应用好这个工具能使组织的管理效果和管理效率大大提高。

三、沟通的方式

组织中最普遍使用的沟通方式有口头沟通、书面沟通、非语言沟通及电子媒介沟通等，每一种沟通方式都有其各自的特点。在具体的沟通过程中，我们要根据不同的环境和条件，选择正确的沟通方式，以提高沟通效果。

（一）口头沟通

常见的口头沟通包括交谈、演讲、讨论会等。其优点是：信息量大，快速传递，快速反馈；其缺点是：信息传递经过的层次越多，信息失真越严重，且核实越困难。

在这种方式下，信息可以在最短的时间里被传送，并且在最短的时间里得到对方的回复。但是，当信息经过多人传送时，信息失真的潜在可能性就越大。每个人都以自己的方式解释信息，当信息到达时，其内容往往与最初相去甚远。由于在信息传递过程中卷入的人很多，核实信息的真实性也比较困难。

（二）书面沟通

书面沟通包括报告、备忘录、信件、组织内发行的期刊、布告栏等。其优点是：持久、有形、可以核实；其缺点是：沟通效率低，缺乏反馈。

在这种沟通方式下，沟通的信息可以无限期地保存下去，它比口头沟通更周密、更精确，因为把东西写出来，会促使人们对自己要表达的东西更认真地思考。但书面沟通需要花费更多的时间，花费一个小时写出的东西只需10到15分钟就能说完。书面沟通的另一个缺点是缺乏反馈，口头沟通的互动性强，它能使信息的接收者对其所听到的信息提出自己的想法，而书面沟通则不具备这种内在的反馈机制，它无法确保所发送的信息能被接收到。

（三）非语言沟通

非语言沟通是指即非口头形式也非书面形式的沟通方式，主要包括三种形式：一是声、光信号，如红绿灯、警笛、图形、服饰标志等；二是体态，如手势、面部表情及其他身体动作；三是语调，即个体对词汇或短语的强调。

非语言沟通的优点是：内涵丰富，形式灵活；其缺点是：传送距离有限，界限含糊，只能意会，不能言传。非语言沟通是口头沟通的重要辅助形式，任何口头沟通都包含有非语言信息。一名研究者发现，在口头交流中，信息的55%来自于面部表情和身体姿态；38%来自于语调；而仅有7%来自于真正的词汇。

（四）电子媒介沟通

电子媒介沟通包括运用电话、传真机、广播、闭路电视、计算机网络、电子邮件等一系列电子设备所进行的信息传递。其优点是：传递迅速、信息容量大、远程传递、一份信息同时传递多人、廉价等；其缺点是：除电话等少数媒介之外，基本上都是单向传递，互动性差。

在当今社会，我们越来越依赖于各种各样复杂的电子媒介传递信息，但电子媒介只是一种沟通的工具，它必须与其他沟通方式结合起来才能产生更好的沟通效果。

四、沟通的类型

沟通的类型多种多样，按不同的标准可以对沟通进行不同的分类，在这里，我们按照组织系统将沟通划分为两大类，即正式沟通和非正式沟通。

（一）正式沟通

正式沟通是以正式组织系统为渠道的信息传递，是通过正式的组织程序、依照组织结构所进行的沟通。这种沟通的媒介物和路径都是经过组织制度事先安排的，因而被认为是正式而合法的。如组织规定的汇报制度、会议制度、上级的指示按组织系统逐级传达、下级的情况逐级上报等。按信息在组织中传递的方向又可以将正式沟通划分为下行沟通、上行沟通和平行沟通。

1. 下行沟通，是指上级将信息传达给下级，是由上而下的沟通。通过这种类型的沟通，上级通过组织层次，将组织的目标、计划、方针、政策、规章制度等逐级向下传达。

2. 上行沟通，是下级将信息传达给上级，是由下而上的沟通。通过这种类型的沟通，下级人员逐级向上汇报，使上级了解下面的情况。

3. 平行沟通，是指组织内部同级层次之间横向的信息传递，通过这种类型的沟通，可以增进彼此之间的了解和工作上的协作配合，使各自的行为朝着有利于组织目标的方向发展。但这种沟通方式由于是脱离组织的指挥链而跨系统发生的，在一些严格、正规的机械式组织中，它并不被承认是正式的、法定的沟通形式，因而常常被作为非正式沟通渠道来看待。

（二）非正式沟通

非正式沟通是以非正式组织系统或个人为渠道的信息传递，是正式制定的规章制度和正式组织程序以外的各种沟通渠道。在这种沟通中，其信息传递的媒介和路径均未经过事先安排，具有很强的随意性和自发性。与正式沟通相比，非正式沟通的特点是：信息传递速度快，沟通效率高，但信息失真比较严重。

非正式沟通的主要功能是传播员工所关心的或与他们有关的信息，它取决于员工的兴趣和利益，而与组织正式的要求无关。非正式沟通包括非正式组织内部的沟通和正式组织中不按正式的组织程序而进行的沟通两种，尤其在非正式组织中，成员间的社会交往行为主要采用非正式沟通渠道，各式传闻或小道消息就是其具体表现。

五、有效沟通的方法与艺术

案例 9-6　　　　　　　　说话的艺术性

有一个人请朋友到家中吃饭，等候多时，客人只到了一半，于是他叹口气说："唉，该来的不来！"到场的客人一听，该来的不来，那我们是不该来了。于是客人走了大半，他见客人走掉很着急，又叹口气说："我又不是说他们，他们怎么走了？"剩下的客人一听，不是说他们，那是说我们了。于是全部拂袖而去。

这是一个典型的不良沟通的实例，我们每天要花费 50%以上的时间去沟通，可是，我们在工作中 50%的障碍是无效沟通或不良沟通引起的。有学者统计，如果一个信息在高层管理者那里的正确性是 100%，到了信息的接收者那里，其正确性可能只剩下 20%。若想改变这种状况，促进沟通的有效性，就必须发现并消除组织内部的沟通障碍，增强沟通主体的沟通技能和技巧。

（一）组织内部的沟通障碍

一般来讲，组织内部的沟通障碍主要来自于主观障碍、客观障碍和沟通方式的障碍三个方面。

1. 主观障碍

是由沟通过程中的主体即个人因素所形成的障碍，大致有下列几种情况。

（1）个人的性格、气质、态度、情绪、见解等的差别，使信息在沟通的过程中受个人的主观心理因素的制约。

（2）在信息沟通过程中，如果信息的发送方和接收方在经验水平和知识结构上差距过大，就会产生沟通障碍。

（3）信息沟通往往是按照组织系统的管理层次逐级传递的，然而，在按层次传达同一条信息时，往往会受个人的记忆、思维能力的影响，从而降低信息沟通的效果。

（4）在信息沟通过程中，有些员工和管理者由于对信息的态度不同，可能忽视对自己不重要的信息，不关心组织目标、管理决策等信息，而只重视和关心与他们物质利益有关的信息，断章取义而使沟通发生障碍。

（5）信息沟通的双方相互不信任，会影响沟通的顺利进行。

（6）对地位和权力的畏惧感也会造成沟通障碍，如若下属遇到一个专横跋扈的上级，他可能没有胆量与其进行平等真实的沟通。

2．客观障碍

不是由沟通中的个体，而是由其不能左右的客观原因所形成的障碍，主要有两种情况。

（1）信息的发送者和接收者如果在空间距离上太远、接触机会少，就会造成沟通障碍。另外，社会文化背景不同，种族不同而形成的社会距离也会影响信息沟通的效果。

（2）组织机构本身也会造成沟通障碍，在组织机构过于庞大、管理层次较多的组织内，信息从最高决策层到下级基层单位，会产生信息失真，且会影响信息传递的及时性，降低沟通效率。

3．沟通方式的障碍

（1）语言系统会造成沟通障碍。语言是最常用的沟通方式之一，人们通过口头语言、文字等符号经由一定的沟通渠道进行沟通，但如果语言使用不当就会造成对所传递信息的误解和歪曲，形成沟通障碍。

（2）沟通方式、沟通渠道选择不当，会造成沟通障碍。沟通的方式和渠道多种多样，它们都有其各自的优缺点及适用条件，如果不进行灵活运用，就不可能产生好的沟通效果。如应选择正式沟通渠道且错误地运用了非正式沟通渠道，应选择书面沟通方式却错误地选择了口头沟通方式等等，都会不同程度地产生沟通障碍。

（二）消除沟通障碍的方法

沟通不良几乎在每个组织中都存在，组织的机构越是复杂，其沟通越是困难。往往是基层的许多建设性意见还未及反馈到高层决策者，便已被层层扼杀，而高层决策的传达，也常常无法以原貌展现给所有人员。我们认为，消除沟通障碍应从以下几个方面入手：

1．等距离沟通。管理者要为组织创造一种信任和公开的气氛，淡化权力和地位，使上级和下属在平等的基础上进行沟通。如果沟通者之间无法做到等距离，管理层对下属不能一视同仁，在沟通过程中就会产生相当多的副作用。与上司关系好的人由于过度沟通知道了不该知道的事情，其余的员工便会产生对抗、猜疑和放弃沟通的消极情绪，从而给沟通工作带来阻力。

2．沟通方式多样化。组织沟通最常见的方式是书面报告及口头传达，但前者最容易陷进层层评报、文山会海当中，沟通效率低；后者则易受个人主观因素的影响，无法客观地传达沟通内容。因而组织应根据自身的实际情况，运用多种沟通方式。如果沟通效率过低，就应该考虑设立专门的沟通部门，开发和使用多种形式的正式沟通渠道，如个人交谈、员工调查、书面批示、面对面讨论、时事通讯、公告牌、直接信件等，管理和运用非正式沟通渠道，如参与各种非正式群体、在食堂等非正式场合的沟通等等。以此来增加信息被正确接收的可能性。

3. 变单向沟通为双向沟通。组织与员工的立场难免有发生矛盾的时候，只有善用沟通的力量，及时调整双方的利益关系，才有助于实现组织目标。在许多组织，沟通只是单向的，即只是领导向下属传达命令，下属只是象征性地反馈意见，走走过场。这样的沟通既不利于调动员工的积极性和主动性，也不利于决策层的监督与管理。因此必须变单向沟通为双向沟通，其中最关键的是领导要尊重下属员工的意见，尽量避免公开批评，即使员工所提建议不能被采纳，也要肯定其主动性。若建议可行，则要公开表扬或奖励。

4. 改善沟通的素质与技巧。沟通是一门艺术，也是一项实践性很强的技能，沟通技巧需要培养和训练。沟通最困难的是组织内部人员的素质参差不齐，因为素质不等，在同样的沟通方式下，却会产生不同的沟通反应，而根本的解决办法就是不断地开展内部再教育，通过强化沟通，让组织成员的思想跟得上组织的发展，让组织成员的个人目标与组织的目标保持一致。

（三）沟通的技巧

1. 积极倾听

沟通最重要的就是倾听，美国著名的化妆品公司创始人玫琳·凯说："一位优秀的职业人士应该多听少讲，也许这就是上天为何赐予我们两只耳朵、一张嘴巴的缘故吧。"艾科卡也曾感慨："我只盼望能找到一所能够教人们怎样听别人说话的学院。"

沟通不是自说自话，而是要与对方分享观点和想法，主动倾听的好处主要表现在：一是能够准确地了解对方。可以分辨他的心事，判断他的立场，通过"话外音"捕捉其真实的想法或意图，以发现他和你之间的反差；二是可以弥补自身的不足，找出解决问题的答案。俗话说："沉默是金"、"言多必失"，心理研究显示，人们喜欢善听者甚于善说者，静默倾听在给别人留下良好印象的同时，可以帮助我们掩盖很多自身的缺点。如果你对对方所谈的问题一知半解，就贸然说出你不成熟的观点，对方可能看轻你的能力。若此时认真倾听，一方面可以从对方获得相关信息，抓住他的漏洞，变被动为主动，另一方面可以积极思考，寻求解决问题的关键点，这就是所谓的"善听才能善言"。

积极倾听的要点主要有四个：第一，别人讲话的时候不要打断；第二，别人讲话的时候不要批评；第三，别人讲话的时候不要做其他动作，要让对方感到你一直在集中精神聆听；第四，别人讲话的时候要适时反馈，如重复对方的话，恰当地反问，以表示你对他的谈话感兴趣。如果我们能经常听别人讲话，别人会觉得你是一个可以接受意见的人，在不知不觉中会对你采取一种比较友好的态度，人与人之间的距离就拉近了。

2. 在沟通中学会调控情绪

为了有效沟通，我们应该学会管理自己的情绪。在与对方沟通之前，我们大多数人可能已经带上了"有色眼镜"，这些情绪包括：个人好恶、对对方的为人有看法、先入为主导致无法专心听取对方的意见等等。在这种情况下的沟通，很可能导致对方还没有把话讲完，你就已经忙着下定论，其结果肯定是沟而不通，甚至惹恼对方，因此，在沟通过程中，对事不对人的原则非常重要。另外，由于各方利益不同，在沟通过程中发生冲突或争执是不可避免的，我们不要为一点小利或一点小损失就大动肝火，为人处事要学习利用理智去控制调节自己的情绪，这样才能做好协调工作。否则，不仅不利于问题的解决，还可能激化矛盾。

在沟通过程中，迫使自己使用"我的方法是否恰当？"、"是不是还有更好的方案？"这样的提问，对自己的工作再作一番思考，能够帮助我们主动调节情绪。转移注意力，适当的心理宣泄也是调节情绪的常用方法。

3．平等待人，学会换位思考

与别人沟通必须把自己放在与对方同等的位置上，要做到推心置腹、设身处地、换位思考。若双方位置不同，就会产生心理障碍。因此，沟通是要用心的，只有自己用心了，才能打开别人的心灵。沟通要用五"心"：

（1）尊重的心。只有懂得尊重别人，才能得到别人的尊重，对方感到自己受到尊重，才会被激发与你互谅互解的心态；

（2）合作的心。如果不能怀着合作的心态、共赢的理念进行沟通，而只是一味地从自己的利益出发，对对方进行苛刻的要求，沟通肯定不会取得好效果；

（3）服务的心。所谓服务的心，就是在沟通中树立"我是在为你考虑"的意识，如果能够经常地进行换位思考，为对方着想，告诉他这么做，对他有好处，这样的沟通往往比告诉他"你必须这么做"更容易获得成功；

（4）赏识的心。每个人都喜欢听好话，希望获得别人的认同和赞美。在沟通过程中，要学会欣赏别人，要让他知道，你在以赏识的眼光对待他。当一个人被赏识的时候，他可以受到极大的激励；

（5）分享的心。如果在沟通中能够不断地与对方分享知识、经验等一切有价值的东西，而不是一味地从对方那里索取你所求，做到有所反馈和回报，会减少沟通戒备，赢得别人的信任。

总之，在沟通过程中，我们要学会站在对方的角度想问题，更好地理解对方的想法，赢得对方的好感，从而找到对双方都有利的解决方法。

本 章 小 结

我们理解的"领导"通常有两种含义：一是作为名词，是指领导人、领导者，即组织为了实现组织目标而指定的首领；二是作为动词，是指一项管理工作、管理职能，即领导者引领被领导者努力实现组织目标的过程。具体而言，领导就是领导者指挥、带领、引导和鼓励下属为实现组织目标而积极努力的过程。

领导与管理既有联系又有区别，与计划、组织、控制一样，领导属于管理的基本职能之一，因此管理的范围要大于领导。领导职能与其他管理职能的主要区别是：领导不是领导者单方面的行为，而是领导者和被领导者之间相互作用的过程，其更侧重于人的因素及人与人之间的相互作用关系。

领导的影响力是领导者影响被领导者的能力，领导影响力的来源有以下几个途径：法定权力、强制权力、奖赏权力、专家权力、感召和参考权力。从领导者如何运用其职权的角度来划分，可以将领导的类型归结为三种，即专制式、民主式和放任式。

领导理论是研究领导有效性的理论，它试图研究在一定的条件下，个体若想成为成功的领导者，应该具备何种品质或采取何种行为。现有的领导理论认为，领导的行为、行动能否产生预期的效能或效果，取决于三个因素：领导者个人、领导行为和领导工作的情境。按哪种因素是领导效能的决定因素，我们可以将现有的领导理论划分为三种类型，即领导特质理论、领导行为理论和领导情境理论。

领导艺术是一门博大精深的学问，它是建立在领导者个人的经验、素养和洞察力基础之上的。讲求领导艺术，有助于提高领导工作的效率和效果，密切领导者与下属的关系。

沟通是领导工作的重要组成部分，有效的领导是以有效的沟通为基础的。沟通是信息交流的重要手段，它就像一座桥梁，连接不同的人、不同的文化和不同的理念。良好有效的沟通能够让交流的双方充分理解，达成共识。组织中最普遍使用的沟通方式有口头沟通、书面沟通、非语言沟通及电子媒介沟通等，沟通的类型多种多样，按不同的标准可以对沟通进行不同的分类，在这里，我们按照组织系统将沟通划分为两大类，即正式沟通和非正式沟通。在沟通的过程，还必须注意和掌握必要的沟通技巧和方法。

【思考题】

1. 什么是领导？领导的作用是什么？领导与管理是一回事吗？
2. 职权与权力有何区别和联系？如果你是组织中的基层工作人员，你会拥有某种权力吗？
3. 领导特质理论、领导行为理论和领导情境理论的内容及意义是什么？
4. 领导的类型有哪些？领导者应从哪些方面增强自己的修养？
5. 什么是沟通？沟通的作用是什么？简述沟通的过程。
6. 为什么非正式沟通比正式沟通的速度快？

【实训】

一、实训内容

作为一名大学生，你平时是否愿意多和父母交流自己的一些想法、对问题的看法？如果经常沟通，采用何种方式？如果不经常沟通，为什么？你愿意和你的老师多交流吗？愿意和老师多交流哪些方面的话题？

二、实训目的

利用沟通的理论，发现沟通障碍产生的原因。

三、实训组织

- 在教师指导下，将全体同学每6~8人分为一组。
- 进行分组讨论。并且由小组的组长主持并记录小组成员的看法。
- 小组选择一个代表就此问题进行分析，不同小组进行交流、补充。
- 教师进行补充和汇总。

【案例应用】

逐渐巩固了领导地位的首席执行官

土星电脑公司和美国硅谷的许多高科技公司一样，在快速发展的同时面临着激烈的竞争。公司开张时，一切就像闹着玩似的，高层管理人员穿着T恤衫和牛仔裤来上班，谁也分不清他们与普通员工有什么区别。然而当公司财务上出现了困境，情况有了很大的改变。原先那个自由派风格的董事会主席虽然留任，但公司聘入了一位新的首席执行官琼斯。琼斯来自一家办事古板的老牌公司，他照章办事，十分传统，与土星公司的风格相去甚远。公司管理人员对他的态度是：看看这家伙能呆多久！

在新任首席执行官第一次召开高层管理会议时，会议定于上午8点半开始，可有一个人9点钟才来。琼斯瞪着那个迟到的人，对大家说："我再说一次，本公司所有的日常公事要准时开始，你们中间谁做不到，今天下午5点之前向我递交辞职报告。从现在开始到我更好地了解你们的那一天，你们的一切疑虑我都担待着。你们应该忘掉过去的那一套，从今以后，就是我和你们一起干了。"到下午5点，十名高层管理人员只有两名辞职。

此后一个月里，公司发生了一些重大变化。琼斯颁布了几项指令性政策，使已有的工作程序改弦易辙。从一开始起，他不断地告诫公司副总经理威廉，一切重大事务向下传达之前必须先由他审批。他抱怨下面的研究、设计、生产和销售等部门之间缺乏合作，在这些面临着挑战的关键领域，土星公司一直没能形成统一的战略。

琼斯还命令全面复审公司的福利待遇制度，然后将全体高层管理人员的工资削减15%，这引起公司一些高层管理人员向他提出辞职。研究部主任认为："我不喜欢这里的一切，但我不想马上走，开发电脑打败IBM对我来说太有挑战性了。"生产部经理则说："我不能说我很喜欢琼斯，不过至少他给我那个部门设立的目标能够达到。当我们圆满完成任务时，琼斯是第一个感谢和表扬我们干得棒的人。"

事态发展的另一方面是，采购部经理牢骚满腹，他说："琼斯要我把原料成本削减15%，他还拿着一根胡萝卜来引诱我们，说假如我能做到的话就给我油水丰厚的年终奖。但干这个活简直就不可能，从现在起，我另找出路。"

但琼斯对霍普金斯的态度却令人不解。霍普金斯是负责销售的副经理，被人称为"爱哭的孩子"。以前，他每天都到首席执行官的办公室去抱怨和指责其他部门。琼斯采取的办法是，让他在门外静等，冷一冷他的双脚；见了他也不理会其抱怨，直接谈公司在销售上存在的问题。过了不久，霍普金斯开始更多在跑基层而不是琼斯的办公室了。

随着时间的流逝，土星公司在琼斯的领导下恢复了元气。公司管理人员普遍承认琼斯对计算机领域了如指掌，对各项业务的决策无懈可击。琼斯也渐渐放松了控制，开始让设计和研究部门更放手地去干事。然而，对生产和采购部门，他仍然勒紧缰绳。土星公司内再也听不到关于琼斯去留的流言蜚语了。人们对他形成了这样的评价：琼斯不是那种对这里情况很了解的人，但他确实领我们上了轨道。

案例思考题：

1. 琼斯的领导方式与土星公司以前的领导方式有何不同？面对琼斯的领导方式，为什么有些人选择辞职，而有些人却愿意留下来？

2. 琼斯以其对各项业务的无懈可击的决策赢得了公司员工的尊敬，这是来自于哪一方面的权力？在土星电脑公司各方面工作走上正轨后，为适应电脑市场多变和激烈竞争的形势，琼斯的领导方式应发生什么样的变化？

第十章 激 励

【学习目标】
- 了解激励的过程。
- 掌握激励理论内容,并知道如何运用这些理论。
- 掌握激励的方法和原则。
- 掌握什么是目标管理,了解目标管理的应用和评价。

【案例导入】

"红烧肉的故事"

于老板接到一桩业务,有一批货要搬到码头上去,且必须在半天内完成。手下就十几个伙计,任务相当重。这天一早,于老板亲自下厨做饭。开饭时,老板给伙计一一盛好,还亲手捧到他们每个人手里。伙计王接过饭碗,拿起筷子,正要往嘴里扒,一股诱人的红烧肉香味扑鼻而来。他急忙用筷子扒开一个小洞,三块油光发亮的红烧肉焐在米饭当中。他立即扭过身,一声不响地蹲在屋角,狼吞虎咽地吃起来。这顿饭,伙计王吃得特别香。他边吃边想:老板看得起我,今天要多出点力。于是他把货装得满满的,一趟又一趟,来回飞奔着,干得汗流如雨……

整个下午,其他伙计也都像他一样卖力,个个干得汗流浃背。一天的活,一个上午就干完了。中午,伙计王不解,偷偷问伙计张:"你今天咋这么卖力?"张反问王:"你不也干得起劲嘛?"王说:"不瞒你,早上老板在我碗里塞了三块红烧肉啊!我总要对得住他对我的关照嘛!""哦!"伙计张惊讶地瞪大了眼睛,说:"我的碗底也有红烧肉哩!"两人又问了别的伙计,原来老板在大家碗里都放了肉。众伙计恍然大悟,难怪吃早饭时,大家都不声不响闷笃笃地吃得那么香。

如果这碗红烧肉放在桌子上,让大家夹来吃,可能就不会这样感激老板了。同样这几块红烧肉,同样几张嘴吃,却产生了不同的效果,这不能不说是一种精明。

思考一下:于老板为什么要单独在每个人碗底放红烧肉,而不是端在桌子上大家共分享?红烧肉单独放在每个人碗里产生的激励作用和放在桌上共享的激励作用,究竟哪个会更大一些?

第一节 激励概述

一、激励定义

　　管理人员的工作就是通过对他人的影响来促使团队完成任务，这个过程中领导的方式方法有很多种，激励就是一种领导方法。激励行为可存在于我们的任何活动之中。作为学生，我们非常熟悉的奖学金制度就是一种物质激励方式。通过对获得奖学金条件的限制，可以激发学生努力学习。

　　大家都很熟悉《三国演义》中刘备摔孩子的故事。故事中赵云为了救出陷入曹营的刘备之子阿斗，在曹营中杀了个三进三出，终把阿斗救出交到刘备手中，刘备此时肯定是内心狂喜。但出人意料的是刘备却将孩子一把扔到地上，悲愤地说："为了你这么个小孩子，差点损失我的一员大将啊！"言外之意，赵云的性命于我更珍贵。赵云很受感动，此后对刘备更是忠心。这个故事讲述的就是精神激励。

　　心理学研究结果表明，几乎每个人都蕴藏着极大的潜力，如何使其聪明才智充分发挥就要靠管理者应用激励的方式来进行激发，焕发起员工极大的热情和积极性，变消极因素为积极因素，从而提高效率和效益。美国哈佛大学心理学家詹姆士（Jamells W）在对员工的激励研究中发现，按时计酬仅能使员工能力发挥出 20%~30%，而受到充分激励的员工其能力可发挥至 80%~90%。激励不仅可以使一个人的潜力发挥至三到四倍，还可以激发员工的创造精神，从而提高效益。例如日本丰田汽车公司，采用合理化建议奖的办法来鼓励员工给公司提出建议，奖励既包括物质方面也包括精神方面，结果仅 1983 年该公司员工就提出 165 万条建设性建议，平均每人提 31 条，给公司创造利润 900 亿日元，相当于当年公司利润的 118%。

　　所谓激励，就是通过一定的条件、方法使员工的需要得到满足，从而维持、加强或引导员工行为与组织要求一致性的过程。也可以说激励就是调动人的积极性、主动性和创造性的过程。

　　综上所述，激励有以下特点：

　　1. 有被激励的人。激励实质是对人心理上的影响，所以必须有一定的激励对象存在。

　　2. 需要是激励的基础。被激励的人内心存在进行某项活动的内在动机和愿望，而这些动机和愿望是由需要引起的。

　　3. 激励是动态变化的。激励力量的大小随时可能受外界某些因素的变化而变化。

二、激励过程

　　激励是一个心理学术语，它是指心理上的驱动力，含有激发动机，鼓励行为，形成动力的意思，即通过某种内部和外部刺激，促使人奋发向上，努力去实现目标。管理学研究激励的目的是使组织中的成员积极努力地工作，为实现组织的目标而贡献出他们全部的聪明才智。

　　心理学家认为激励是和动机相联系的，人的行为是受动机支配的，而动机则是由需要引起的。需要是人的一种主观体验，是对客观要求的必然反映。需要具有原动力作用，但需要作为一种潜在的心理状态，并不能直接引起行为，只有当需要指向特定目标，并与某种客观事物建立起具体的联系时，才能由潜在状态转化为激发状态，成为引发人们采取行动的内在力量。这种在需要与目标对象衔接基础上形成的、直接驱动行为的内在力量就是动机。动机是在需要基础上产生的引起和维持人的行为，并将其导向一定目标的心理机制。动机的产生依赖于两个条件：一是个体的生理和心理需要；二是能够满足需要的客观事物，又称外部诱因。

　　人在社会实践中形成的对某种目标的渴求和欲望，构成了人的需要的内容，并成为人们行为积极性的源泉。需要越强烈，由它引起的行为也就越有力、越迅速。当人的需要不能够得到满足时，在其内心会产生一种紧张和不安，这种紧张和不安会在人的内心产生一种驱动力，迫使人付诸一定的行为来实现需要。行为的结果基本会有两种：需要得到满足和没有得到满足。当人的需要得到满足时，内心的紧张感会消除，新的需要就会产生，一个新的激励过程就出现了。当需要没有得到满足时，人会表现出积极行为和消极行为两种状态。积极的行为是为未满足的需要而继续努力，而消极的行为是放弃努力。

　　激励的过程如图 10-1 所示。

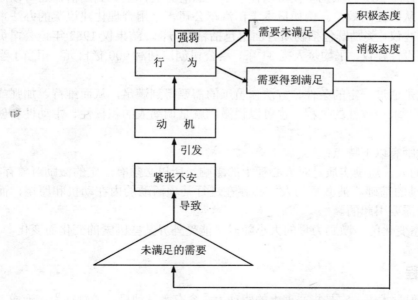

图 10-1　激励过程

激励过程比较复杂，基本组成部分包括需要、动机、行为以及目标。在现实生活中，激励过程没有那么清晰的界限，而是复杂和多变的，这是因为：

1．两个岗位、能力相同的人工作效果可能差别很大，我们只能通过结果来推断这两个人工作动机的强弱以及积极性，而不能直接透视其动机。

2．动机是经常变化的，因此随着动机的变化激励也应该是变化的，完成一个任务的过程中的积极性有时不是从始至终带有一致性。

3．动机有时是多个混合在一起的，即人在某一时刻从事某一行为是有可能出于多个动机，此时激励的复杂性更明显。

三、激励方法

了解和满足下属的心理需求是获得理想激励效果的关键，下属的心理需求有以下几点：

1．愿意和上级保持一致的心理：在不涉及重大原则问题和切身利益时，下属绝不愿与上级发生矛盾。因此领导者可以通过良好的行为和形象，激励下属自觉自愿地完成上级所交给的任务。

2．希望得到承认的心理：下属希望自己的劳动、成绩、艰辛得到上级承认。因此领导者在下属取得成绩时要及时表扬，出现困难时，也要积极创造条件解决下属困难。

3．追求平等和公平的心理：下属希望领导能够尊重自己的人格，了解自己的能力，采纳意见，公正处事。因此领导者要平等待人，公平处事。

4．渴望获得理解和信任的心理：理解与信任是每个人都希望得到的，领导者要运用各种方式，向下属传递"充分信赖"的信号。

案例 10-1　　　　　　　　李平的信任激励

以前惠鹏公司上下班实行打卡制，在李平上任总裁之后，就立即对高管人员取消了这种制度。他认为一个高管人员如果连管理自己的能力都没有还能当高管吗？取消打卡本身就是对高管的信任，管住人的关键是管住心。这样高管人员受到了尊重，通过信任激励，他们的积极性就被极大地调动起来了。

这就是人性化管理，也是人本管理。在激励过程中，信任是非常重要的环节之一。

管理人员在了解下属心理的基础上，采用恰当的激励方法才能收到良好的激励效果。

1．目标激励。组织目标的实现可以使员工从物质上得到对应保障，从精神角度来说，可以使个人价值得以体现。因此组织目标的实现是形成组织凝聚力的核心，是引导组织成员前进的航灯。大多数人都有成就的需要，希望不断获得成功，成功的标志之一便是实现预定的目标。为激励对象确定一个合适的目标，并为其实现目标提供全面的支持，往往能达到很好的激励效果。

2．领导行为激励。古人云"其身正，不令而行；其身不正，虽令不从。"说的就是管理人员的模范作用，管理人员通过自身的以身作则来激励和引导下属的言行和组织的要求相一致。在组织的管理中，奖惩措施一视同仁，领导也不能避免，管理人员的这种一视同仁行为无疑增强了规则的威慑力。

3. 奖惩激励。管理人员应该对其希望继续维持和加强的行为进行奖励，使之得以巩固和发展；反过来，对于员工的错误行为也可以通过惩罚方式使之减弱直至消除。奖惩得当，不仅能消除人的不良行为，还可以起到化消极为积极的作用。

奖惩既包括物质方面，也包括精神方面。人的需求是以物质需求为基础的。激励应给予员工合理的物质报酬，这是一切其他激励的基础所在。遵循物质利益的原则，但又不能仅仅注重对员工物质需要的满足。真正有效的激励，应该是物质激励和精神激励相结合的"同步激励"。物质利益是最基本的激励。给予荣誉激励，是对员工贡献的公开承认，可以满足人的自尊需要，从而达到更高层次激励目的。

案例 10-2　　　　　　　　某机械厂的生产现场管理

某企业为了提高整体素质，创建企业新形象，决定从抓现场管理入手。为此企业历时一年制定了生产现场管理细则。为了禁绝生产现场吸烟现象，规则制定"一般职工在生产现场吸烟，罚其本人 200 元/次，中层及以上干部吸烟，罚其本人 500 元/次，并写出书面检查。"在每天的"黄榜"上，既有表现差的普通员工，也有中层干部。罚款的作用加上上"黄榜"，生产现场吸烟的现象很快就杜绝了。除了对吸烟的管理之外，还包括对卫生的管理、安全管理、设备管理、工艺纪律管理、质量管理、计量器具管理、工具工装管理、定置管理、车间环境管理、文明办公管理、劳动纪律管理、厂容厂貌管理等。各种管理设定出三个等级，进行挂牌奖励或摘牌处罚。如果各方面管理能够达到一定档次，还给以一定物质奖励。通过两年的努力，工厂的生产现场管理工作已深入到各个车间和机关部门，广大职工也逐步适应了各项严格要求，现场管理工作进入主动创新阶段，工厂和职工的精神面貌有了很大的变化，车间里通道畅通，宽敞明亮，机床设备无穿"黄袍"现象，物品摆放符合定置管理要求，职工行为符合规范等。

4. 参与决策激励。行为科学研究表明，大多数人都愿意承担责任，希望有自我控制的权利。因此，在实际工作中，可以创造条件开展民主管理，不要什么事情都是管理者说了算，而是尽可能吸收员工参与决策，运用组织责任和权利对员工进行激励，有助于从其内心激发员工对组织的忠诚度。从另一个角度来说，每一项制度或工作，参与设计或充分理解的人员越多，实施成功的机会也就越大，所以应该让每一位被管理者参与管理，使其感到受重视、被信任，进而使其产生责任心和参与感，从而增强组织的凝聚力。

四、激励原则

根据人本管理的基本原理，不同人的需求是不一样的，同一个人在不同时期的需求也是不一样的。所以相同的激励措施对不同的人起到的效果是不同的。管理人员在制定和实施激励措施时，首先要调查清楚每个员工的真正需求，将这些需求合理地整理归纳，然后再制定相应的激励措施。正确的运用激励原则，可以提高激励的效果。激励的运用应注意到以下原则：

（一）准确把握激励时机

从某种角度来看，激励原则就像化学实验中的催化剂，要根据具体情况决定使用的时间。激励原则在不同时间进行，其作用与效果会有很大不同。根据时间上的快慢差异，可以分为及时激励和延时激励；根据激励周期可以分为事前激励、事中激励、事后激励；根据时间间隔可分为常规激励和非常规激励等。

（二）恰当运用激励程度

激励程度是激励机制的重要内容之一，与激励效果有极为密切的联系。奖励对激励效果会产生重大影响。如果奖励过重，会使员工飘飘然起来，失去了进一步提高自己的动力。反之，奖励过轻起不到激励的作用，甚至还不如不奖励。

（三）激励的公平性

待遇不公极易引起员工的不满，造成员工对组织的不信任，并且这种情绪很容易在组织中扩散，造成整体工作积极性的低落及工作效率的低下。还应该注意同等成绩同等奖励，取得同等成绩的员工一定要获得同等的奖励。管理者就是宁可不奖励，也要一碗水端平。

管理者在处理员工问题时，一定要有一种公平的心态，公平的心态取决于职业的素养。每个管理人员一定要锤炼自己，做到对员工真正一视同仁，不抱偏见，不能用不公的言语对待员工。职业化塑造，对管理人员是一个很重要的课题。

（四）差异化

在激励中个性化管理非常重要，员工需要什么管理人员就能提供什么，这是最好的激励方法。适应这个人的激励方式可能不适应另一个人。有的人看重荣誉，就采取荣誉激励；有的人看重发展空间，就给他大学深造、出国进修、到大企业学习、职务晋升的机会；有的人看重物质，就给他发奖金、搞福利。

此外，差异化并不影响激励中的公平性。激励的公平性并非要求对所有的激励对象一视同仁，而是针对具体的人和事，按贡献大小、职位重要性强弱和其他因素的综合标准，共同决定实施何种激励方案，体现出因人、因事而异的多样性和灵活性。例如中日合资东风日产公司以年薪百万诚聘营销总监，但其他总监有的则得不到这个数的报酬。

（五）经济性

经济性是指实施有效的激励，要将激励的成本和有可能取得的激励效果结合起来，要有利于成本节约、组织效能和活动效率的提高。

在现实的管理中经常会有这样的例子：有些组织定期会有一些员工聚餐，管理者出此举本是感觉大家比较辛苦，在特殊的日子给以慰劳，但是久而久之员工把此行为当作想当然的待遇，不但没有了原本的激励，反倒成了公司应该完成的任务！结果不但加大了管理成本，而且没有达到应有的效果，甚至起了反作用！

案例 10-3　　　　某总裁谈激励：把握适当的度去激励

我觉得作为老板，一定要给下属制定一个合适的激励机制。我自己出来创业的时候，也遇到怎么去激励别人的问题。我采用高工资加奖励加期权的办法，但是失败了。总结失败的教训：第一，当你在成立公司、制定激励政策的时候，一定要对你的未来有充分的把握。第二，你要很清楚股东层的耐心和信心。所有的激励政策一定要有经济基础，有多少钱干多少事。没有经济基础的激励政策都是空谈，再好的、大家都满意的激励政策公司承受不了也不行。现在我就想，对高管激励的度到底在哪儿，这个很重要。高了承受不了，低了又不起作用。在这种情况下，我就把技术人员分开，把我认为核心的分出来，采用多种激励方式。第一，我自己本身懂技术，首先给他们一种感觉就是离开你们任何一个人公司都能够运转。第二，让他们感觉自己在技术层面比别人重要，核心技术人员的工资比一般技术人员的工资高两倍。第三，承诺在公司效益好时给予更好的报酬。然后管理人员拿次一等的工资，再次一点就是销售人员，我给销售人员制定了销售计划，我说只要销售人员完成计划就拿提成，一人一辆宝马。当时我们十几个人的销售团队相当齐心。

请同学们针对此案例谈谈自己的看法。

第二节　激励理论

西方学者对于激励理论的研究结果大致上有以下三类：

1. 内容型激励理论。这一类理论是从人的需要角度出发来研究激励。主要包括需要层次理论、双因素理论等。

2. 过程型激励理论。此类理论主要是从动机角度对人的内心活动过程进行分析。主要包括期望理论、公平理论等。

3. 综合型激励理论。这一类理论是对各种激励理论的集大成。主要是波特和劳勒激励模式。

一、需要层次理论

亚伯拉罕·马斯洛（Abraham H. Maslow，1908—1970）是美国著名的心理学家和行为科学家，于 1943 年和 1954 年先后发表了《人类动机理论》和《动机和人》两部著作，阐述了他的需要理论。马斯洛认为，人的各种需要可归纳为五大类，按照其重要性和发生的先后次序可排列成一个需要层次，人的行为过程就是需要由低层次到高层次逐步满足的过程。

1. 生理需要（Physiological needs）指维持人类生存所必需的基本需要，包括衣食住行等。

2. 安全需要（Safety needs）保护自己免受身体和情感伤害的需要以及社会保障、安全保障、工作保障等。

3. 社会需要（Social needs）友情、爱情、交往等方面的需要。

4. 尊重需要（Esteem needs）指自尊、受人尊敬、被赞誉、被欣赏以及受到赏识等需要。

5. 自我实现需要（Self-actualization needs）有成就感、发挥自身潜能、实现理想、抱负等方面的需要。

马斯洛认为，以上五个层次的需要是从低级到高级循序渐进的，第一和第二层的需要属于低层次需要，以物质需要为主，第三、第四、第五层次的需要是高级需要，属于精神层次的需要。人的需要总有一个从低向高发展的过程，当低级层次的需要得到满足之后，这种需要的内驱力减弱，此时高级需要就会产生，并形成新的内驱力，激励人们去追求新的目标。

需要层次理论在理论学界流传很广，影响很大。但也有人对其理论提出一些质疑，比如较低层次需要没有得到满足时，人们也可能会产生高层次需要，即需要的产生未必一定按照层次性来进行，事实上在生活和工作过程中也的确存在低层次需要受到压抑而出现高层次需要的现象。另外满足了低层次的需要未必就会出现高层次需要，这些都会因人而异。

案例10-4　　　　　　　　老王的困惑

做经销商的老王提到这样一个问题：他手下有几个中层业务人员是公司的骨干，工资也比较高，每人每月的基本工资最低在3000元以上，这些业务骨干在当地也算是中等收入者了，他们现在都买了房，有的还买了车。按说，生活稳定了，业务员的干劲会更足，恰恰相反的是，业务员的积极性不但没提高，反而降低了，请假旷工现象不断。为此他虽然采取了一定的措施，比如制定各种规章制度，但效果不是很明显。这就体现了很多企业在员工激励问题上存在的误区。

思考一下，员工的行为为什么和老王的预期相反呢？

二、双因素理论

赫兹伯格（1923—2000），美国行为科学家，主要著作有：《工作的激励因素》（1959，与伯纳德·莫斯纳、巴巴拉·斯奈德曼合著）、《工作与人性》（1966）、《管理的选择：是更有效还是更有人性》（1976）。双因素理论是他最主要的成就，在工作丰富化方面，他也进行了开创性的研究。

20世纪50年代末期,赫茨伯格和他的助手们在美国匹兹堡地区对二百余名工程师、会计师进行了调查访问。访问主要围绕两个主题:在工作中,哪些事项是让他们感到满意的,并估计这种积极情绪持续多长时间;又有哪些事项是让他们感到不满意的,并估计这种消极情绪持续多长时间。赫茨伯格以对这些问题的回答为材料,着手去研究哪些事情使人们在工作中快乐和满足,哪些事情造成不愉快和不满足。结果他发现,使职工感到满意的多是属于工作本身或工作内容方面的因素;使职工感到不满意的,多是属于工作环境或工作关系方面的因素。他把前者叫做激励因素,后者叫做保健因素。激励因素是以工作为中心的,而保健因素则与工作的外部环境有关,属于保证工作完成的基本条件。研究中还发现,当职工受到很大激励时,他对外部环境的不利情况能产生很大的耐性;反之,就不可能有这种耐性。不是所有的需求得到满足都能激发起人们的积极性,只有那些被称为激励因素的需要得到满足时积极性才能得到极大的调动。

在该理论中,赫茨伯格首次改变了传统中满意与不满意对立的观点,并提出满意的对立面是没有满意,不是不满意;不满意的对立面是没有不满意,而不是满意。如图10-2所示:

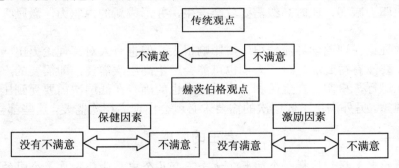

图 10-2 传统观点和赫茨伯格观点的对比

赫茨伯格认为如果保健因素得不到满足,会使员工感到不满意,这些因素即使得到满足也不能使员工的工作积极性得到激励,只会使员工没有不满意;而一旦得不到满足则会产生不满意。包括公司政策与行政管理、工资、生活、安全感、工作条件,与上级、下级和同事之间的关系、个人生活、主管的监督等十项因素。这些因素主要是与工作环境和工作条件有关的因素。其对员工行为的影响类似卫生保健对人们身体的影响。当卫生保健工作达到一定的水平时,可以预防疾病,但却不能治病。同理,当保健因素低于一定水平时,会引起职工的不满,当这类因素得到改善时,职工的不满就会消除。但是,保健因素对职工起不到积极的激励作用。激励因素是能满足个人自我实现需要的因素,包括职业上的成长和认同、成就感、赏识、挑战性的工作、增加的工作责任、以及发展的机会等。如果这些因素具备了,就能对人们产生更大的激励。

双因素理论的意义在于提示管理者应该充分注意工作本身内容的满足对激励的促进,对于薪金、改善工作条件等保健因素也应给于重视。但是金钱和其他保健因素也可以在一定条件下转化为激励因素，比如当奖酬和工作绩效相挂钩时，也有可能会成为激励因素。

赫茨伯格的双因素理论和马斯洛的需要层次理论有相似之处。保健因素相当于生理需要、安全需要、感情需要等较低级的需要；激励因素则相当于受人尊敬的需要、自我实现的需要等较高级的需要。当然，他们的具体分析和解释是不同的。但是，这两种理论都没有把"个人需要的满足"同"组织目标的达到"这两点联系起来。

有些西方行为科学家对赫茨伯格的双因素理论的正确性表示怀疑。有人做了许多试验，也未能证实这个理论。赫茨怕格及其同事所做的调查，被有的行为科学家批评为是他们所采用方法本身的产物：人们总是把好的结果归结于自己的努力而把不好的结果归罪于客观条件或他人身上，问卷没有考虑这种一般的心理状态。另外，被调查对象的代表性也不够，事实上，不同职业和不同阶层的人，对激励因素和保健因素的反应是各不相同的。实践还证明，高度的工作满足不一定就产生高度的激励。许多行为科学家认为，不论是有关工作环境的因素或工作内容的因素，都可能产生激励作用，而不仅是使职工感到满足，这取决于环境和职工心理方面的许多条件。

但是，双因素理论促使管理人员注意工作内容方面因素的重要性，特别是它们同工作丰富化和工作满足的关系，因此是有积极意义的。赫茨伯格告诉我们，满足各种需要所引起的激励深度和效果是不一样的。物质需求的满足是必要的，没有它会导致不满，但是即使获得满足，它的作用往往是很有限的、不能持久的。要调动人的积极性，不仅要注意物质利益和工作条件等外部因素，更重要的是要注意工作的安排，量才录用，各得其所，注意对人进行精神鼓励，给予表扬和认可，注意给人以成长、发展、晋升的机会。随着温饱问题的解决，这种内在激励的重要性越来越明显。

案例 10-5　　　　　　　激励因素和保健因素

辉远公司的张老板2004年五一额外给员工发放了一笔2000元的奖金，员工都非常高兴，第二年五一再次发放这2000元时人们的态度就不像第一次那么强烈了，三年下来，张老板感到这笔奖金正在丧失它应有的作用，因为员工在领取奖金的时候已经相当平和，就像领取自己的薪水一样自然，并且在随后的工作中也没有人会为这2000元表现得特别努力。既然奖金起不到激励作用，张老板决定停发，加上行业不景气，这样做也可以减少公司的一部分开支。但停发的结果却出乎意料，公司上下几乎每一个人都在抱怨老板的决定，有些员工明显情绪低落，工作效率也受到不同程度的影响。张老板很困惑：为什么有奖金的时候，没有人会为此在工作上表现得积极主动，而取消资金之后，大家都不约而同地指责抱怨甚至消极怠工呢？

三、期望理论

期望理论是由美国心理学家佛鲁姆（H. Vroom）在1964年提出的，他认为激励一个人从事某项活动的努力程度取决于其对该活动的效价和期望值的判断。效价即从事该项活动能够给自己带来的满足感，期望值是指人们对自己从事该活动能够成功的机率的估计。效价和期望值都是从事活动的人的主观估计。可用公式表示如下：激励力量=效价×期望值。由公式可知，推动人们去实现目标的力量，是两个变量的乘积，如果其中有一个变量为零，激发力量就等于零，所以某些非常有吸引力的目标，因无实现可能就无人问津。个人对某项活动的效用评价越高，估计实现目标的可能性越大，活动的激励力量就越大。

期望理论认为有效激发员工的积极性需要处理好以下三个方面的关系：

1. 努力与绩效之间的关系。员工感觉通过个人努力达到工作要求的可能性。此时员工会考虑个人需要付出的努力究竟需要多大？经过努力是否能够达到预期目标？实现目标的可能性有多大？如果员工认为通过主观努力可以达到预期目标的概率比较高，就会激发出较高的工作力量，但如果认为尽到最大努力仍然很难达到工作要求，就会对工作失去信心。

2. 绩效与奖励之间的关系。即员工估计个人在努力完成任务后有可能得到的奖赏以及得此奖赏的机率是多大。如果员工认为工作绩效达到后能够得到恰当的肯定和奖赏，自身就会产生内在的动力，相反如果员工认为即便达到了工作目标也有可能得不到该得的奖赏，其工作积极性就会降低。

3. 奖励与个人期望之间的关系。每个人所处的年龄、地位、收入不同，其希望的奖赏亦不相同，人们总是希望自己所获得的奖励能够满足自己内心的需要。

期望理论表明只有当人们预期该行为能够给个人带来足够有吸引力的结果时，个人才会采取特定的行动。因此管理人员需要帮助员工明确自己的期望和目标，并将个人的期望和目标与工作紧密结合，恰当的激励员工，激发其完成工作任务，从而实现自身期望。由于个人心目中的奖赏属于主观个人想法，因此管理人员还应该引导员工树立正确和恰当的目标，以便与组织的奖励能够切合，避免员工过高的期望带来的负面影响。

该理论缺陷之处是，忽略了一个人的工作成绩有时并不完全取决于个人努力，还会受到诸如其他员工的努力程度、合作程度、上司和同事的支持以及其他因素的影响。

四、公平理论

这一理论是美国心理学家亚当斯（J.S.Adams）在 1965 年首先提出来的，也称为社会比较理论，主要研究报酬（报酬包括收入、晋升机会、假期、各种津贴等）的公平性、合理性对职工积极性的影响。该理论的基础在于，人们对自己得到的报酬是否公平合理总是在进行比较，一方面将自己所得的待遇与他人去比，同时和自己的历史去比，并以比较结果对公平程度做出判断。比较结果对于他们在工作中的努力程度会产生影响。如果比较结果是对自己不公平，这种不公平的感觉便会成为一种障碍，使员工表现为缺乏工作热情，甚至产生不安情绪，有些人可能会采取消极怠工等。如果感觉公平甚至感觉回报比别人还高，员工就会满足，从而珍惜工作，保持旺盛的工作热情。

公平理论对组织管理的启示还包括工作任务和管理制度都可能产生某种关于公平性的影响作用。如果员工对工资提出增加的要求，说明组织对他至少还有一定的吸引力，当员工的离职率上升时，说明组织已经使员工产生了强烈的不公平感，这需要引起管理人员的高度重视，因为它意味着除了组织的激励措施不当外，更重要的是，企业的现行管理制度可能有缺陷。

公平理论强调工作报酬相对公平的重要性，认为同等的报酬不一定获得同样的激励效果，只有通过对他人的投入进行比较，才能知道同等报酬是否具有相同的激励效果。如果激励机制的设计违背了公平原则，将会导致激励效果的下降。比如，在同一单位工作的人，如果偷懒的人与勤奋的人具有相同的工资报酬，其结果只能是大家都偷懒。因此，要想提高报酬的激励效果只能是让投入多、产出多的人获取相对高的报酬。

公平理论的不足之处在于，员工本身对公平的判断是极其主观的，这种行为对管理者施加了较大的压力。因为人们总是倾向于过高估计自我的付出，而过低估计自己所得的报酬，而对他人的估计则刚好相反。

五、波特-劳勒的激励模式

1968 年，美国行为科学家波特（L.W.Porter）和劳勒（E.E.Lawler）在他们合著的《管理态度和成绩》一书中提出了一种综合激励模式。成为 20 世纪在 60 和 70 年代较有影响的理论。这一模式虽受佛隆期望理论的影响，但概括和发展了过程型激励理论和内容型激励理论，成功地用一个激励模型来直接探讨满足感和绩效之间的关系。他们的模式如图 10-3 所示。

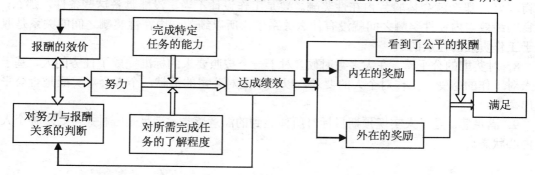

图 10-3　波特－劳勒激励模式

1．报酬对个人的价值。指每个人期望从工作中得到的各种奖酬，它可以是晋职、加薪、同事们的友谊、成就感等等。奖酬对各人的价值因人而异，决定于一定情况下对各人的吸引力的大小。而个人每次行为最终能否得到满足，又可以反馈的形式影响个人对报酬的估计。

2．对努力和报酬之间关系的主观估计。指一个人对付出一定程度的努力能带来何等数量的报酬的估计，这往往和各人的经历或经验密切相关。每一次的工作绩效也会以反馈形式影响个人对成功可能性的估计。

3. 努力程度。指个人所受到的激励强度和所发挥出来的能力。如图 10-3 所示，个人所作出的努力程度取决于个人对报酬价值的主观看法及个人对努力后得到报酬的可能性的主观估计。

4. 能力和素质。努力并不直接导致绩效，还要受个人能力及对自己的任务理解的影响。能力和素质都是个人特点，一般而言，这类特点是相对独立于环境的。

5. 对任务的认识。对任务有一个清晰的了解，包括任务的复杂程度、技术难度、任务效果等，只有这样才能更好地完成任务。总之，对任务的认识表明了如何确定自己工作的范围以及如何确定做好工作所必需的努力方向和水平，从而界定自己该付出多大的努力到这一工作中去。

6. 工作绩效。指工作表现和实际成果。工作绩效不仅取决于个人的努力，而且也有赖于一个人的能力和素质，以及对自己工作的认识。

7. 报酬。是工作绩效所导致的奖励和报酬。最初，波特和劳勒在他们的模式中仅包括了一个奖酬变量，后来扩大为外在性奖酬和内在性奖酬。外在性奖酬是组织授予的，包括工作条件、薪金、地位、职务保障以及额外福利等这些与工作有关的奖酬。内在性奖酬是受个人自己控制的，包括成就感、因工作干得好而感到的自我欣赏、工作本身、责任感等。内在性奖酬和外在性奖酬都是人们希望得到的。然而研究表明，内在性奖酬会比外在性奖酬产生更高的工作满足感。内在性奖酬可以由组织通过工作的重新设计来提高。如果工作设计能提供足够的多样性、反馈、自主权和挑战性，使职工觉得他们工作得很好，那么就会体验到内在性奖酬。要是工作设计不当，没能具备这些条件，那么，优良的绩效与内在性奖酬之间就没有什么关系了，所以绩效与内在性奖酬之间的关系是取决于工作责任的性质的。

8. 对奖酬的公平感。在大多数时候，对于一个按照要求的标准完成了任务的人，基于个人对工作的感受、工作对个人的要求，以及个人对公司的贡献，个人会对奖酬是否公平作出衡量。

9. 满足感。是个人实现预期目标时所体验到的满意感觉。满足是一种态度、一种个人的内心状态。

第三节 目标管理

一、目标的功效

目标是一定时期内行为所要达到的结果。人们采取的一切行为都指向特定的目标。目标既是行为的结果，又是行为的诱因。组织目标是在分析组织外部环境和内部条件的基础上确定的组织各项活动的发展方向,是组织管理思想的具体化。按照计划的时间性可以把组织目标划分为战略目标(10年以上)、中期目标(3~5年)、短期目标(1年)与执行目标(季度、月度或周目标)。目标既是计划工作的主要内容,也是制订计划的基本依据,选择好目标方向,有效地利用现有的资源(人力、财力、物力),可以获得更好的经济、社会效益。

目标的功效主要包括:

1. 组织目标为组织指明了方向,是衡量组织实际绩效的重要标准。组织必须有一个明确的共同目标,组织中每一个成员都是为了达到这个特定的目标而协同劳动,没有共同的目标,组织就是一盘散沙。美国管理学大师德鲁克认为一个组织的"目的和任务,必须转化为目标",如果"一个领域没有特定的目标,则这个领域必然会被忽视";各级管理人员只有通过这些目标对下级进行领导,并以目标来衡量每个人的贡献大小,才能保证一个组织的总目标的实现;如果没有一定的目标来指导每个人的工作,则组织的规模越大,人员越多,发生冲突及浪费的可能性就越大。

案例 10-6　　　　　中国航天科技集团公司的企业目标

"铸造国际一流宇航公司"是中国航天科技集团公司发展建设的宏伟目标,是集团公司的不懈追求和努力方向。集团公司将按照"专业化、产业化、集团化、国际化"的发展要求,通过体制创新和机制创新,培养一流人才,实现一流管理,发展一流技术,生产一流产品,创造一流佳绩,建设以宇航产品、导弹武器、主导民品为主业,协调、快速发展的国际一流公司。

组织目标是组织员工共同追求的结果,也是衡量组织员工实际绩效的参考。比如,某企业今年三季度给第三销售部门下达的销售任务是三千万,那么完成三千万的销售指标是该部门的三季度奋斗目标,只要销售量够三千万即为完成任务,超过三千万即可获得对应奖赏。

2. 组织目标指导组织资源分配的方向。组织目标确定以后,在实现目标的过程中就要消耗各种资源。达到组织目标要讲求效率和效益,要正确处理人、财、物之间的关系,使所有成员的思想、意志和行动,以最经济有效的方式去达到目标。为了保证资金和资源的利用效率,需要对组织活动中的资源消耗进行合理统筹和安排。例如某企业计划在今年开拓六十个新市场,为实现这一目标就必须考虑资金和原料的来源,工厂生产能力的协调、人员的配备、设备的添置等一系列问题,要相应的进行规划和安排。

3. 借助目标有效激励员工,赢得企业良好社会形象。组织确定一个合理的、可操作的目标,引导员工向着目标前进,在实现组织目标的过程中建立组织良好的社会形象。如果一个人通过努力达到了自己的目标,取得了预期的成果,那么他就期望得到某种"报酬"。这种"报酬"既有物质方面的,也有精神方面的。因此,为了激励职工持续地发挥主动性和创造性,就应该为每个职工设立合理的、可操作性的目标,在每个职工经过努力取得了某种成就之后,及时地以物质或精神形式加以"认可"。从心理学上说,这种"认可"会反馈地作用于员工,使员工产生积极的情绪反应,激励其持续不断地、以更高涨的热情投入工作，这样就形成了一个正反馈的连锁反应。

案例 10-7　　　"质量是政治，质量是生命，质量是效益"

1992年3月22日，长征2号捆绑式运载火箭发射澳大利亚B1卫星，火箭点火后7秒，Ⅰ、Ⅲ助推发动机熄火，货架自动紧急关机，发射终止。故障分析结果显示，是由于点火控制电路中程序配电器上有微量铝质多余物。1996年2月15日，长征3号乙运载火箭发射国际708通信卫星，火箭起飞后22秒爆炸，星箭全部损失。同年8月18日，长征三号运载火箭发射中星七号通信卫星，三级发动机二次点火发生故障，卫星未能进入预定轨道。一连串的卫星发射失利，严重影响了国内外用户和国际保险界对中国运载火箭的信心，中国航天已面临"失败不起，没有退路，只能成功"的严峻形势。在此之后，中国航天科技集团公司开始狠抓质量关，把每年的3月22日定为"航天质量日"，集团先后建立了质量文化手册、航天企业理念手册，各个生产企业建立了相关的生产管理现场手册，高举"质量是政治，质量是生命，质量是效益"的大旗，加大力量对员工的生产管理进行狠抓不放，终于在其后的1996年10月至2003年5月，长征系列运载火箭连续28次发射成功，表明中国运载火箭的质量与可靠性稳步提高，向世界展示了中国航天的技术实力和一流的质量形象。

二、目标管理的概念

"目标管理和自我控制"被公认为是美国现代管理大师彼得·德鲁克对管理学界的主要贡献，20世纪50年代在其著作《管理实践》一书中首次提出目标管理的概念。美国总统布什在将2002年度的"总统自由勋章"授予他时，特别强调他的三大贡献之一就是提出了目标管理。所谓目标管理就是指组织的最高层领导根据组织面临的形势和社会需要，制订出一定时期内组织经营活动所要达到的总目标，然后层层落实，要求下属各部门主管人员以至每个员工根据上级制订的目标和保证措施，形成一个目标体系，并把目标完成情况作为考核的依据。简而言之，目标管理是让组织的主管人员和员工亲自参加目标的制订，在工作中实行自我控制，并努力完成工作目标的一种制度或方法。目标管理是一个全面管理系统，组织的一切管理活动以制定目标开始，以目标为导向，以目标完成情况作为管理、考核的依据的管理方法。

目标管理的概念可以从以下几个方面来理解：

1．权责明晰。目标管理通过由上而下或自下而上层层制定目标，在组织内部建立起纵横联结的完整的目标体系，把组织中各部门、各类人员都严密地编织在目标体系之中，明确职责、划清关系，使每个员工的工作直接或间接地同组织总目标联系起来，从而使员工看清个人工作目标和组织目标的关系，了解自己的工作价值，激发员工关心组织目标的热情。这样，就可以更有效地把全体员工的力量和才能集中起来，提高企业工作成果。

2．目标管理是参与管理的一种形式。目标的实现者同时也是目标的制订者，即由上级与下级共同确定目标，上下协商，通过协商，加深对目标的了解，消除上下级之间的意见分歧，制订出组织各部门直至每个员工的目标，用总目标指导分目标，用分目标保证总目标，形成一个目标体系。让每个员工根据总目标要求上下级结合制定个人目标，并努力实现个人目标，就能使总目标的实现更有把握。由于目标管理尊重职工的个人意志和愿望，充分发挥职工的自主性，实行自我控制，改变了由上而下摊派工作任务的传统做法，调动了职工的主动性、积极性和创造性。

3. 促使下放管理过程中的权力，强调员工自我控制。德鲁克建议在目标管理的实施阶段和成果评价阶段应做到充分信任员工，实行权限下放和民主协商，使员工实行自我控制，独立自主地完成自己的任务。目标管理在实施过程中，上级必须下放适当的权限，让每个员工实行自我管理，充分发挥每个人的智慧和力量，使每一个员工面对变化了的工作条件，适时地、合理地做出判断和决定，并积极采取必要的措施，以适应复杂多变的工作环境。可见，这种"动态"的管理制度，在多变的"现实"中贯彻执行，就能增强管理组织的应变能力。

4. 注重工作成果。实行目标管理后，由于有了一套完善的目标考核体系，从而能够使员工的实际贡献大小得到如实的评价。成果的考核、评价和奖励也必须严格按照每个员工目标任务的完成情况和实际成果的大小来进行，以进一步激励每个员工的工作热情，发挥每个员工的主动性和创造性。

5. 目标管理还力求组织目标与个人目标更紧密的结合在一起，以增强员工在工作中的满足感，调动员工的积极性，增强组织的凝聚力。每个职工在制定目标时，努力反映出自己工作能力的提高程度，并在实现目标的过程中，加强自我管理，充分发挥自己的聪明才智。目标管理强调个人工作成果和个人工作能力，有利于激发职工努力学习，促进工作能力的自我提高。德鲁克还认为，目标管理的最大优点在于它能使人们用自我控制的管理来代替受他人支配的管理，激发人们发挥最大的能力把事情做好。

总之，目标管理的目的就是通过目标的激励，来调动广大职工的积极性，从而保证实现总目标；其核心就是强调成果，重视成果评定，提倡个人能力的自我提高；其特点就是以"目标"作为各项管理活动的指南，并以实现"目标"的成果来评价其贡献大小。

目标管理的理论基础是科学管理理论与行为科学理论的有效统一。

表 10-1　传统管理方法和目标管理方法的比较

	命令指示型的管理方法	信任指导型的管理方法
1	为下级制定实施计划，并规定工作的目标	下级自己制定与上级目标相结合的个人目标
2	对下级进行工作方法的训练	使下级主动地确定自己的工作方法
3	严格检查下级是否按照上级的指示意图进行工作	下级自己检查自己的目标实施活动并自我评价目标成果
4	上级研究新的工作方法，指示下级遵照执行	为下级提供不断改进自己工作的机会
5	在工作过程中，上级加强检查，下级只是按指令实施	下级在实施目标过程中，实行"自我管理"。上级只是加强指导

三、目标管理方式以及评价

目标管理作为一种管理制度，不同的组织，所面临的具体情况不同，目标管理的步骤也不尽相同。一般包括以下主要步骤：

1. 目标设立。建立目标体系，是目标管理实施的第一阶段。由于目标体系是目标管理的依据，因此这一阶段是保证目标管理有效实施的前提和保证。无论是自上而下还是自下而上制定目标，都需要经过若干次的修改，在充分讨论的基础上才能最后确定。

2. 目标分解。目标分解时把组织的总目标分解成各部门的、个人的分目标，分解的过程按照组织的管理层次进行，形成目标体系。目标与目标之间相互支持、相互制约，彼此呼应，融为一体。

3. 目标控制。虽然目标管理强调员工的自我控制，但是管理人员不能袖手不管，仍然要对活动过程实施定期检查，对执行中发生的目标偏离行为，上级管理人员应该进行帮助和指导。

4. 目标评定与考核。对目标的完成情况及时反馈，进行考核，并和奖赏、报酬制度相挂钩。

美国学者斯蒂芬·P·罗宾斯认为目标管理包括以下环节：制定组织的整体目标和战略；在经营单位和部门之间分配主要的目标；各单位的管理者和他们的上级一起设定本部门的具体目标；部门的所有成员参与设定自己的具体目标；管理者与下级共同商定实现目标的行动计划；实施行动计划；定期检查目标的进展情况，并向有关单位和个人反馈；基于绩效的奖励，将促进目标的成功实现。

目标管理看起来简单，但要把它付诸实施，管理者必须对它很好地领会和理解。首先，管理者必须知道什么是目标管理，为什么要实行目标管理。如果管理者本身不能很好地理解和掌握目标管理的原理，那么，由其来组织实施目标管理也是一件不可能的事。其次，管理者必须知道组织的目标是什么，以及他们自己的活动怎样适应这些目标。如果组织的一些目标含糊不清、不现实或不协调一致，那么主管人员想与这些目标协调一致，实际上是不可能的。第三，目标管理所设置的目标必须是正确的、合理的。所谓正确，是指目标的设定应符合组织的长远利益，和组织的目的相一致，而不能是短期的。合理的，是指设置目标的数量和标准应当是科学的，因为过于强调工作成果会给人的行为带来压力，导致不择手段的行为产生。为了减少选择不道德手段去达到这些效果的可能性，管理者必须确定合理的目标，明确表示行为的期望，使得员工始终具有正常的"紧张"和"费力"程度。第四，所设目标无论在数量或质量方面都具备可考核性，也许是目标管理成功的关键。任何目标都应该在数量上或质量上具有可考核性。有些目标，如"时刻注意顾客的需求并很好地为他们服务"，或"使信用损失达到最小"，或"改进提高人事部门的效率"等，都没多大意义，因为在将来某一特定时间没有人能准确地考核员工实现目标的程度。如果目标管理不可考核，就无益于对管理工作或工作效果的评价。

正因为目标管理对管理者的要求相对较高,且在目标的设定中总是存在这样、那样的问题,使得目标管理在付诸实施的过程中,往往流于形式,在实践过程中有很大的局限性。

本 章 小 结

通过本章学习,你已经了解到激励是由需要引起的,需要是由动机引起的。

激励的方法包括:目标激励、领导行为激励、奖惩激励、参与决策激励。

激励原则包括:准确把握激励时机、恰当运用激励程度、激励的公平性、差异化、经济性。

激励,就是通过一定的条件、方法使员工的需要得到满足,从而维持、加强或引导员工行为与组织要求一致性的过程。

激励有以下特点:有被激励的人、需要是激励的基础、激励是动态变化的。

激励的过程:当人的需要不能够得到满足时,在其内心会产生一种紧张和不安,这种紧张和不安会在人的内心产生一种驱动力,迫使人付诸一定的行为来实现需要。行为的结果基本会有两种:需要得到满足和没有得到满足。当人的需要得到满足时,内心的紧张感会消除,新的需要就会产生,一个新的激励过程就出现了。当需要没有得到满足时,人会表现出积极行为和消极行为两种状态。积极的行为是为未满足的需要而继续努力,而消极的行为是放弃努力。

激励的理论包括马斯洛的需要层次理论(生理的需要、安全的需要、感情的需要、自尊的需要、自我实现的需要)、赫茨伯格的双因素理论(保健因素、激励因素)、亚当斯的公平理论、佛鲁姆的期望理论以及波特与劳勒的综合激励模式等。

目标的功效主要包括:组织目标为组织指明了方向,是衡量组织实际绩效的重要标准;组织目标指导组织资源分配的方向;借助目标有效激励员工,赢得企业良好社会形象。

目标管理是一个全面管理系统,组织的一切管理活动以制定目标开始,以目标为导向,以目标完成情况作为管理、考核的依据的管理方法。

【思考题】

1. 激励是怎样产生的?简述激励的过程。
2. 激励的方法和原则各是什么?
3. 你如何理解需要层次理论和双因素理论?
4. 简述期望理论和波特-劳勒激励模式。
5. 目标有什么功能?什么是目标管理?

6. 试正确评价目标管理。

【实训】

一、实训目的
了解在企业中激励的应用途径和方式。

二、实训组织
▶ 在教师指导下，每位同学选择一家比较熟悉的百货公司、快餐店、专卖店或者其他企业。

▶ 对选定的企业深入调查，描述其激励方案、方法，这些方案方法有什么较好的地方，存在哪些问题，并提出建议。

▶ 将分析结果整理成书面报告，进行汇报交流。

三、实训要求
可以有针对性的先对受调查企业进行分析，看相关类先进企业的激励措施都有哪些，实施效果如何，然后和被调查企业进行对比，以利于分析问题所在。

【案例应用】

李丰的调资要求合适吗？

李丰已经在某公司工作了六年。在这期间，他由一名普通的技术人员升到了高级工程师的地位。他对自己所在的这家公司相当满意，很为工作中的创新性要求所激励。

一个周末的下午，李丰和同事一起去健身，他了解到他所在的部门新聘了一位刚从大学毕业的技术员，工资只比他现在少200元，他百思不得其解，决定一上班就去问个究竟。

星期一早上，李丰找到了人事部经理高英名，问他自己听说的事是否真实。高英名带有歉意地承认，确有这么一回事。但他试图解释公司的处境："小李，新分来的大学生所在专业市场相当紧俏。为使公司能吸引一名合格的人员，我们不得不提供较高的起薪。公司非常需要增加一名这样的技术人员，因此，我们只能这么做。"

李丰马上问高经理能否相应调高他的工资。高英明回答说："你的工资须按照正常的绩效评估时间评定后再调。你干得非常不错，我相信老板到时会给你提薪的。"李丰在向高经理说完一声"打扰了！"之后便离开了，边走边不停地摇头，很对自己在公司的前途感到忧虑。

假如你是李丰所在部门的主管，你了解这一事件的始末，你本来打算在这位新聘大学生过几天来上班时同大家谈谈此事的。没想到高经理这时来了一个电话，跟你说了李丰刚才找他的事和详细经过。你觉得这件事必须尽快妥善处理。你会怎么办？

讨论题目：请分析这一管理问题及其产生的原因和解决办法。

第十一章 控 制

【学习目标】
- 掌握控制的定义以及控制的目的。
- 掌握控制的类型。
- 了解控制的过程和有效控制的原则。掌握控制的方法。

【案例导入】

张华创业

张华大学毕业后决定自己创业,他认真考察了他所生活的桥西区某种电子配件的需求和供应状况,通过对所搜集的信息的分析,他认为如果在桥西区开一家这种电子配件的批零兼营的商店,应该能够获利。于是他在一个月之内紧锣密鼓地就使商店开始营业了。经过两个月的运营,果然如其所料,获利丰厚。张华趁热打铁,把经营规模继续做大,一年以后商店从一家发展到三家,每个商店售货员也从一个人增加到两个人。可是最近三个月,张华发现三个商店的营业额都有不同程度的下降,于是他决定首先对第一家商店进行观察。结果他发现,第一家商店的两个售货员在上班期间经常替换回家,有时店里等待购物的顾客很多,可是因为售货员只有一个人,有的顾客等不及就走了。发现了这个情况,张华立刻和营业员进行沟通,营业员的答复是每天工作量非常大,既要出库,又要销售,每天结账,在营业额不断上涨的过程中,工资却仍然是原来的数字。经过考虑,张华认为应该继续留用这两个员工,于是他提出,第一,在上班时间不许离开商店,类似事情发现一次罚款 100 元,发现两次给以开除;第二,工资按效益发放,基本工资原数字不变,如果营业额增加了,按增加额的 3%发奖金,营业额降低,按减低额的 3%减基本工资;第三,改每天结账为一周一结。第四,笑脸迎客,有问必答。同样的规定适用于另外两家商店。制度试行了一段时间,效果很好。

上面这个案例涉及到的就是组织运行中的控制工作。

第一节 控制概论

一、控制的概念和目的

(一) 控制的概念

控制就是通过监督组织各方面的活动,确保组织实际运行状况与原定计划要求能够基本吻合的一项管理职能。今天人们越来越多地认识到控制的重要性,作为一项重要的管理职能,控制职能就是要求每一个管理层次的每一位管理人员对自己管理范围内的组织运行是否符合组织的预期目标及时进行观察、测定,并采取一定措施来保证组织目标的实现。

通过前面课程的学习,我们了解了管理工作的前三个环节即计划、组织和领导,控制作为管理工作的第四个环节,和前三个环节有着紧密联系。计划和控制作为管理过程的一头一尾,紧密相关:一方面如果只有周到、细致、具体的计划和目标而没有控制,人们可能知道自己干了什么,但由于没有比较,人们可能无法知道工作干得怎样,在过程当中存在的问题是什么,以及哪些地方需要改进。古人说的"多谋多胜,少谋少胜,不谋不胜"的前提应该是确保"谋"被实施的过程。另一方面,只有控制而没有计划和目标,那么控制的"度"是否合适,通过控制得到的结果是否理想都不得而知,甚至因为没有提前进行仔细计划,是否能够达到更好的效果也不清楚。

通过实践,人们已经知道计划做得越明确、可行,控制效果会越理想;而控制工作越及时、有效,计划和目标越容易实现。其次,控制职能把组织中的人员配备、领导的指挥协调和计划设定的组织目标结合在一起,根据组织内部和外围环境的变化,及时调整、修改计划,甚至在必要时调整组织目标或启动备用计划,以保证组织运行符合环境变化。

二、控制的目的和作用

控制工作的目的和作用主要体现在两方面:

1. 限制偏差的积累。在做计划之前会搜集各种影响结果的信息,由于信息搜集技术和时间的限定,人们不可能把所有影响因素都搜集到,另外,由于受信息分析技术和利用技术的限制,也不可能把搜集来的所有信息的影响都考虑到位,因此,在计划执行过程中随时会出现预料不到的意外情况,这些情况对结果的影响也许很小,但如果不加控制,随着时间的推移,小的差错和失误就会积累,影响面越来越大,最终变得非常严重。

案例 11-1　　　　　　　　张瑞敏砸冰箱

1984 年是海尔集团的前身——青岛电冰箱总厂否极泰来的年头。这一年,先是接连换了 3 任厂长,企业仍每况愈下,直至亏损 147 万元,资不抵债。工人拿不到工资,人心涣散。到年底,上级主管部门派 35 岁的张瑞敏来任厂长。从此,这个企业走上了艰难的、但却是生生不息的发展道路。

张瑞敏到厂不久,从一封用户来信中发现,近期生产的冰箱存在质量问题,经检查,仓库里还有这样的冰箱 76 台。张瑞敏召集全体职工查看这 76 台冰箱,确认了各台的生产人员后,提来一把重磅大锤,要求谁生产的谁来砸。职工们流着泪把 76 台冰箱砸掉了,这一锤,砸醒了全体员工,从此产品质量控制开始得到保证。

从这个案例可知,如果在第一台冰箱出现问题时及时发现并采取措施,就不会出现后面的不良局面。

2. 适应环境的变化。一般情况下，从计划开始执行到组织目标实现都需要经历一段时间，在这段时间里，组织的宏观环境和微观环境都有可能发生变化，比如政府对行业的政策改变，竞争者新技术、新产品的出现，顾客需求和要求的改变，企业关键技术人员跳槽或同行关键技术人员加盟本企业等等，所有这些变化都有可能影响组织目标，或许是对组织目标实现的阻碍，也可能是推进，甚至需要对组织目标进行修改。因此，"适者生存"的理论促使组织必须建立有效的控制体系，及时、准确地预测和确定环境变化，并对变化的危害进行分析，及时做出反应，只有这样才能发展和壮大。

三、控制的类型

控制种类的划分方法有多种，根据控制的程度不同，可以把控制划分为集中控制、分散控制和层次控制；根据控制对象的不同，可以将控制划分为直接控制和间接控制。根据在控制过程当中获得信息的方式和时点，可以把控制划分为前馈控制、现场控制和后馈控制三类。

（一）前馈控制

"治病不如防病，防病不如讲卫生"、"防患于未然"等等说的就是前馈控制的重要性。前馈控制又称为预先控制或事前控制，是在资源尚未被消耗、计划还没执行前对工作中可能会产生的各种偏差进行推断，并尽力采取措施消除偏差的产生。比如医生在给病人进行手术之前要求家属签字，这一环节一方面是医生为了避免手术可能出现的各种意外带给医患双方各种矛盾，提前将矛盾化解开，另一方面也是提前预料各种手术意外，并对每一种意外尽可能找到解决方案，以提高手术成功率。制造商在购买原材料之前，就先对所买原材料建立一套质量标准，这也是一种前馈控制。

水平最高、效果最好的控制是预先控制。但预先控制需要在工作开始之前对影响计划的各种因素和信息进行分析，并要求管理人员能具备相关的信息搜集、分析、处理的技能，从现实看，要做到这些是很不容易的，所以组织还必须结合其他控制形式多头齐下。

（二）现场控制

现场控制也叫同步控制或同期控制，是指在计划执行过程中所进行的控制活动。现场控制在很多场合都会出现，小孩子的不合常规的言行及时被家长制止，以避免今后形成习惯性行为；老师在课堂上维持教学秩序等等。

此时的控制活动一般具有两个作用，一个是管理人员根据自己的经验，对正在进行的组织活动进行指导和监督，既避免偏差的出现，也可以帮助其他人员提高业务水平；另一个目的就是在偏差出现时能够及时被发现，及时采取措施，避免偏差的积累。现场控制也有弊端。例如，现场控制要求管理人员亲临现场，因此很容易受管理人员时间的制约，管理人员不可能对每一项活动的每一个环节进行监督，因为人的精力总是有限的；其次，管理人员业务水平的高低也会影响现场控制的效果；第三，现场控制需要当场指出差错，对沟通技巧要求比较高，否则容易形成管理者与被管理者之间的冲突。

（三）后馈控制

后馈控制又称为反馈控制、事后控制或结果控制，这种控制一般是通过对执行一段时期的计划目标和实际结果进行比较，对本期的组织活动效果给以评价，然后以此为经验或教训，用来为以后的工作提供指导。比如学生评教师，无论学生对教师的评定是好还是，这一时期都已经过去，对已经出现的问题或形成的差错都已经无能为力，这项控制活动的意义就在于为教师今后的教学工作提供指导和借鉴，好的方面继续发扬光大，需要改进的方面在以后的工作中努力提升。在企业里，通常每隔一定时期都会进行财务分析、经营结果分析等等，为以后工作的正确发展提供依据，这也是反馈控制被广泛应用的原因。

三种控制方式各有优劣，有效的控制应该是多种方式相互结合，取长补短，根据具体实际情况，有侧重点的以某种控制为主，以达到最好的结果。

案例 11-2   **小张的控制**

小张下岗后开了一间小型餐饮店。他知道，要取得经营成功，除了要有可口的饭菜外，周到的服务和与顾客的良好关系也是非常重要的。为此，他采取了如下控制措施：1、在店内显眼的位置挂一本顾客意见簿，欢迎顾客提出意见和批评；2、让领班严密监视服务人员的行为，并对棘手问题的处理提供协助和建议；3、在员工上岗之前进行工作技能和态度的培训；4、明确规定半年后要对服务质量好的员工给予奖励。

四、有效控制的关键原则

有效控制是指控制体系建立以后，员工在工作的过程中，能够主动根据控制体系不断地修正自己的工作方式、方法或者思路，以改进生产效率和工作绩效。一个能够促进员工自我管理的控制体系可以节省很多时间，也可以免去管理人员很多麻烦。这是有效控制的最高境界。建立一个有效的控制体系，必须遵循以下原则：

1. 控制体系必须合适、合理而且是员工可以接受的。控制体系本身是针对计划执行者来说的，是衡量计划执行者的实际工作和计划的吻合程度的标准，在员工认为控制标准与其工作内容相吻合且合理的情况下，控制体系才能得到员工特别是执行者的认可，员工与控制体系才能协调一致，也才有可能以控制体系为标准来主动更改自己的工作，提高控制的及时性和有效性，以保证计划的正常实施和预期目标的实现，同时还有助于培养组织成员的自我控制能力，否则，员工就会抵抗控制体系，不进行自我反馈和自我控制，从而使控制体系在一定程度上丧失自身存在的意义和作用。

2. 突出重点控制。鉴于控制人员时间和精力的有限，有些偏差对组织的影响很小或没有影响，加上组织中的工作活动往往错综复杂、涉及面很广，导致组织不可能对每一个人、每一个环节进行控制,因此组织应该处理好全面控制与重点控制的关系。这就要求在控制开始之前,就要对整个控制过程进行分析,找出实现目标的重点环节和关键因素,针对重点环节、关键因素实施重点控制。这样管理人员就不必对每一个环节细致了解,就可以达到有效控制的目的。这个原则类似于"打蛇打七寸"、"擒贼先擒王"。平时人们经常提到的"关键的事总是少数,一般的事总是多数",强调的就是控制工作中的突出重点、强调例外原则。

3．应该适时和适度相结合进行控制。控制的根本目的是保证组织活动与计划要求的一致性,以有效的实现组织目标。因此控制必须遵循及时的原则,否则就会造成偏差的产生或积累,从而造成较大的不良后果。预测偏差的产生可以通过建立对控制对象的预警系统来实现,原理是反映组织运行状况的数据应该是在某一范围之内上下浮动,偏离了这个范围就意味着组织活动与计划不一致,就要及时进行纠偏。

适度意味着控制不能太紧,也不能太松。控制太紧使,被控制者感觉受束缚,不利于其潜力发挥,同时也容易引起其反感和抵抗;控制太松,就等于没有控制,使控制活动失去意义。

4．控制的经济性原则。控制是需要费用支出的,由于控制的实施而带来的收益应该大于对应控制费用的支出,控制活动才是有意义的。控制方案的实施、控制设备的购置、控制人员的雇佣等等,都应该进行控制费用和相对收益的比较,做出技术上的可行性分析,以确保控制活动的经济效益。

五、对控制活动本身和控制者的控制

组织活动在进行过程中离不开控制环节,有效的控制是保证组织实际活动和计划相一致的保障。在这里,强调的是有效的控制对组织活动的意义。要想实现有效的控制,组织必须对控制者和监督控制活动的人进行有效控制,就好像在企业内部有针对会计工作的审计人员,而针对企业内部的审计还有组织外部审计进行控制,以确保组织内部审计的正确。

控制活动的目的是为了保证计划的执行和执行效果,在履行控制活动过程中,无疑要增加组织运行成本。因此,组织可以通过提高员工技能的方式来减少对控制工作的需求,还可以在控制工作中注意培养组织成员的自我控制能力,这些都会减少控制成本,提高组织运行效率。

第二节 控制的过程

控制过程与计划是交织在一起的。若严格区分,计划的编制是计划工作的职能,计划

执行中的检查处理就属于控制工作的职能范围。控制工作内容主要包括两块，一个是纠偏，即限制偏差的积累，维持目前的现状，确保计划的实现，这是基本控制；另一个是随着环境的变化，打破现状，修改原订的计划，这是高级控制。

控制工作得以开展的前提和基础是建立控制标准。控制标准的确定是以计划过程中对相关工作规定的标准作为依据的。在某些情况下，控制标准可以直接用计划目标来代替，如投资收益、利润等。但是在绝大多数情况下，控制标准必须在计划目标基础上进行专门的设计，甚至具体、量化和可衡量。因此控制工作通常始于控制标准的制定。控制过程由确定控制标准、衡量绩效、和纠正偏差三个基本环节构成，它们也是构成控制系统的三个要素。

一、确定标准

控制标准应该保持先进合理的水平，过高和过低都不合适，过高的标准会挫伤组织成员工作的积极性，过低的标准则失去了标准的控制价值。在建立控制标准时应该遵循这样的原则：

1．控制标准应该考虑实施成本。成本标准主要是反映组织各项活动所支出的费用的标准，如产品成本、管理成本等。通过控制，使各项成本压缩在企业可以承受的范围之内，以确保组织预期效益和利润的实现，另外成本控制也是企业产品保持市场竞争优势的重要途径，因此，企业在制定控制标准时应该考虑成本高低。

2．控制标准应该考虑实际执行的可能性。控制标准应该是定性标准和定量标准相结合，既考虑标准本身是否可行，也要考虑执行上的可行性，比如时间限制因素、资源闲置因素等。

3．控制标准应该考虑顾客需求。组织活动的所有目的是为了满足顾客需要，因此组织的控制活动也应该从有利于组织生产出市场所需要的产品和服务为目的，制定相关的工作质量标准、产品质量标准等。

制定控制标准的步骤包括：确立控制对象。控制对象应该是那些会影响组织目标实现的因素，如环境变化、组织可控制的资源状况、活动进展过程等。其次选择控制重点。控制重点应该是会影响组织目标的重点操作与事项。最后是制定控制标准。控制标准的制定应该有利于组织目标的实现。

案例 11-3　　　　　　　　推销员应该得到额外奖励吗？

某推销员经过艰苦的努力，一年中实现了 100 万元的销售业绩。该推销员认为自己大大超额完成了工作任务，非常高兴，主动向销售主管汇报并提出额外奖金的要求。谁知销售主管只是说了些口头表扬的话，只字不提奖金的事。这位推销员等了好久，什么也没等到。他知道额外奖金的梦破灭了，他的工作热情也没有了。如果这位销售主管是一位称职管理者的话，你认为他不给推销员额外发奖金的最大可能原因是什么？

二、衡量绩效

衡量绩效就是用预先制定的控制标准对实际工作效果和进展情况进行检查、比较、测定,确定是否存在偏差并分析偏差程度和产生偏差的原因,以便能及时准确地为纠正偏差提供相关信息。控制既然是为了纠正实际工作结果与标准要求之间的偏差,就必须首先掌握工作实际情况。掌握实际工作绩效可以通过两种方式:一是测定已产生的工作结果,另一个是预测即将产生的工作结果。无论哪种方式,都要求搜集到的信息能为控制工作所用。检查和纠偏构成控制工作的主要内容。检查的过程也就是信息搜集的过程,控制工作对信息的要求应该注意以下方面:①信息搜集应该具有及时性。②信息搜集者有相对合适的搜集技术,以确保搜集到的信息的可靠性和准确性。③信息还应该具有有效性,否则再准确、可靠的信息都没有用。

衡量业绩的方法有三种:一是定性衡量和定量衡量相结合。对于一些无法用定量衡量方法进行检查的方面,就要采用定性衡量方法,比如关于工作积极性、主动性、创造性方面的衡量,就不适于采用定量衡量方法。二是连续衡量和尖端衡量相结合。衡量时间间隔太短,不仅容易增加控制成本,还会影响被控制者的工作情绪。衡量时间间隔太长,不利于及时发现问题,造成不必要的损失。三是工作进行过程中衡量和工作完成后衡量。这一点和组织所采用的控制方法相关,但无论采用哪种控制方法,都应该做好平时的工作记录,以便于能对工作绩效作出客观的评价。

在衡量绩效的过程中,反过来也可以进一步验证衡量标准是否客观、有效,如果通过实际活动发现衡量标准存在着一定的失误之处,那么首先应该改正的是衡量标准。

三、纠正偏差

通过衡量绩效诊断出问题后,必须尽快准确地分析问题产生的原因并采取解决的措施。可以说,控制效果如何最终将取决于所采取的措施是否有利的解决了问题,使组织实际运行符合预定目标的要求。

找出偏差产生的主要原因是纠正偏差的前提和基础。偏差的产生有时是由单一原因引起的,有时是由多个原因引起的,此时就要对多个原因进行分析,找出主要因素和次要因素,有针对性地按照轻重缓急来解决问题。

但是,并不是所有的偏差都需要采取措施加以纠正,有的偏差不足以对组织活动结果产生影响,就没有必要耗费资源、浪费时间去纠正这种偏差,有的偏差本身反映出的问题不在计划执行上,而是计划本身存在问题,此时需要纠正的就是标准。比如,对于新开发的一个市场的销售人员在年初制定了月销售任务量,但经过一段时间运行发现,每个员工都能超额完成任务,这时候管理人员就需要对结果进行考察,是否当初把销售困难扩大化,以至于销售目标定得偏低?是不是销售人员继续努力,销售量还可以再上一个台阶?反过来,如果销售人员中的绝大多数甚至全部都没有完成预定的销售量,这时管理人员就需要考虑能否排除大家集体抵抗这个因素？如果能够排除，那么计划标准是否制定得太高？某些困难当初做计划时是否没有意识到？

案例 11-4　　　　　　　销售奖惩考核指标有缺陷吗？

一家以化学添加剂生产为主的小型民营企业，对其销售人员采取了按照销售额提成的奖励办法，希望能够借此激励他们努力工作，扩大企业的市场份额。然而，此方法试行一年以后，伴随着企业销售额的大幅增加，却出现了销售回款额下降的严重问题。

产生这种问题的原因是什么呢？组织纠正偏差的过程，实质上也是对原有计划进行重新优化的过程。随着时间的推移，影响计划执行的某些因素发生了变化，有些影响因素没有预料到，而这些因素可能都会对组织活动结果产生影响，通过控制活动，修订和完善计划，甚至更换计划的执行者，都从一定程度上保证了组织运行的效果趋向于更好。

控制既是管理整个活动的结束，同时也是新一轮管理活动的开始。整个管理活动是一个循环往复的过程，控制是其中承上启下的环节。

第三节　控　制　方　法

实现控制目标就需要合适的控制方法。在控制职能中，不同的组织活动内容不同，执行组织活动的员工素质不同，所需要的控制方法和控制程度都不一样。

在控制活动中，经常涉及到的控制方法包括财务指标控制、目标管理控制、质量控制等。

一、财务指标控制

财务指标控制包括预算控制、财务比率分析、审计等。

（一）预算控制

任何组织活动都需要消耗资源，为了保证组织资源的利用效率，需要设立相关的财务指标对资源使用状况进行监督和检查。组织活动之前，一般都先进行可行性分析，确保组织活动的经济效果，并对资源的消耗状况进行预算。预算既是控制方法，同时也是控制工具。预算是典型的量化式计划指标。预算的制定以组织的目标为根据。

预算是现代企业的重要管理工具，建立以预算目标为中心的各级责权体系，对于企业规范各项基础管理工作，完善内部控制机制，加强成本费用控制，优化整合企业资源，保障战略目标实施，全面提升综合管理水平和市场价值，具有十分重要的现实意义。

预算作为一种控制组织活动的工具和方法，其作用体现在通过对预算资金的控制，来控制组织活动的进展，通过对预算资金流向的控制，来调节组织活动的先前后续。

预算按照不同的划分标准，有不同种类。

1. 按照预算财务内容的不同，预算大体可以划分为四类，即现金预算、成本费用预算、财务风险的预算、资产质量的预算。预算控制以成本控制为基础，现金流量控制为核心。只有通过控制现金流量才能确保收入项目资金的及时回笼及各项费用的合理支出；只有严格实行现金收支两条线管理，充分发挥组织内部财务结算中心的功能，才能确保资金运用权力的高度集中，形成资金合力，降低财务风险，保证组织各项活动资金的合理需求，提高资金使用效率。

2. 按照预算的灵活性，可以划分为刚性预算和弹性预算。刚性预算是指在预算执行过程中没有变动余地或变动余地很小的预算。刚性预算最大的优点是控制性比较强，但是对环境的适应性差并且不利于调动组织员工的积极性和发挥执行人的积极性。弹性预算是指预算指标留有一定的调整余地，预算执行人可以根据具体状况，对预算执行情况进行适当调整，以利于组织活动的进展。弹性预算使得执行人可以在一定范围内进行灵活调整，但可控性差，控制力度偏弱。

案例 11-5　　　　　某企业的预算控制

某企业在制定预算时规定，在产品销量为 1000 件时，预算的单位成本为 2.80 元；当销量达到 1500 件时，则以单位成本 2.65 元作为控制标准。你认为合适吗？

3. 按照预算编制的部门划分为总预算和部门预算。总预算涉及的是在组织整体活动资金的收支状况。部门预算是总预算的基础，是根据总预算来制定的各部门的资金收支预算。

加强预算的编制管理，提高财务预算的编制质量是发挥预算作用的基础。预算编制需要注意两点：一是财务预算编制要注重年度预算目标与战略规划的有效衔接，要紧紧围绕组织总体发展战略和规划，坚持以战略规划为导向，确立预算编制模式，制订和实施年度预算目标和控制标准，保证组织战略规划的有效实施；二是组织财务预算编制要突出重点指标，以收入、成本、费用、利润、资金为核心，重点反映企业现金流量、成本费用控制、资源使用效率、经营风险监控等情况，要充分考虑对组织年度财务状况和经营成果产生重大影响的财务事项。

预算编制程序有自下而上、自上而下和上下结合三种方式。它们分别适用于不同的组织环境和管理风格，并各具优缺点。整个过程为：先由高层管理者提出组织总目标和部门分目标；各基层单位根据一级管理一级的原则制定本部门的预算方案，呈报上级部门；上级部门再根据各下属单位的预算方案，制定本部门的预算草案，呈报预算委员会；最后，预算委员会审查各分部预算草案，进行沟通和综合平衡，拟订整个组织的预算方案；预算方案再反馈回各部门征求意见。经过自下而上、自上而下的多次反复，形成最终预算，经企业最高决策层审批后，成为正式预算，逐级下达各部门执行。

建立预算监控与报告制度。预算监控主体是实施预算监控职能的机构。由于预算监控的对象是预算的执行过程,而预算的执行过程涉及整个组织活动的各个环节、各个部门、全体成员,所以预算监控应该是全面的、系统的。有效的监控应该借助各部门、全体成员的共同努力,它应该是预算执行者的自我监控和相互监控的结合。

（二）财务比率分析

我们以现金流量比率分析为标准来进行财务比率分析。现金流量财务比率分析主要从流动性、偿债能力、获利能力四个方面来进行分析。

1. 流动性比率分析

流动性比率分析是现金流量表财务比率分析的主要内容之一,主要是衡量企业资产变现能力的高低。其分析比率主要有：现金流动比率、现金速动比率和流动负债现金比率。

（1）现金流动比率：

主要衡量企业流动资产的质量。

现金流动比率＝现金＋现金等价物（或短期投资、应收票据）÷流动资产

现金及现金等价物（或短期投资、应收票据）＝现金期末余额+银行存款期末余额+其他货币资金期末余额＋短期投资期末余额＋应收票据期末款

现金流动比率越高,企业流动资产变现损失越少,对短期债权来说越安全。但现金流动比率过高,则说明企业现金存在闲置,这必然影响企业的获利能力。现金流动比率一般应为 1.5—2。

（2）现金速动比率

企业的存货由于变现能力很弱,单纯按照现金流动比率还不能真实地反映企业的实际支付能力和资产的变现能力。现金速动比率则能弥补现金流动比率的不足。现金速动比率一般在 0.9—1.1 为宜。

现金速动比率＝现金及现金等价物期末余额 ÷（流动资产－存货）

公式中的现金及现金等价物期末余额可以通过现金流量表中"现金及现金等价物期末余额"来确定,而"流动资产"、"存货"的数额则来自资产负债表中的"流动资产合计"项目和"存货项目"的期末数。

（3）流动负债现金比率

流动负债现金比率是现金速动比率的进一步分析,该比率越高,表明企业资产的流动性越强,短期偿债能力越有保障。

流动负债现金比率＝现金及现金等价物期末余额 ÷（流动负债＋或有负债）

公式中的或有负债包括对外担保可能形成的负债、商业承兑汇票贴现等。

2. 偿债能力比率分析

现金流量表的偿债能力比率分析,利于债权人掌握能否按期取得利息,到期收回本金；投资者能否把握有利的投资机会,创造更多的利润；经营者能否减少企业的财务风险,增强债权人、投资者对企业的信心。

反映现金流量表的偿债能力比率主要有：到期债务本息支付比率,短期债务现金流量

比率及已获现金利息保险倍数。

（1）到期债务本息支付比率

到期债务本息支出比率＝经营活动产生的现金净流量÷（短期借款＋长期借款＋借款到期利息支出）

公式中的"短期借款、长期借款及借款到期利息支出"来自于现金流量表中的"筹资活动产生的现金流量"一栏。分母剔除了其他现金来源的偿债情况，便于反映企业持续经营再举债能力。当到期债务本息支付比率小于1时，则表明企业经营活动产生的现金流量不足以偿付到期债务本息。

（2）短期债务现金流量比率

短期债务现金流量比率＝经营活动产生的现金净流量÷（流动负债＋或有负债－定额负债）

公式中的定额负债指暂时可以延期支付的款项，主要包括历年应付工资、应付福利费结余、预提费用等。

只有当短期债务现金流量比率大于或等于1时，债权人的全部流动负债才有现金保障。

（3）已获现金利息保障倍数

已获现金利息保障倍数＝（经营活动产生的现金净流量＋现金利息费用＋所得税付现）÷现金利息费用

公式中的现金利息费用和所得税付现两项金额均已在现金流量表中得到揭示。

3．获利能力分析

现金流量表获利能力的分析在很大程度上弥补了权责发生制下主观估计、判断等人为因素对利润的影响。现金流量表获利能力分析一般包括利润变现比率、资本金现金流量比率、总资产现金报酬率和现金流量投资利润比率四个部分。

（1）利润变现比率＝经营活动产生的现量÷（销售收入－销售成本－销售费用－销售税金及附加）

利润变现比率显示了企业经营活动产生的现金流量与利润间的差异程度，它可以有效地防范企业人为操作账面利润，造成虚盈实亏的可能性。

（2）资本金现金流量比率

资本金现金流量比率＝经营活动产生的现金净流量÷（实收资本期末余额＋实收资本期初金额）/2

资本金现金流量比率反映了企业对所有者的回报能力，这一比率越高，所有者投入资本的回报能力越强。

（3）总资产现金报酬率

总资产现金报酬率＝经营活动产生的现金净流量÷（期末资产总额＋期初资产总额）/2

这一指标，综合反映了企业资产的利用效果，旨在衡量企业创造现金的能力。

（4）现金流量投资利润比率＝经营活动产生的现金净流量÷应付利润或应付股利贷方

发生额。

一般而言，现金流量投资利润比率越高，所有者获得投资利润的保障系数越大。

二、审计控制

内部审计和外部审计构成了我国审计监督体系的两大主体。二者相互联系，又各自独立、各有特点、各司其职，相互不可替代。作为审计控制的第一关，内部审计有着重要意义。

（一）内部审计

现代企业从制度的建立上需要内部审计。组织内部经营活动涉及各个方面和各个部门，采购、销售、基建工程、投融资、会计核算等经济业务都需要有效的控制制度来协调。因此，内部审计是最好的选择。

内部审计的优势在于：

1. 组织内部审计贴近管理，熟悉情况，容易发现管理上的漏洞。内部审计人员对本组织的目标、各部门的职责分工、企业内部各项规章制度、工作流程等较为熟悉，而审计对象的相对固定性，又使其能动态地掌握被审单位的各种情况，及时、准确地判断出高风险领域和重要事项，有针对性地进行审计，以发现管理上的漏洞。

2. 组织内部审计时间、方式方法灵活，成本较低，可提高审计效果和审计效益。内审人员能随时掌握组织大量内部信息，从而能减少资料收集的工作量，项目的实施又可以融合在其他项目中进行，降低了审计成本，能从多角度、多环节发现线索，并灵活采用风险分析、控制评价、询问、实质性测试等多种方法，以提高审计的效果和效益。

3. 内部审计提出的处理意见和建议操作性强，能从根本上改善组织管理。内部审计提出处理意见和建议时，能从组织的实际出发，将损失减少到最小，还能从管理者的角度考虑如何改进管理、完善控制，同时，还可以对落实意见和建议的情况进行后续审计，从而促进组织建立起有效的内部控制系统，降低控制风险，防患于未然。

内部审计也有一定的局限性：

1. 组织利益与内部审计人员利益的一致性，降低了审计作用。当组织利益与个人利益一致时，内部审计人员为维护自身的利益，往往对不正当的组织行为采取默许的态度。如许多内部审计人员对组织通过变通给职工搞福利不揭示、不处理，对组织加大成本费用、不遵守收入确认原则、少计收入、偷漏税款等做法予以默认等。

2. 复杂的人际关系，影响了内部审计工作的深入开展。内部审计人员在开展工作时不可避免地会受到组织内部复杂人际关系的影响，有时会因内部关系而影响工作进程。特别是被审对象的职位、级别一般都比较高，出于各种考虑，内审人员往往在实施审计时睁一只眼闭一只眼，从而降低了审计质量。

3. 内部审计的独立性有限，限制了审计工作的深入开展。内部审计和其他职能部门一样，一般都在管理层领导下工作，不可避免地会受领导意志所左右，加之内部政策的压力，内部审计在组织中的地位不明确等，使内部审计工作的开展受到了许多限制。

（二）外部审计

外部审计指由组织外部的专门审计机构和人员对组织的财务程序和财务往来进行有目的的综合检查审计，以确认组织的财务报表能真实反映组织的经营活动和资金流向。一般外部审计具有很强的客观性和公正性，是对内部审计的审计，有利于发现组织运行中存在的和隐瞒的各种问题，有利于组织的发展。

三、全面质量管理控制

通俗地说，质量是顾客对一个产品或服务满足程度的度量。质量的涵义是全面的，不仅包括产品服务质量，而且包括产品设计质量、制造质量和工作质量，用工作质量保证设计质量和制造质量；其次，全面质量管理是全过程的质量管理，不仅要管理生产制造过程，而且要管理原材料采购、新产品设计直至生产、储存、销售、售后服务的全过程。由此可以看出全面质量管理是以组织全员参与为基础的质量管理形式。

全面质量管理，就是组织全体员工参与到企业产品质量工作过程中，控制影响产品质量的全过程，在企业中建立包含研发、设计、生产、销售、服务等全部环节的质量管理体系。

（一）质量控制与管理的发展阶段

质量控制理论大体经历了四个发展阶段。

1. 上个世纪20年代以前为质量检验阶段，主要是对产品的质量实行事后把关。但质量并不是检验出来的，所以，质量检验并不能提高产品质量，只能剔除次品和废品。

2. 上世纪三十年代休哈特理论使得质量控制从检验阶段发展到统计过程控制阶段。休哈特强调产品质量不是检验出来的，而是生产制造出来的，质量控制的重点应放在制造阶段，从而将质量控制从事后检验提前到制造阶段。

3. 1961年菲肯鲍姆提出全面质量管理理论（TQM），将质量控制延伸到产品的整个过程，强调全体员工都参与质量控制。

4. 上世纪70年代，日本田口玄一博士提出产品质量首先是设计出来的，其次才能制造出来。因此，质量控制的重点应放在设计阶段，从而将质量控制从制造阶段进一步提前到设计阶段。

（二）质量管理体系

建立质量管理体系是开展全面质量管理工作的一种最有效的方法与手段。质量管理体系是为了在质量方面指挥和控制组织、实现质量方针和目标，把影响产品质量的技术、管理和资源等因素综合在一起的有机整体。企业建立质量管理体系，要根据质量方针、目标制定质量管理手册、程序文件等，确定需要开展的各项活动（过程），设置组织结构，明确各部门、岗位的职责和权限，配备必要的人力资源、财务资源和工作设施，规范从事各项活动的方法和要求。

（三）全面质量管理的作用

通过实施全面质量管理，改善了产品设计，强化了员工的质量意识，提高了生产效率，降低了生产现场维修成本，减少了责任事故，改进了产品售后服务，提高了产品的市场接受程度，不仅使得顾客满意，而且企业也能够最大限度地获取利润。

全面质量管理强调动态质量，对质量始终不断地寻求改进，但是它没有规范、统一的标准。因此，企业实施全面质量管理能否成功，关键是要深刻领悟全面质量管理的内涵，根据本企业的具体情况，制定出切实可行的质量管理计划。

案例 11-6　　　　　　某企业的零缺陷管理

零缺陷管理是以消除工作缺陷为目标的一种管理方法。零缺陷管理的基本方法有以下三点：（1）否定"错误难免论"。认为只要努力，就能逐步接近和最终达到完美无缺的境界。（2）使每个员工都形成"我就是主角"的观念。每个工人不仅是生产者，也是质量检查者，又是管理参与者。（3）激发每个员工干好工作的积极性和创造性。零缺陷管理的实质是激励全体员工"第一次就把事情做好"，增强员工消除缺陷的信心和责任感。

本 章 小 结

控制就是通过监督组织各方面的活动，确保组织实际运行状况与原定计划要求能够基本吻合的一项管理职能。控制职能就是要求每一个管理层次的每一位管理人员对自己管理范围内的组织运行是否符合组织的预期目标及时进行观察、测定，并采取一定措施来保证组织目标的实现。

控制种类的划分方法有多种，根据控制的程度不同，可以把控制划分为集中控制、分散控制和层次控制；根据控制对象的不同，可以将控制划分为直接控制和间接控制。根据在控制过程当中获得信息的方式和时点，可以把控制划分为前馈控制、现场控制和后馈控制三类。

控制工作通常始于控制标准的制定。控制过程由确定控制标准、衡量绩效、和纠正偏差三个基本环节构成，它们也是构成控制系统的三个要素。

实现控制目标就需要合适的控制方法。在控制职能中，不同的组织活动内容不同，执行组织活动的员工素质不同，所需要的控制方法和控制程度都不一样。在控制活动中，经常涉及到的控制方法包括财务指标控制、目标管理控制、质量控制等。

【思考题】

1. 什么是控制及控制的功能？

2．控制的类型有哪些，并对其进行分别解释？
3．有效控制应把握什么样的原则？
4．阐述控制的过程？
5．列举控制的方法有哪些？

【实训】

一、实训内容
要求同学自己选择故事题材，编排一个短剧，时间控制在 15 分钟以内。

二、实训目的
通过一个活动的组织，使得同学意识到控制行为在目标实现过程中的重要性。

二、实训组织
- 全体同学 6 人为一组。
- 在课下进行排练。
- 通过班会或课上时间进行演出。
- 结束后，要求小组成员就排练过程中遇到的问题、矛盾交流，畅谈自身的感受。

三、实训要求
选择的故事内容不要太长，情节不要太复杂，控制好时间，力求在短时间内，交代完整故事情节。

【案例应用】

控制：管理的"维生素"

鲁国有个人叫阳虎，他经常说："君主如果圣明，当臣子的就会尽心效忠，不敢有二心；群主若是昏庸，臣子就敷衍应酬，甚至心怀鬼胎，表面上委与虚蛇，却在暗中欺君而谋私利。"

阳虎这番话触怒了鲁王，阳虎因此被驱逐出境。他跑到齐国，齐王对他不感兴趣，他又逃到赵国，赵王十分赏识他的才能，拜他为相。

近臣向赵王劝谏说："听说阳虎私心颇重，怎能用这种人料理朝政？"

赵王答道："阳虎或许会寻机谋私，但我会小心监视，防止他这样做，只要我拥有不至于被臣子篡权的力量，他，岂能得逞所愿？"

赵王在一定程度上控制着阳虎，终使赵国威震四方，称霸于诸侯。

问题：
读完这则故事，谈谈对你有何启发？

第十二章 创 新

【学习目标】
- 重点：创新的特征及表现形式、如何培养员工的创新意识。
- 难点：阻碍创新的因素及消除阻力的措施、组织创新的方法。

【案例导入】

创新——国家前进的动力

据测算，目前我国的对外技术依存度高达50%，设备投资60%以上依靠进口，科技进步贡献率只有39%左右。由于不掌握核心技术，我们不得不将每部国产手机售价的20%、计算机售价的30%、数控机床售价的20%~40%拿出来向国外专利持有者支付专利费。研究表明，如果投资率保持在目前40%的高水平，要达到GDP翻两番的目标，科技进步贡献率就必须在目前水平的基础上再提高20个百分点，达到60%以上。这就要求我们进一步加大研究开发投入，大幅度提高自主创新能力，努力掌握拥有自主知识产权的核心技术和关键技术，推动经济增长由资源驱动、资本驱动向创新驱动的战略性转变。

美国、日本等二十几个主要发达国家，把科技创新作为基本发展战略，这些国家所拥有的发明专利数量占全世界总数的99%，在世界市场上获得了突出的竞争优势，成为世界公认的创新型国家。为了强化市场竞争力，突出竞争优势，这些国家非常注重推动企业研究开发拥有自主知识产权的专利技术，并在此基础上形成自己的品牌和标准，使拥有名牌产品、先进技术和自主知识产权的企业做大做强，发展成为具有国际竞争力的跨国公司。加强知识产权保护，巩固跨国经营企业的垄断地位，维护知识产权背后的超额垄断利润，已经成为西方发达国家壮大自身实力、遏制竞争对手的有力武器。

创新是一个民族的灵魂，是一个国家兴旺发达的不竭动力，在市场需求快速变化和企业竞争日益激烈的今天，创新更成为组织生存和发展的源泉和动力。"不创新，即死亡"，世界管理学大师彼得·德鲁克的忠告已成为新经济时代企业生存与发展的真实写照。正如内森·罗森堡在《西方是怎样致富的》一书中所提到的："西方经济增长的直接源泉是贸易、技术和组织管理的种种创新。"因此，可以这么说，在知识经济条件下，创新活动已成为生产、经营等管理活动的主旋律。

第一节 管理创新

一、创新的含义

美国经济学家约瑟夫·熊彼特 1912 年在其成名之作《经济发展理论》中首先对创新的概念作了界定，提出创新是生产函数或供应函数的变化，或者是把生产要素和生产条件的"新组合"引入生产体系。它包括以下五种情况：

1. 引入一种新产品或提供一种新产品之新的质量。
2. 采用一种新的生产方法或新的技术。
3. 开辟一个新的市场。
4. 获得一种原料或半成品的新的供给来源。
5. 实行一种新的企业组织形式。

罗宾斯则把创新看成是形成一种创造性思想，并将其转换为有用的产品、服务或作业方法的过程。

德鲁克在《创业精神与创新》一书中解释的创新概念是：创新是创业家特有的工具，是一种赋予资源以新的创造财富能力的行为。

社会发展到今天，以上提到的这些创新已不再是创新的全部内容。我们认为创新就是要发挥人的主观能动性，促进旧事物的灭亡和新事物的成长壮大，实现事物的发展。以企业组织为例，创新至少包括两方面的内容：一是技术常新，即前面所提到的产品开发、工艺改进、新材料的使用等内容；二是管理的创新，即对企业管理思想、管理方法、管理工具和管理模式的创新。

二、创新的特征

创新活动与一般活动相比，具有以下几点显著特征：

1. 创新的动态性。事物是发展变化的，组织的外部环境和内部条件在不断发生变化，对应着在变化环境中不断出现的问题，组织必须不断创新解决问题的方式和方法，而不能一套老办法解决所有新问题，那是行不通的。同时组织的创新能力也在这个过程中不断积累、不断提高，决定创新能力的创新要素也都要进行动态调整。这种动态调整又产生反馈作用，直接影响创新活动的进行方式。因此，创新绝不是静止的，而是动态的。不同时期组织的创新内容、方式、水平是不同的。从社会发展的总趋势看，前一时期低水平的创新，总是要被后一个时期高水平的创新所替代。创新活动的不断开发和创新水平的不断提高，正是推动社会发展的动力。

2. 创新的实用性。创新是为了满足人们的不同需要。正是有了这种需要，创新活动价值才得以实现，创新才为大家所重视，才会得到社会人、财、物方面的支持，才能快速地使创新成果转化为生产力，实现它的应有价值。从这个意义上说，创新并不只是让产品质量越高、技术越先进越好，还同时以经济、适用、实用为基本原则。

3．创新的时效性。创新能否给组织带来巨大效益与时间有着密切的关系。企业创新多数是从产品创新开始的，随之而来的是过程创新，其目的是降低生产成本、改进品质、提高生产效率；然后是市场营销创新，目的是提高产品的市场占有率；当新产品投放市场一定时间后又会被更新的产品所代替，这种替代也使得创新更具有时效性。因此组织员工的观念早一天更新、新技术和新的管理方法早一天被使用，就可能早一点给企业带来成功和财富。

4．创新的综合性。大的创新是由一个个小的创新累积而成的，每个环节的创新构成组织创新。组织创新是一项巨大的系统工程，创新力量是由拥有多方面人才、先进的技术和充分的物质条件的组织形成的，其中任何一个条件不具备，都会影响整个组织创新活动的效果。组织创新难以由单独的"创业家"和"发明家"所进行，必须注重各方面的综合作用。

三、组织为什么进行创新

创新是社会发展进步的必然要求，是企业生存和持久发展的动力源泉，有一句话说得好："今天你如果不生活在未来，那么，明天你将生活在过去。"企业为了生活在将来，需要勇于和善于不断创新以适应时代的变化。

（一）创新是知识经济时代的必然特征和要求

人类的所有知识无不是经历了创新、积累、丰富、沉淀才得以形成的，今天很多发达国家已经在从工业经济社会向以信息化为主的知识经济社会发展。

知识经济表现为以下五个方面的特点：（1）知识将是经济发展中最重要和最关键的资源，在新的公司法中，已经允许以个人所掌握的管理知识、技术等无形资产入股；（2）高技术产业（以知识中的高科技为重要依托的产业）将成为国民经济的支柱产业；（3）产品和服务的知识含量将大大增加；（4）国家创新体系（主要包括研究机构、高等院校以及企业的研究和开发部门）对知识经济具有支撑作用；（5）无论对个人、企业，还是一个国家来说，知识学习有着重要的意义。知识经济迅猛发展影响着企业生产过程的组织方式，对管理创新提出了高层次要求。

一个组织乃至一个国家的竞争力大小，将取决于其对知识的积累运用和创新的能力，"不创新，就落后"。吉列公司就是一个靠不断创新，不断推出新产品而立于不败之地的典型。IBM也正是依靠不断变革才免除了一次又一次的危机，最终成就了今天的伟业。忘记创新就意味着危机。

（二）创新是适应组织环境变化的需要

今天组织的生存环境随时都在发生变化，这种变化主要表现在以下几个方面：（1）商业全球化。组织生产要素的获得已不限于国内，而是在全球范围内自由选择，竞争也在全球范围内展开，任何企业无论在何地都可以方便地加入竞争市场中，如果企业不能生产让用户满意的产品，就不能在竞争中取胜。今天，许多跨国公司如吉利、可口可乐、美孚石油、雀巢等均为总部在美国的跨国公司，而他们的业务收入中，超过60%来自美国之外的分支机构。（2）信息技术的发展。信息技术的迅猛发展，改变了组织与组织之间，企业内各部门之间的沟通联系方式，加快了企业的反应速度，使全球经营与虚拟经营成为可能。在经营环境不断变化的情况下，组织也需要进行管理上的创新以适应变化。

（三）创新是中国深化企业改革的要求

中国经济过去所走过的二十多年，是以大量资源的高消耗、环境污染为经济增长的代价的，要想求得发展，就必须从"总量增长型"向"质量效益型"过渡，从"粗放经营"转向"集约经营"。一方面控制能源、原材料消耗，一方面拓展市场、增加销售，使自己的生产经营"标准化、规模化、多元化"，同国际接轨。于是很自然地，与此相适应的管理的内涵要求、总体目标、工作方式等内容也就随之发生了较大变化，原有的企业管理模式已不能适应这种变化。企业要在新的经济条件下更好地生存发展，就必须对旧有的经营管理观念、组织结构、管理制度及经营管理技术等进行取舍，确立人才科技的管理优势，进而实施各方面的创新，不断增加自己参与市场竞争的砝码。

（四）创新是保持组织活力，提高组织竞争力的需要

创新的重要功能是增强组织获取资源、利用资源的能力，以增强对社会需要的认识能力，不断提高员工满意度、组织士气和信心；组织也因此获得相对于竞争者的综合比较优势，增强其应对竞争的实力。在商品越来越同质化的今天，企业要想占有更多的市场份额，只有凭借自身的经济实力和独创特色，才有可能在竞争中取胜。新科技使产品花色品种不断推陈出新，产品更新换代的周期也大为缩短。顾客的需求日渐多样化。很自然地，企业的形象（包括知名度、信用度和美誉度）成为顾客选择产品的重要参照物。对此，企业必须从根本做起，提高自身的创新能力，及时调整经营管理举措，树立良好社会形象，以求"常胜"。

四、管理创新的体现

（一）组织结构的创新

组织结构是指组织的全体成员为实现组织目标而进行分工协作，从而在机构设置、职责范围、权力安排、业务流程及绩效评估等方面所形成的有机的结构体系。组织结构不是一旦设置完成就一成不变的，它会受组织外部环境与内部条件的影响，随着环境的变化进行调整或变革。

西方国家近年来出现的"沟通与合作"型组织、"扁平化"组织、"零层管理"组织、"跨国公司战略联盟"等新型企业组织结构其实都是现代企业管理结构创新的具体形式。

对组织结构实施创新的主要目的就在于，打破传统结构模式，强调速度和反应，注重主动和创新精神，通过重新整合一些组织结构要素，增强组织的适应性和生命力。

（二）制度的创新

组织制度是对组织基本方面规定的活动框架、调节机体协作行为的制度。组织制度创新包括组织行为规范的调整、各部门的职权、职责的规定、信息沟通、命令服从关系的改变等。

制度关系到企业的经营机制；关系到每个员工的积极性、创造性；关系到技术创新、组织创新和管理创新。

案例 12-1   克莱斯勒的重生

前克莱斯勒汽车公司是美国 19 世纪后期建立起来的汽车行业最大公司，享誉全球。它一度因外部市场变化与自身体制僵化等原因濒临破产，继任领导人艾柯卡大刀阔斧地进行以制度创新为核心的企业改革，建立新的财务、人事、销售管理体制，大量更换不称职的部门经理，开源节流，才使公司绝处逢生，重又成为汽车王国"巨人"。

制度对我国国企改革也非常重要。我们的国企改革目标是建立现代企业制度，实现三权制衡。改革了 20 多年，到现在为止真正建立起现代企业制度的国有企业还不很多，不少企业是翻牌公司，挂的是现代企业制度牌子，实际上与传统制度差不多。现在企业制度不能有效地建立起来，个人的积极性就难以提高，严重束缚了企业家的行为。现在的三权分开，三权制衡，就有了一种约束，董事会有所有权，职业经理人有经营权，职业经理人可以根据自己的专业知识来管理企业，可以大胆地按照企业运作规程去管理，监事会要监督董事会和职业经理人，这体现了一种民主监督机制，既能防止失误又能真正发挥人的积极性。

案例 12-2   中兴的制度创新

中兴通讯公司在短短 10 年多时间内，从一个原始投资仅 300 万元的小企业发展壮大为总资产达 22 亿、1998 年销售额达 41.7 亿元的国家重点高新技术企业。中兴的发展主要得益于其制度创新。追溯企业发展历程的几个主要阶段，专家认为关键是 1993 年在全国率先创立了"国家控股、授权（民营）经营"的经营机制。在国有股占 51%，民营企业中兴维先通公司占 49%股份的基础上，他们突破了"国有资本是大股东，理应控制企业的一切经营大权"的思维定势，通过和约进行利益制衡，大胆地将相当独立的经营权授权于私人股东。制度创新奠定了中兴系列创新活动的基础；制度创新使中兴形成了自己独特的经营管理模式，具备了较强的市场反应能力和开拓能力。

（三）技术的创新

技术创新是企业管理创新的主要内容，包括要素创新、工艺及生产组织形式创新和产品创新等。有关管理的早期研究内容大多数就是着重于技术创新方面的。泰勒的科学管理就是基于对动作和时间的研究来推进革新,从而提高生产效率的。战后美国的一些经济学家,如曼斯菲尔德、卡曼、戴维等循着熊彼特的创新思想进行了新的研究和发展,提出了新技术创新理论。今天,技术的创新则更多地体现在新设备、新工具和新方法的引进,以及实现自动化和信息化管理等方面。

最振奋人心的恐怕莫过于计算机网络化和管理信息系统的广泛应用。当今社会企业内部管理日益复杂化,同时另一方面市场需求的快速变化和竞争形式的必然变化又要求管理者提高反应速度。要解决这两者之间的冲突,只有引进现代信息技术来提高管理的效率和质量。例如我国推行的 CIMS 示范工程。CIMS 是建立在现代管理模式基础上的企业管理系统,它带来的典型管理模式包括:企业资源计划(ERP)、准时生产方式(JIT)、优化生产技术(OPT)、精良生产方式(LP)等。它不仅给新产品新技术的开发提供了有效的技术手段,而且改变了传统生产、经营模式,促进了企业高度集约化和信息共享。

案例 12-3   技术创新推动春兰前进

春兰的发展历程充分说明了技术创新在增强市场竞争力中至关重要的作用。在过去 15 年中,春兰依靠技术创新,走出一条由小而杂到小而专、再到大而专、大而全的发展道路,创造了资产以平均 81.89% 的年增长率递增的连续跳跃的发展奇迹,名列国内 500 优前列。技术创新为春兰的未来发展提供了强劲的增长点,使春兰不断向新的高度迈进。

总之,技术的创新大大地提高了管理工作效率,使企业成为真正意义上的"创新型"企业。

(四)市场的创新

企业的一切生产经营活动都是围绕市场这一中心展开的,市场创新主要是通过企业的营销活动来创造新市场、引导新消费、开发新需求。它是在产品的结构、材料、性能不变的前提下,通过市场的转移,或通过广告宣传等促销活动,从而诱发和强化消费者的购买动机和购买欲望,增加产品的销售量。市场创新既是技术创新的一个基本起点,又是技术创新的一个基本目标。以满足市场需求为基本出发点的技术创新,其市场实现程度是检验技术创新成功与否的最终标准,因此市场创新是创新理论体系中一个重要的组成部分。

(五)思想创新

各种管理组织、制度和管理行为都不过是管理者思想的外在表现。组织内外部条件的变化,首先要求组织上下必须改变原有落后的观念。只有进行了正确的思想转变,组织的各项活动才有正确而明确的指导思想,这样组织的其他几个方面的创新才能得以顺利地进行。我国现阶段仍有不少企业家长期受传统计划经济体制的影响,还不熟悉甚至还不理解社会主义市场经济体制。如不理解现代企业制度,不赞成公司制的法人治理结构等。相当一部分企业家仍不重视市场问题,不认真调查分析市场状况。很多企业家不熟悉、不善于使用现代管理手段和方法,不懂得资本经营,尤其不熟悉国外市场,不善于改进营销管理,不关心有关企业经营的法律法规,从而造成国有企业效益的低下。因此,要大力在国有企业内部倡导管理观念的转变，通过培训教育或引入新的管理人才，来开阔国有企业管理者的视野和思路，要广泛吸收新的管理信息，提高管理者的管理专业知识和能力，使管理创新有一个良好的思想认识基础。

（六）组织文化创新

组织文化是一个组织在特定的历史条件下，在长期的生产实践中逐步形成的共同的价值观念和行为规范的总和。它具有导向功能、凝聚功能、激励功能、辐射功能等。任何一种组织文化都是特定历史的产物，当组织内外条件发生变化时，组织必须不失时机地丰富、完善、发展组织文化，而使组织文化能够引导员工做正确的事。一个组织的文化并不是总与公司的发展目标和环境相互一致，企业文化所确定的价值准则也需要进行修正。为了适应外部环境和内部流程的重新组合，组织可以利用标志、口号、仪式等来进行组织文化的创新。例如 IBM 公司的创始者托马斯·沃森建立了"追求完美、为顾客提供最佳服务、尊重雇员"这样一种文化。大约 75 年后，总裁路易斯·郭士纳为了使"患病"的 IBM 重新恢复生机，丢弃了这种文化而代之以一些诸如"市场驱使我们做每一件事"和"以一种紧迫的意识思考和行动"的指导性原则。

五、创新的过程

有效地组织和进行一项创新活动，就必须掌握和了解创新的基本过程。早在 1926 年就有人提出了创新思维过程的四阶段论，即准备、构思、明朗、确立。此后又有人作了进一步修正，我们总结前人及众多成功企业的经验，认为创新要经历以下四个步骤：

1. 搜集资料。积累和搜集有用的信息和资料是进行创新的必要前提。只有在搜集了相关资料和事实情况，了解其社会背景后，才能对创新问题系统化、条理化，找出关键所在，为掌握创新规律、认清创新的本质提供依据。

2. 提出构想。创新者根据手头的资料，分析和预测未来的变化趋势，估计它们可能给企业带来的积极或消极的后果，并在此基础上，运用多种创新原理和创新方法，设定目标和课题，并提出解决目标和课题的多种构想和方案，进行对比分析，使企业在更高层次实现平衡的创新构想。

3. 确立完善。对创新构想，通过修正、扩充、提炼加以完善。对于创新中出现的新环境新条件，要及时反馈并修正方案，并运用评估控制加以检验。

4. 组织实施。创新成果的实施不同于一般的管理工作，由于管理创新必然会带来原有组织管理方式的变化，因而不可避免地会涉及到一部分人员的利益调整，这就使得管理创新成果在实施过程中可能会带来很大的阻力，需要高层管理者凭借其手中的权力和在组织中的个人威信以及高超的管理艺术，来排除各种障碍，推动管理成果的顺利实施，最终使管理创新成果能取得预期的效益。

第二节 组织创新

一、组织应如何培养员工的创新意识

企业是人的集合体，企业的绩效及其生存与发展的潜力首先取决于成员的努力。因此一个企业要想成为"创新型"企业，首先必须积极培养员工的创新意识。

1．营造自主创新氛围。追求创新的公司认识到，在企业内对创新思想严加控制是愚蠢的。他们对自主权的态度基于如下的权威意见：招聘自我激励的员工并尽量"放任"他们。要相信员工会自动调整他们的行动，向企业的目标看齐。企业文化决定了其成员的创新自由度。公司必须建立一种文化，鼓励每个员工都奋发向上、努力进取、大胆尝试。要造成一种人人谈创新、无处不创新的组织氛围。索尼公司鼓励员工进行实验并对在市场上实验新产品的行为予以奖励。与其他公司不同，索尼"明知不能全部成功，仍将大批新产品投放市场"。因此，索尼文化鼓励创新行为，如果不是这种文化，索尼随身听也许永远不会出现在市面上。

2．人才资源是组织创新的基本保证。创新型组织积极地对其干部员工开展培训和拓展，加快知识与经历的更新。同时，通过职业生涯设计，给员工提供高工作保障，鼓励员工成为创新能手。一旦产生新思想，创新者会主动而热情地将新思想深化提高并克服阻力，以确保创新方案得到推行。有研究表明，创新型企业家具有共同的个性特征：自信，坚持，精力旺盛，喜欢冒风险等。另外，他们一般处于拥有相当大决策自主权的职位，这使他们能在组织中引入并推行所提倡的创新活动。

3．接纳错误和失败。追求开拓创新的企业致力于创造重要的产品和服务，但这并不是一个零缺陷过程。创新与持续改进长期存在的工作流程是完全不同的。不容许任何错误的公司绝不可能期望它的员工公开发表他们那些未经尝试的想法。管理人员应该允许失败、支持失败、甚至鼓励失败。组织成员通过从失败中吸取经验和教训，使下次失败到成功的路程缩短。

案例 12-4：

美国一家成功的计算机设备公司在它那只有五六条的企业哲学中甚至这样写道："我们要求公司的人每天至少要犯 10 次错误，如果做不到这一条，就说明谁的工作不够努力。"

4．建立合理的奖酬制度。要激发每个人的创新热情，还必须建立合理的评价和奖酬制度。奖酬制度是否科学合理，不仅关系到员工个人的切身利益，也将直接影响员工创新动力。如果创新的努力得不到组织和社会的承认，不能得到公正的评价和奖酬，继续创新的动力就会渐渐失去。

二、阻碍组织创新的因素

为了适应环境的变化,当前组织创新已成不可逆之势,然而有些组织创新却以失败告终。影响因素主要有以下几方面:

1. 个人阻力。员工反对创新的原因一般有四个:

(1) 不确定性。创新是用模糊不清和不确定性取代已知的东西。人们一旦处在不确定的环境中,会对未来产生不安全感和恐惧感,进而产生抵制创新的情绪与行为。例如,在制造企业中引进六西格玛过程意味着员工必须学会这些新方法。那些已经对旧的工作规则十分熟悉的员工或者那些缺乏数学和统计知识的员工,可能会担心难以满足六西格玛的学习要求。因此,他们会对这套方法产生敌对的态度,并在要求他们使用这套方法时采取消极的行为。

(2) 担心失去既得利益。现有的稳定的组织体制总是符合大多数员工利益的,一旦组织要进行创新,必定要牺牲一部分人的既得利益,这部分人反对创新的力量最大,他们害怕失去现有的职位、金钱、权力、友谊、个人便利和其他利益。在这方面老员工比新员工更反对变革。

(3) 对创新的目的、意义了解不足。部分企业的管理层总是一厢情愿地认为,创新是管理者的事,只要管理者(尤其是高层管理者)清楚变革的目的、意义,将任务分配给下属去完成就足矣。其实,员工如果不清楚创新的目的与意义,他们会很快地失去参与创新的热情。

(4) 管理者过去成功的经验。一个曾经取得创新成功的企业家,往往容易陶醉于昔日的荣耀之中,并将过去的成功经验作为企业未来制胜的法宝。事实上,由于环境的不断变化,过去的经验已不再适应今天的条件。然而,管理人员往往忽视这一点,相信成功经验是万能的。

2. 组织方面的阻力。主要有以下几个方面:

(1) 组织机构与管理制度没有进行相应的变革。当组织结构、管理制度不配合创新所需时,也不利于创新的实现。组织流程再造、信息系统引入需要组织结构的变化配合。为了鼓励员工的创新行为,人力资源管理体制(如奖酬、绩效评估、员工发展等)也要进行相应的调整。

(2) 管理层不积极参与。管理层的积极参与是企业创新成功的关键。当管理者不重视创新,或本身观念陈旧,不愿意创新时,就会有意无意地影响创新。

(3) 不注重创新型企业文化的重塑。企业的历史越长,它长期沉淀下来的文化、观念越深,反对创新的阻力也就越大。在创新中,注重创新型企业文化的重塑,创新的阻力就会小很多。

3. 外部环境的阻力。

产品市场的需求状况、全社会对创新发动者、推进者的期待和支持态度及相关的舆论和行动，以及整个社会或民族的文化特征等都会对创新行为产生影响。

三、降低阻力的措施

抵制创新会对企业产生负面影响：减缓创新的速度，影响组织的发展。因此管理人员应根据本组织的具体情况采取相应的措施降低阻力，这里我们提供的方法有：

1. 促进员工积极参与。无论什么时候，管理者都应要求员工参与到创新中来，允许他们表达自己的感受，听取不同的意见，如此不但会提高决策的质量，而且员工会因此产生主人翁的责任感，积极投身到创新中去。

2. 加强培训和沟通。当创新的阻力来源于信息失真和沟通不善时，就会形成员工不了解全部的事实，不清楚自己未来的情况，误认为对自己不利，或不符合组织的最佳利益。这就要求组织通过沟通和培训，让员工知道创新的必要性，告诉他们创新能带来什么好处，让有关人员充分了解创新的目的、内容、执行方式与可能的结果，消除员工的担忧和误解，降低员工对创新的抵制。

3. 稳步推进策略。在组织创新中，为了避免出现重大失误，坚定人们对创新必胜的信心，一定要小心安排好各项工作，采取周密可行的方案，并从小范围逐渐延伸扩大。特别要注意调动管理层的积极性，尽可能削弱团体对组织创新的抵制情绪，力争使创新的目标与团体的目标相一致，提高员工的参与程度。

总之，无论是个人还是团体，都可能对创新产生阻力，为了使创新能顺利进行并获得成功，一定要采取各种措施消除阻碍创新的各种因素，缩小反对创新的力量。

四、创新的方法

（一）综摄法

此词源于希腊文，意思为"把表面看来无关联的事物作强行结合"。这种方法是美国人哥顿在1952年发明的一种开发潜在创造力的方法。它是以已知的东西为媒介，把毫不关联、互不相通的知识要素结合起来创造出新的设想，也就是摄取各种产品和知识，综合在一起创造出新的产品或知识，故名综摄法。这样可以帮助人们发挥潜在创造力，打开未知世界的窗口。

综摄法主要运用两大操作机制：

1. 异质同化，即"变陌生为熟悉"。即对待不熟悉的事物要用熟悉的方法、原理和已有的知识去分析对待它。此机制主要是让人们以新的方法观察问题，以便更好地理解它。

2. 同质异化，即"变熟悉为陌生"。即对熟悉的事物、方法、原理和知识，用不熟悉的态度去观察分析，从而启发出新的创造性设想。其主要目的是让解决问题者能超脱问题本身，以发现更具创新性的解决办法。

在上述过程中，综摄法主要是运用类比和隐喻来分析问题和提出可能的答案，常用的类比手法有个人类比、象征类比、幻想类比等。

（二）类比创新法

类比就是将两个或多个事物放在一起加以比较，这些事物可以是同类的，也可以是不同类的，甚至差别很大，通过比较，找出两个事物的类似之处，然后再据此推出它们在其他方面的类似之处。因此，类比创新法是一种富有创造性的发明方法，它有利于发挥人的想像力，从异中求同，从同中求异，产生新的知识，得到创新性成果。类比方法很多，有拟人类比法、直接类比法、象征类比法、因果类比法、对称类比法、综合类比法等。

（三）逆向思维法

这种方法是顺向思维的对立面，多指从现有事物或传统理论的对立面出发，使用反常规、反传统的思维模式对管理问题进行思考，推陈出新的一种技法。顺向思维的常规性、传统性，往往导致人们形成思维定势，是一种从众心理的反映，因而往往成为人们一种思维"框框"，阻碍着人们创造力的发挥。这时如果转换一下思路，用逆向法来考虑，就可能突破这些"框框"，取得出乎意料的成功。这种方法具有以下优势：

1．突破性。这种方法的成果往往冲破传统观念和常规，常带有质变或部分质变的性质，因而往往能取得突破性的成就。

2．新奇性。由于思维的逆向性，改革的幅度较大，因而必然是新奇、新颖的，容易引起人们的关注和重视。

3．普遍性。逆向思考法应用范围很广，几乎适用于一切领域。

（四）检核表法

这种方法几乎适用于任何类型与场合的创新活动，因此又被称为"创造方法之母"。它是指全面地列出需要解决的一系列问题，将其列成一览表，然后从多个角度看待碰到的问题并创造性地解决它们。

检核表法是一种多渠道的思考方法，它启发人们缜密地、多渠道地思考问题和解决问题，并广泛运用于创造、发明、革新和企业管理。它的要害是一个"变"字，而不把视线凝固在某一点或某一方向上。

（五）点线连想法

此方法是20世纪70年代日本学者中山整合提出的一种以词语联想为基础的技术创造方法。其内容是通过联想、类比等手法来搜索平时积累起来的"点的记忆"，再经过重新组合，把它们连接成"线的记忆"，从而涌现出大量创造性设想，获得新的创造发明成果。

（六）模仿创新法

人类的创造发明大多是由模仿开始的，然后再进入独创。勤于思考就能通过模仿做出创造发明，当今有许多项目模仿了生物的一些特征，以致形成仿生学。模仿不仅用于工程技术、艺术，而且也用于管理方面。

本 章 小 结

创新是社会发展的必然要求，是企业生存和持久发展的动力源泉，有一句话说得好："今天你如果不生活在未来，那么，明天你将生活在过去。"企业为了生活在将来，需要勇于和善于不断创新以适应时代的变化。以企业组织为例，创新至少包括两方面的内容：一是技术常新，即前面所提到的产品开发、工艺改进、新材料的使用等内容；二是管理的创新，即对企业管理思想、管理方法、管理工具和管理模式的创新。

有效地组织和进行一项创新活动，就必须掌握和了解创新的基本过程。早在1926年就有人提出了创新思维过程的四阶段论，即准备、构思、明朗、确立。我们总结前人及众多成功企业的经验，认为创新要经历以下四个步骤：搜集资料、提出构想、确立完善、组织实施。

企业是人的集合体，企业的绩效及其生存与发展的潜力首先取决于成员的努力。因此一个企业要想成为"创新型"企业，首先必须积极培养员工的创新意识，建立合理的奖酬制度。并且采取合理的措施降低组织变革的各方面的阻力。

创新的方法有很多中，本章主要介绍了：综摄法、类比创新法、逆向思维法、检核表法、模仿创新法。

【思考题】

1. 创新的必然性表现在哪几方面？
2. 创新的内容包括哪些？
3. 阻碍创新的因素是什么？
4. 如何培养员工的创新意识？
5. 有人说"不创新就是等死，创新就是找死"，谈谈你的理解。
6. 如果你是企业的高层领导，你会如何组织创新活动？

【实训】

一、实训内容

以10人为一组，调查某一有创意的新产品投入市场后是否获得成功，并分析其原因。

二、实训目的

了解企业产品创新的相关内容。

三、实训组织

▶ 在教师指导下，每10位同学一组，走访百货公司、快餐店、专卖店或者其他流通企业，调查你选择的企业推出的此项新品的市场反应。

▶ 分析成败的原因。

▶ 将分析结果整理成书面报告，按小组进行汇报交流。

【案例应用】

宝钢：跻身世界五百强的管理创新

"成为世界 500 强"承载着祖国和人民对宝钢的期望。1995 年，宝钢第一次提出进军世界 500 强的设想。1998 年，新组建的上海宝钢集团公司确定争取 2005 年成为世界 500 强的目标。美国《财富》杂志 2004 年 7 月 12 日正式公布，上海宝钢集团公司进入 2004 年度全球企业 500 强，位列第 372 名。

宝钢为什么能够提前跻身世界 500 强？除了受惠于近年来中国经济的高速增长和宝钢成功的战略重组及扩张，还有什么特别值得重视的原因？其中之一就是持续推进管理创新。管理创新是提高企业素质和竞争力的关键，是企业持续快速发展的动力和源泉。宝钢自建立以来，一直把提升管理水平作为提高企业综合竞争力的根本措施，始终把管理升级作为产业升级的基础工程。持续推进管理创新，对宝钢提前进入世界 500 强发挥了强大的支撑作用。

不断引进与学习世界一流的先进管理，并持续地创新富有宝钢特色的管理模式，从而使管理创新成为促进企业持续快速发展的强大支撑。宝钢是我国引进国外设备和技术最多、现代化水平最高的大型钢铁联合企业。宝钢的高明之处，就是在引进国际一流设备和技术的同时，引进和学习并且不断地发展和创新富有宝钢特色的先进管理。

在我国加入 WTO 后，宝钢以满足用户需求为企业经营管理的出发点，并以此主导企业的资源配置，确立了以满足用户需求为中心，对外充分适应、快速响应，对内高效沟通、快速决策的管理理念。一方面，严格按现代企业制度运作，从而使国有企业同样可以在全球化的市场竞争中出类拔萃。另一方面，面向用户，以提升竞争力为中心，通过实施 ESI 工程、实施"面向用户"的系列营销举措、构建以用户需求为导向的技术创新体系、推行六西格玛精益运营、优化战略管理体系、实施以人为本的人才策略、倡导价值理念，追求价值最大化、培育创新型强势文化等一系列管理创举，提高企业的运行效率。持续的管理创新，使宝钢很好地保持了竞争活力。

实践证明，管理创新是宝钢核心竞争力的重要组成部分，是宝钢持续发展、进入世界先进钢铁企业行列的重要保障。宝钢的现代化管理模式，不仅在中国钢铁企业中是先进的，在世界钢铁业界也是独树一帜、得到认同的。

企业文化是企业管理的灵魂。宝钢的先进管理，不仅体现了管理理念和制度的先进性，同时也体现了企业文化的先进性。

管理是一种理念，一种制度，更是一种文化。所谓文化治理，就是要形成一个统一的理念，这个理念是一个比较高的境界，体现在企业管理之中，就是"以人为本"的管理，它使企业的管理从必然王国走向自然王国。宝钢的先进管理，不仅体现了管理理念和制度的先进性，同时也代表了钢铁企业价值观和经营理念的基本取向，体现了企业文化的先进性。

宝钢26年企业文化的发展历程，大致经历了四个发展阶段。第一阶段是创业期文化，提出了"高质量、高效率、高效益，建设世界一流钢铁企业"的文化理念，注重"光荣感、责任感、紧迫感"的教育。第二阶段是转轨期文化，提出了"建设一流的队伍、培养一流的作风、掌握一流的技术、实行一流的管理、生产一流的产品"的争创一流文化理念，确立了市场意识，建立了量化可考的职业道德规范。第三阶段是发展期文化，宝钢率先在全国普及用户满意理念，实施CS战略，提出了全方位满意管理的运作模式，逐步形成了具有宝钢特色的用户满意文化。第四阶段是整合创新期文化，1998年底，宝钢成功实现与上钢、梅钢的大联合，围绕"建设全球最具竞争力钢铁企业"的目标，倡导"实现企业价值最大化"的经营理念，培育"忠诚、认真、严格、不断学习"的企业精神。

宝钢文化的主线是"严格苛求的精神、学习创新的道路、争创一流的目标"。这不仅是宝钢26年来前进的动力和努力的方向，而且是宝钢人共同追求的文化理念和共同的价值观。

宝钢人认识到，应当充分学习借鉴国外的先进管理理念和企业文化，因为它是人类文明的积极成果；同时，宝钢人更认识到，在学习的过程中一定要联系中国的国情，努力发挥中国企业的独特优势。宝钢的先进管理和优秀文化的一个特点就是把学习、借鉴国外的先进管理和文化同发挥自己的优势结合起来。宝钢先进管理和优秀文化的一个重要支撑是党的建设和思想政治工作，是发挥政治优势。这是国外企业的先进管理和优秀文化所没有的，是中国企业的独特优势。

宝钢的先进管理最大限度地把企业党建和思想政治工作同企业管理有机结合起来，把党员教育和管理工作同人力资源管理有机结合起来，使企业党建工作成为企业管理中无可替代的重要环节，使党组织的政治优势转化为管理优势，使党的建设和思想政治工作进入管理起作用。通过建设"三高一流"的党员队伍、精心组织保持党员先进性的教育活动、积极探索"三性保一性"的党员队伍建设新路子、把深入推进"凝聚力工程"作为加强党的群众工作的总抓手和积极探索职工思想政治工作的新途径，从而增强基层党组织的创造力、凝聚力和战斗力，把人心凝聚到企业发展上，围绕企业发展形成强大的凝聚力，保证宝钢战略发展目标的实现。

分析题：
1. 宝钢是如何进行管理创新的？
2. 从宝钢的管理经验中，你得到什么启示？

附录 《管理学基础》认识实习大纲

一、管理学基础认识实习的重要性

1. 认识实习是管理学基础教学的重要组成部分

认识实习是理解基本理论的重要手段,管理中的职能和性质以及原理本身相对不好理解,借助认识实习,可以使学生对管理整体有一个感性认识,帮助学生了解课本上的理论在现实中的反映。

2. 通过管理学基础课程的认识实习,为今后专业课程的学习打下良好的基础。

二、管理认识实习的方式

选择具有代表性的典型的制造业企业或商业企业,在正式学习管理基础这门课程之前,就认识实习的内容,要求学生有针对性地参观、咨询,并有个人见闻记录,然后在课程结束之后,就课本上的内容二次进行认识实习,要求学生对所参观的企业重新就自己见解写出实习报告,和第一次进行对比,从而认识到管理学基础课程的重要性以及原理和实践的紧密结合、牢不可分。

三、实习方式

具体方式可以是学生亲身实践、参观、资料查询以及和企业人员讲座、对话交流相结合等。

四、准备工作

理解一个企业管理中涉及到的计划、组织、领导、控制几个环节内容。

要求学生带纸和笔,注意观察、倾听和记录。

五、实习过程

实习一 计划

（一）实习目的

本项认识实习的主要目的是：通过实习，使实习者明确计划的重要性，知道组织的各种计划构成、组织计划体系，掌握计划编制前的准备工作，不同类型、不同层次的计划在编制方法和执行上的区别，特别是让学生重点了解基层管理计划如何制定、如何保障计划执行，在计划执行过程中是否经常调整，调整的依据，调整对组织的影响等。

（二）实习准备

要求学生通过课本、网络、书籍、杂志、报纸等各种途径对计划先作了解。

（三）实习要点

1. 了解编制计划前的准备工作。
2. 基层管理计划的编制方法。
3. 基层管理计划在执行过程中的保障措施。
4. 写出企业的简单计划体系。
5. 写出个人的大学三年计划，并写出月计划和周计划。

实习二 组织

（一）实习目的

本项认识实习的主要目的是：通过实习，使实习者明确不同行业、不同性质的组织在结构类型上的区别，为什么会存在这些区别。可以把本学校和企业的组织结构进行对比。

咨询基层管理人员应该具备什么知识和技能，了解自己感兴趣的两个岗位在招聘、培训、雇佣、辞退等方面的情况。

观察企业的文化，咨询、了解企业文化的形成过程，应该明白企业文化是一个逐步形成的过程，企业文化的载体反映在企业活动和物质、精神的每一个方面，比如员工着装、企业产品、产品存放等。

（二）实习准备

任何一个组织都有自己的组织文化，学校也不例外，可以对比两个学校的组织文化，从物质环境、学习风气、着装、文化气息、学生活动等多方面进行对比，从而促进学生有针对性地向对手学习。通过实习准备，及在企业更好地实习打下基础。
（三）实习要点：
1. 写出本学校的组织结构和企业的组织结构。
2. 学校和企业的基层管理人员在管理上共性的方面是什么。
3. 写出企业文化，并能够掌握企业文化是在企业不断发展、不断改革中完善，企业的改革、发展是组织文化完善的根本途径。
4. 了解企业在组织不断壮大的过程中权力的变化情况。

实习三　领导

（一）实习目的

认识领导环节是管理整个工作过程中很重要的一部分。在领导这一部分，学生学习到了很多领导理论、领导方式、领导艺术等，为了使学生能够更好地理解，教师在课堂上可以选择典型人物来进行剖析。在现实当中对这部分知识的认识实习，使学生明白没有最好的领导和管理，只有最合适的领导和管理。

（二）实习准备

建议学生从网络、报纸、杂志等途径搜集几个知名领导人物的资料，比如张瑞敏，李东生，史玉柱等，然后结合所学理论，对其进行分析。比如领导可以从领导风格、领导者个人性格、领导对新事物的态度等很多方面来影响一个组织的发展。这一部分的实习，比较好的方式是通过企业领导和学生座谈的方式来进行，首先通过领导对企业发展历程、企业未来规划等介绍开始，鼓励学生对自己感兴趣的问题提问，然后由领导来进行解答，从这个互动的过程中来感受相关领导的各个方面。

（三）实习要点
1. 写出你对该企业领导的印象。
2. 如果你是该企业领导，你会采用怎样的领导方式。

实习四　激励

（一）实习目的

感受激励是一种很好的领导方式，通过参观、咨询了解组织对不同层次人员的激励方法，激励应该是双刃剑，即正面激励和负面激励，同时还可以从物质激励和精神激励角度来进行分析，了解激励的作用是否充分发挥。选择一到两个激励理论作为咨询的重点，从现实中来考证理论的准确性。

（二）实习准备

学校为了促进学生学习，也有一些激励措施，搜集相关资料，把学校的这些激励措施、实施情况、实施效果整理出来。最后把这些资料和企业的激励措施进行对比。通过对学校激励措施的分析，加强对企业实习中的理解和掌握。

（三）实习要点

1．该企业针对不同情况有怎样的激励措施，比如针对超额完成任务、针对良好创意、针对出勤率等等各自有怎样的措施，实施情况如何，效果如何。

2．该企业针对各个层次的管理人员有怎样的激励措施。

3．针对该企业的情况，你还有什么更好的激励措施？

实习五　控制

（一）实习目的

通过实习使学生认识到控制是管理当中各个环节的结束，同时也是新的管理的开始，控制是保障计划得以实施的必要环节。

（二）实习准备

指导学生搜集学校为了保障教学进度的正常进行，采取了哪些控制措施，如何实施，有那些可能的意外会出现，如何克服保障正常教学。

（三）实习要点

1．该企业在不同生产车间如何控制生产进度正常进行。

2．该企业每年如何保障目标的实现，经常遇到的障碍是什么。

参 考 文 献

[1] 王凤彬，李东. 管理学（第二版）. 北京：中国人民大学出版社，2003.
[2] 余秀江，张光辉. 管理学原理. 北京：中国人民大学出版社，2004.
[3] [美]罗宾斯等著. 管理学（第7版）. 北京：中国人民大学出版社，2003.
[4] 杨文士，张雁. 管理学原理. 北京：中国人民大学出版社，1998.
[5] 罗锐韧，曾繁正. 哈佛商学院MBA教程系列之组织行为学. 北京：红旗出版社，1997.
[6] 张振刚. 企业管理实务. 北京：化学工业出版社，2004.
[7] 陈龙海，杨小良，刘军. 深圳：海天出版社，2005.
[8] 黄宇. 新管理事典. 北京：民主与建设出版社，2004.
[9] 王凤彬，焦叔斌，张秀萍，赵民杰. 2003年MBA联考管理考点精析. 北京：中国人民大学出版社，2003.
[10] 黄志平. 管理原理. 重庆：重庆大学出版社，2005.